雪·泥·鸿·爪

XUENIHONGZHAO

彭学云 著

民族出版社

本人生于西蜀秀美之地，得父恩母爱，蜷缩于红尘。二八学堂，栖身国图，阅先贤典籍。近名师，瞻大家之风范，十年有贰。做出版，审书稿，成就他人，流布文明，亦有二十余载。回望过去，与书相随。个恨天高，不窥庙堂。以勤补拙，泥泞前行。幸遇良时，有朋辈奋发，妻女鼓励，得国家之嘉奖。读圣贤，阅百家，偶有心得，刊以文字，即为心迹。今收数十年之小文，藏学、版本、语言，高低相间，杂陈成集，谨致甲子岁月，聊以慰怀。

前言

这本小册子辑录三十余年来刊载过的旧文和尚未发表的几篇小文，涉文献典籍、佛学目次、语言学、文学研究、编辑杂论、散文等，可谓是“杂集”。因文而名，取“爪印”为书名，被同事否掉；有朋友说“集腋成裘”最为贴切，思之再三，此名太过雅致，不敢用。依本书责编建议，称“雪泥鸿爪”吧。苏轼说：“人生到处知何似，应似飞鸿踏雪泥。泥上偶然留指爪，鸿飞那复计东西。”只是将过往遗留的痕迹捋一捋，是思考，也是慰藉。

在一堆发黄的书刊中，找一找能够入“杂集”的东西并不多，一是书刊收集不全，所留的5英寸盘、3.5英寸盘或移动硬盘，现在的电脑已无法打开，二是有的文章已难入“法眼”。算了，不去折腾它了。

整理过去是一种思考，更是一次回忆。1989年10月，全国少数民族古文字学会在昆明召开，满学家关嘉禄先生对我说：“真好，羡慕你。”我不解其意，问：“关老师，您已是人家，羡慕我啥呀？”关先生笑笑说：“你年轻呀，有大把的时间可以去做学问。”想想也是，“青丝白发一瞬间”，今天，我也有关先生当年之感叹，“可否许我再少年？”过往中总有一些不经意的人或事在触动你。当时所在单位北京图书馆的人好像都很有学问，尤其是我们善本部。那些穿着中山装、戴着老花镜的同事，一入书库，便不见踪迹，钻进故纸堆中，与历史对话、与先贤私语，几十年的熏陶，自然也就有了学问。任继愈先生、黄明信先生、冀淑英先生，大师的风范自然会形成一种气场、一种时尚，感染心有灵犀的人。《随风潜入夜，润物细无声——庆贺黄明信先生九十九华诞》一文，侧记了与这些先贤的过往。他们的风范影响深远，他们的学养惠及后辈。

到出版社工作后，这个单位，这个集体，学术研究更是如此，各民族精英云集，对民族文化、历史、宗教、语言领域的研究有着更宽阔的审视视野。忆往昔，这个集体传承着萨空了、刘立千、高炳辰、诺仁、金万善、王一之等前辈学人的境界，精神至今不绝，后有万喜、宝音、达多、京植、阿合、木耐、杨青薪火传承。仰望星空之高远，脚踏实地而辛劳编书、出版，传播文明，我们为此而自豪。工作在这样的环境中，有一种力量推你前行，不敢停留。书稿中有先贤的思考、今人的述说，编辑自然会为先贤的思考而思考，对今人的述说而思索。日积月累，有了自己的心得，写成文字，便有了如今之“杂集”。“杂集”中文章刊载时间远近有别，正好是年轮的印迹。过往的顺遂或泥泞都是旅途的一程，文集收录文章二十余篇，大多都刊发过，“中华字库”“丹庐听雨”中有几篇文章未曾刊发辑集出版。

零星随笔，把散落其间归到一处存放，也把思绪回拢，该是“待我完结肩上事，南山篱下做陶公”的时节了。

目录

承史崇文

藏文雕版印刷浅探 / 3

试论藏文典籍文化 / 8

藏族口碑文献探析 / 18

少数民族文献在图书馆的价值及利用 / 22

文以载史——藏文的雕版印刷与装帧艺术 / 34

清代藏医药简论 / 45

略论清代西藏印刷、装帧、造纸、
冶炼科技的发展 / 57

论民族类图书的把握与尊重史实 / 72

方音融流

嘉绒语藏借词的识别 / 79

论嘉绒语的借代关系 / 84

散论文字的脉动 / 92

目录索引

藏典书脉简论 / 115

至元法宝勘同总录索引 / 143

中华字库

“中华字库”项目的源起 / 231

“中华字库”项目启动后的调查报告 / 237

译源论——文化交融视野下中国古代翻译源流略论 / 241

众里寻她千百度——“中华字库”藏文无头字底本的选定 / 252

丹庐听雨

随风潜入夜，润物细无声——庆贺黄明信先生九十九华诞 / 261

昔日老师成追忆 ——忆谢淑婧老师 / 267

蒙学之初 / 269

藏族英雄史诗《格萨尔王传》略评 / 273

缘在盛世辑佛典 ——《密宗甘露精要》面世谈 / 286

摘下星星留给谁 / 290

甯伯老八十寿辰祝寿辞 / 300

往事七九 / 302

小中赋 / 305

七十二贤 / 307

跋 / 311

承史崇文

藏文雕版印刷浅探*

藏族是中华民族的一员，自古以来就生活在青藏高原上。勤劳勇敢充满智慧的藏族人民有着悠久的历史和光辉灿烂的文化。她创造了自己别具一格的古代文明史，并依靠本民族自己的语言文字保存和完善了这部文明史。而藏文雕版印刷的出现，是藏族文化发展史上划时代的里程碑。

一、雕版印刷的产生

明永乐八年(1410年)以前，藏族还没有专门从事印刷工艺的机构，但雕刻技术早已被人们所掌握。当然，有了雕刻才有了创造雕版印刷的可能，但并非一有了雕刻就有了雕版印刷术。李致忠先生在《中国古代书籍史》一书中指出："雕版印刷术的发明和将这种技术应用于印刷书籍，应该是这一技术发展的两个不同阶段。发明是发展的前驱，发展是发明的进化。"虽然印刷术从公元13世纪就由内地开始传入藏地，[①] 但是，雕刻技艺却在此之前早已在藏地存在。在藏地的一些寺庙里，现存着许多石刻，经过千年风雨，字迹依然清晰。据《西藏研究》载周润年先生撰写的《西藏佛教对藏区雕版印刷业的影响》一文指出，在青海省甘德县的东吉多卡寺藏有大量的石刻藏文《大藏经》。还有我们熟知的恩兰·达扎路恭纪功碑(ཞོལ་རྡོ་རིང་ཕྱི་མ།，公元763年立于拉萨)和唐蕃

* 原载《西藏研究》1993年第1期，《中国西藏》1997年第1期全文转载，《北京图书馆同人文选》第3辑收录。

① 参见《藏族简史》，第5页，拉萨，西藏人民出版社，1985。

会盟碑(公元823年立于拉萨)，在会盟碑上刻上藏汉两种文字，碑形端庄，书体俊秀。从众多的碑文可以看出，这一时期的碑铭，大多是出于统治阶级的政治、军事、宗教的需要而立的，有着浓厚的时代特色，为后世研究当时社会提供了珍贵的史料。除此之外，在木质建筑物上所刻人物、兽、禽等，形象逼真、古朴、生动。有的时隔几个世纪，依然清晰如初。由此可见，松赞干布时代，藏族就广泛使用雕刻技术。随着考古工作的深入，吐蕃时代的摩崖刻石在藏地时有发现。应当说，有些刻有文字的石片具有了书的作用，但是严格地说来，这并不是书，只能看作是书的初期形态之一。同时，也不能把那些刻有文字的石片作为印刷术的标志，但它对藏文雕版印刷术的形成和雕版印刷业的发展所起的作用是不容忽视的。

那么，印刷术是什么时候在藏地出现的呢？对此，国内外藏学界的专家学者还没有一致的观点，至今尚无定论。据东噶先生在《西藏文献目录学》[①]一文中著述，公元1312年，元朝仁宗皇帝邀请纳塘寺的格西嘉木格巴(འཇམ་དགེ་པ་ཀ་ཤི།།)到内蒙古传教，返藏后，嘉木格巴送给自己的老师觉丹热白热智(བཅོམ་ལྡན་རིག་པའི་རལ་གྲི)一批从内地带回的笔墨纸张。之后不久，觉丹热白热智率罗色降曲益西等人，收集了当时藏地能找到的所有大藏经，完成了甘珠尔和丹珠尔的汇聚工作，并把甘珠尔和丹珠尔藏于噶当派的纳塘寺里。由僧伽嘉央于公元1320年按照甘珠尔、丹珠尔目录抄编了一套完整的大藏经，存放于纳塘寺里。这套大藏经虽不是刻版，但是后来人们仍然习惯地称之为“纳塘古版”。纳塘古版是最早最完整的一套大藏经。众多藏文史籍认为纳塘古版是后世甘珠尔各种刊印版之范本，为后世学者和广大僧众所推崇。

1322—1348年，由万户长蔡巴·贡嘎多杰(1309—1364年)仿照纳塘版甘珠尔为样本，参照异本，用金银汁写了一套甘珠尔经，写成后

① 载《章恰尔》(藏文版)，1986(2)。

由布顿大师 (1290—1364 年) 校正，世称“蔡巴甘珠尔”。它的影响范围也是非常广大的，是藏族第一版完整的甘珠尔木刻印刷版。1410 年，明成祖下诏所刻的甘珠尔永乐版，即以蔡巴甘珠尔作为样本，可见蔡巴甘珠尔的质量以及书写规范非同一般。

不过，永乐版甘珠尔是在内地刊印而成的。它是永乐八年（1410 年）成祖为他去世的宠妃徐氏追荐冥福，下诏“遣使藏地访求经典，取其经藏全部翻刻，以资为荐扬之典”，请噶玛巴活佛得银协巴 (1384—1415 年) 赴南京灵谷寺任甘珠尔刊印总纂。人们称这套甘珠尔版为永乐版。永乐版第一版是用朱砂汁印刷的，德国藏学家艾依玛认为，藏语称这种朱砂汁颜料为“蔡”(མཚལ)，发音几乎与蔡巴 (ཚལ་པ) 姓氏中的第一个音节相同，于是称之为“蔡巴”。[①] 这种解释显然太牵强，把一个历史上宗教领袖的姓氏和颜料的叫法混为一谈，是没有根据的，也是不科学的。永乐八年在南京刊出藏译佛经两大丛书之一的整部甘珠尔是刊印藏文大藏经的开始。印刷后送往藏地，这对于藏地佛教文化和雕版印刷事业的兴起，起了很大的推动作用。[②] 永乐版甘珠尔的刊印，开了藏文木刻之先河，对后来藏文雕版印刷有着深远的影响。

就甘珠尔永乐版的刊印而言，不能说是代表了藏族雕版印刷形成了自己的体系。尽管在永乐版的刻印过程中有不少藏族班智达 [③] 和能工巧匠参与，但他们只是在整个刊印工程中承担了某项工作，而不是整个工程。形成藏族自己的雕版印刷体系要首推 17 世纪在云南由丽江土司索南饶丹 (འཇང་རྒྱལ་པོ་བསོད་ནམས་རབ་བརྟན，汉文记载为沐天王，即木增) 主持雕刻的甘珠尔藏经。后来因战乱，把此版迁运到理塘寺印刷成书，称

---

① ［德］艾依玛著，熊文彬译:《佛语甘珠尔部历史释》，见王尧主编:《国外藏学研究译文集》，第 5 辑，拉萨，西藏人民出版社，1989。

② 黄明信:《民族文化宫图书馆藏藏文全集总目录》序。

③ 班智达 (pandita)：大智者、大哲人。印度、西藏对通达大小五明的学识渊博者的一种称号。

它为“理塘朱版”。遗憾的是当时社会几经风云，甘珠尔理塘版在国内不知是否存在，现无确实记载。据东噶·洛桑赤列先生介绍说，为数不多的理塘朱版在锡金王巴涅的私人图书馆里仅存50页，质量尤佳。理塘朱版是藏地刊印甘珠尔的最早的版本，标志着藏族本身的雕版印刷事业已发展到了成熟阶段。[①]

二、印刷与版本

纵观西藏历史，凡是较大规模的印刊组织，都被寺庙僧侣集团所掌握。因此，一切文史著作和艺术作品的内容都脱离不了宗教的色彩。因此，人们也就习惯地把印书院叫做“印经院”。印经院所用雕刻的印版木料，都是秋天伐来刚落叶的桦木，把木头顺纹路劈成长块，经过水煮、烘干、刨制等工序制成两面都光滑平整的木板，再在木板上刻上藏文“乌坚体”(藏文正楷体)。刻好字，经过校工校对无误之后就可以开始印刷了。这些印版每印一次都要洗版，晒干藏好，以备下次再用。印版经久不朽不损，光洁细腻。根据印版规格的大小，可把书籍印为长、中、短几种。最长的有85厘米左右，长书阅读不便，主要作供奉之用。现在我们最常见的是60—70厘米长的书，称之为“箭杆本”(意为一箭杆的长度)。中等长为40厘米左右，称为“一肘本”(意为成人一肘之长)。最后一种是短的，长约20厘米左右。版本的大小是因所刊书内容多寡而定，就同一部书各印经院所刊印的，也没有统一标准。

藏文佛教经典和其他典籍的版本甚多，形式和风格各异。所谓版本，就是依印经院所在地命名刊印之书的版本。在藏地比较著名的印经院有纳塘寺、德格更庆寺、拉萨布达拉宫印经院、塔尔寺、拉卜楞寺、卓尼禅定寺等。

---

① 黄明信:《民族文化宫图书馆藏藏文全集总目录》序。

三、藏文书籍的装帧

藏文书籍的装帧形式一般比较单一。取决于书籍的制作材料和人们对书籍的使用方便情况。如前文所述，藏文书籍大多是佛教经典，它的读者多是寺庙僧侣和信教的善男信女。佛教徒诵经要求正襟危坐，专心致志，以表虔诚。要求用这种姿态诵念，简便易翻就成为佛教典籍装帧的头等要事。从印度传入西藏的梵文佛经的装帧形式深受经诵者的欢迎，很快被推广开去。古籍藏文长条形活叶（活页）是从印度梵文贝叶经形式演化而来的。起初是中间打孔穿索，后来演变成中间无孔，只是把印有文字的活叶依次重叠起来，不进行装订，在上下加上两张木板作为前后封面。木板做工甚为讲究。夹板均匀，为红漆描金，做工十分精细。有的珍贵典籍的夹板上还镌刻有佛像、火焰宝珠及八宝等彩色图案(有些蒙古文典籍的封面夹板上也有类似的图案)。有些夹板或封二上，用宝石色汁画有莲花。用宝石色汁画的莲花永不褪色，隔几十年甚至上千年后，翻开一览，爽心悦目，有一种如蕾待放之感。莲花图不仅是书的装饰，更是被视为吉祥、神圣、智慧之物。此外，有些珍贵的佛教经典还用黄色丝织品包裹多层，上下再夹上名贵的檀香木板，当作自己至高无上的供奉。若携带经典外出，讲究也极多，一定要把经典托在胸前，以示敬意。若出远门，也可以打成包袱背在背上。倘若取提、抱之势，乃佛家之大忌，也非护书之道也。

藏文书籍的印刷，一般采用黑墨印刷，只有极贵重的佛教经典才使用朱砂印刷。一些经典的卷首用花纹、佛像装饰，并在里叶配以插图。极少的典籍使用金银及珊瑚玛瑙等各种珍奇宝石磨成的色汁书写成书，流传后世，成为珍贵文物。

试论藏文典籍文化*

文化是指人类在社会实践过程中所获得的物质、精神的生产能力和创造的物质、精神财富的总和。典籍文化即书籍历史的传承文化。从它的物质形态讲，它是社会的物质产品；从它承载的内涵讲，它又是人们的精神产品。因此，典籍是一种具有思想内容的特殊产品，这就决定了典籍文化的研究必须从物质生产和精神生产两方面着手，不但要研究物质形态的发生、发展及其演变的历史，同时还涉及各个历史时期的社会状况、教派斗争、政治倾向、经济状况、文化风尚等对人们的影响，通过这种思想折射来反映典籍中的思想意识。典籍以不同的外在形式承载了各个历史时期的灵魂，从典籍的外部特征可以研究当时的物质文化发展水平，从典籍承载的思想内容又可以探讨所处年代的意识形态。因此，典籍之于人类社会的文明与进步、历史文化的承载有着无法估量的作用。

藏族典籍文化既是物质文化也是精神文化，它是以书籍的外在形式来表现藏族的自然科学、技术科学、社会意识形态的一种历史现象。

一、藏文典籍的形成和曲折发展

藏文典籍是随着藏族社会生产的不断进步和社会发展的需求而产生的。

藏文典籍形成于何时，至今仍无定论。其雏形最早出现于松赞干布时期。松赞干布统一吐蕃，制定军事、行政制度，划分四茹和千户所，

* 原载《中国藏学》2007年第1期。

设官管理，推行藏文，订立法律，并把佛教的内容写进法律条文。可以推定松赞干布时期订立的系列法律文书是藏文典籍的最早雏形，典籍内容是由法律文书、文件、制度等构成，反映了那个时期社会功能的单一倾向性。

赞普赤德祖赞即位（705年）后，派遣大臣章加·木列郭恰和涅·札拉古玛拉到印度去求取佛教经典。他们用藏文记下了印度班智达所讲的内容，形成文献，返藏后献给赞普，赤德祖赞为安放这些经典修建了拉萨喀扎、扎玛郑桑、扎玛格如、青浦那惹等5座佛殿。随后，赤德祖赞又派了桑希等4人到唐朝求取经典，唐玄宗赐给佛经千余卷。之后，桑希等人又前往五台山求经，并得到了《十善法经》《能断金刚般若波罗蜜经》《佛说稻秆经》等佛教典籍。

779年，赤松德赞建成桑耶寺，并在桑耶寺建立了译经机构，许多佛教经典翻译成了藏文。其后的赤祖德赞也多次派人赴印度、汉地学习佛家经典，使得这一时期的文化有了空前发展，藏文典籍得以有规模地发展起来。目前所知，吐蕃时期曾将已译成藏文的佛教经论进行编目，编成3部经录：东塘丹噶宫 (stong–thang–ldan- dkar) 目录、桑耶青浦 (bsam–yas–mchims–phu) 目录、旁塘噶麦 (vphang–thang–ka–med) 目录，都是以收藏经卷的处所命名。但目前只存丹噶目录一种，保存在藏文大藏经里。

843年，吐蕃赞普朗达玛灭佛，拆毁寺院、佛像，强迫僧人还俗，烧毁文献典籍。此后，西藏社会政治动荡，战争不断，吐蕃王朝在与各种反抗势力的战争中于877年灭亡。因战争给人民带来深重的灾难，社会生产停滞不前，更谈不上文化的发展，藏文典籍也遭受毁灭性打击。现存的吐蕃时期的藏文典籍，包括敦煌、新疆出土的藏文写卷与木简、伏藏文献①，以及由一些寺院、个人等直接传承下来的吐蕃文献等。

10 世纪末至 11 世纪初，佛教先后从青海、西藏阿里地区复兴并传至吐蕃腹心地带，中断了百余年的佛教文化在吐蕃得到了恢复和发展，历史上被称为藏传佛教后弘期的开始。11 世纪中叶至 15 世纪初，随着藏族封建经济的发展，西藏佛教混乱的局面逐渐发生变化，开始进入各个教派形成和发展阶段。最初兴起的是宁玛派、噶当派，这两派与苯教的渊源颇深，但没有形成地方势力；接着兴起的萨迦派和噶举派及其各个大小支派，则与当地封建割据势力有密切的关系，这些教派的形成同地方封建领主势力范围的确立是亦步亦趋的。直到 15 世纪初，格鲁派的形成，标志着各教派形成的过程基本完成。这个形成过程持续了近 400 年的历史。藏传佛教各派的建立，将藏族单一的译经文化推向了疏论著述的多元文化，从纯粹的意识形态思辨走向了自然科学领域。这一时期直至清、民国时期，藏族文化呈现出百花齐放、百家争鸣的局面，涌现了一批又一批译师、高僧和学者，他们不仅着力编译佛典，而且自己著书立说，为后人留下了丰富的藏文典籍，从而将藏族的典籍文化推向了新的发展阶段。

这一时期藏族典籍的繁荣主要体现在两个方面，一是藏文《大藏经》的结集；二是各种学科、各类体裁的藏文典籍大量出现。藏文《大藏经》是藏译佛教经、律、论及藏族学者佛学论著的汇编本。内容基本上包罗了藏族古代文化的各个方面。形成于 13—14 世纪，此后出现了众多版本。藏文《大藏经》由《甘珠尔》《丹珠尔》两部分组成，共收佛教书籍 4569 种（根据德格版的统计）。《甘珠尔》(bkar–vgyur，佛语部）主要内容为佛教的原始经典，包括显宗、密宗两方面的经律，是释迦牟尼的言教。《丹珠尔》（bstan–vgyur，论疏部）则为论藏，是释迦

① 伏藏 (gter–ma)，指藏族苯教和佛教徒在他们信仰的宗教受到劫难时藏匿起来，等到有再传条件时重新发掘出来的经典。从内容来分，有经文伏藏 (chos–gter) 和圣物伏藏 (rdzas–gter) 两种。这里指经文伏藏。

牟尼弟子对佛语的阐释和论述的译文集成，其中包含哲学、文学、艺术、语言、逻辑、天文、历算、医药、工艺、建筑等典籍，体现出藏族文化百花齐放的特征。有些学科甚至出现了多样的体裁，如在历史学科中，就出现了王统记 (rgyal-rabs)、传记 (mam-thar)、佛教源流 (chos-vbyung)、宗义书 (grub-mthav)、法嗣 (gdan-rabs)、世系 (gdung-rabs)、寺庙志 (dkar-yig)、地理志 (gnas-yig)、史册 (deb-ther)、编年史 (lo-rgyus)、名录 (ming-grang) 等不同体裁的典籍，显示出藏族典籍的繁荣。

二、藏文典籍的刻写、印制及装帧

藏族典籍从产生走向繁荣，经历了由写本到刻本的历史性飞跃。在吐蕃和后弘期初期之前，西藏社会普遍采用书写的形式来记录社会、历史和文化。从考古成果来看，其书写材料包括兽骨、石头、金属、兽皮、木头、树皮、树叶。其中，兽骨主要为牛、马、羊等动物的骨头，陕西省考古研究所 2005 年在安多县察秀塘四号祭祀遗址中挖掘出土的墨书藏文牛头骨就是其中的代表；[①] 石刻主要指碑文、摩崖石刻和玛尼石刻，其中 822—823 年在拉萨大昭寺门前竖立的唐蕃会盟碑最为著名；金属铭文在吐蕃时期主要为钟铭，桑耶寺兴佛钟铭即其中的代表；树叶和树皮遗存主要有贝叶和桦树，其中珍藏在布达拉宫、萨迦寺和大昭寺内的贝叶经享誉世界。但是随着社会的发展，尤其是随着吐蕃时期佛教翻译著作的大量出现，这些载体已经远远不能满足社会的需要，被一一淘汰，而帛和纸张则应运而生，逐渐成为书写的主要材料。纸张的传入和使用使古代西藏社会典籍的发展实现了第一次飞跃。由于纸张信息量大，阅读、携带方便，便于保存，有兽骨、金石等材料不可比拟的优势，在古代西藏社会得到了广泛的应用。吐蕃时期的记事，特别是大量

① 关于牛头骨上书写藏文的图片和文字，详细参见西藏自治区文物局、四川大学考古系和陕西省考古研究所:《青藏铁路西藏段田野考古报告》，143~150 页，彩版 50，北京，科学出版社，2005。

佛经的翻译采用的都是纸材。20 世纪初在敦煌发现的大量古藏文写卷，就是吐蕃时期大规模使用纸张来记录和传承古代文化的例证。

从敦煌和西藏一些寺院中至今仍然保存的吐蕃时期的写卷来看，绝大部分内容为佛经。所用纸张一般为白色，形制长条，多用墨汁双面书写。与现代书籍一样，书页也有页眉、页脚之分，其中最早的典籍在书页两端中心部分画圈打孔，便于用绳子来捆扎书籍。发展到后期，只画圈不打孔，并且圆圈越来越小，最后就变成了一种装饰符号。与此同时，有时在书页的两侧绘制插图。整个书页书写工整，图文并茂，装帧独特。随着时代的发展，藏文典籍的书写在质地和书写材料等方面都得到了极大的丰富和完善。从纸张来看，蓝靛纸被大量使用；从书写材料来看，除墨书外，金、银、朱砂、珍珠、绿松石等贵金属和各种宝石也被广泛地采用；与此同时，字体也得到了极大的丰富，不仅有行书，也有楷书和草书。装帧也更加考究，每部书籍都有上下两块精致的夹经板，经板上通常都是精雕细琢，刻有大量的植物、动物和人物图案，具有很高的艺术价值。素有“第二敦煌”之称的西藏萨迦寺大殿正壁的藏经墙就珍藏了不少这样精美的古代典籍。

尽管从形制、制作、装帧等各方面来看，在雕版印刷术传入之前，西藏的写本典籍已经形成了一整套完备的系统，但与由于雕版印刷术的普遍使用而诞生的刻本相比，在信息的传播速度和快捷方面都无法相提并论。毋庸讳言，雕版印刷术的广泛应运为古代藏族的典籍带来了第二次革命性的飞跃。

雕版印刷术何时传入古代西藏并且得到应用，学术界一直没有给出一个确切的结论。部分学者认为，永乐皇帝 1410 年在南京刻印并陆续赠送给西藏各大首领的藏文大藏经《甘珠尔》是西藏现存较早的刻本典籍之一。另一部分学者认为，在蒙古族建立元朝之前，西藏至少就知道了雕版印刷术，因为萨迦寺保存有赵城金藏和弘法藏汉文大藏经。[①]但是随着近年来对西夏文化研究的深入和敦煌博物院对敦煌北区石刻发掘的展开，藏文刻本出现的时间被大大提前。因为俄藏黑水城文献中发现的藏文刻本护轮图版画、《顶髻尊胜佛母陀罗尼功德依经摄略》和敦煌北区石窟中出土的藏文刻本和木刻版画都清楚表明，藏文印刷技术在西夏时期就已经出现，并且其技术的应用已经非常娴熟。

西夏立朝于北宋时期。在西夏，除了使用西夏文、汉文外，也使用藏文，西夏发达的雕版印刷和活字印刷技术为藏文的雕版工艺和印刷技术创造了条件。史金波先生在《中国少数民族文字印刷初探》[②]一文中指出："在黑水城文献中发现了多种藏文刻本。如《顶髻尊胜佛母陀罗尼功德依经摄略》等，还有多种单叶'护法轮图'。藏文刻本佛经有梵夹装和蝴蝶装两种，雕刊精细，是很成熟的印刷品。"这是产生于11世纪至13世纪初的藏文雕版印刷典籍，也是迄今为止发现的最早的藏文雕版图籍。当然，西夏时期在藏文典籍中采用了印刷技术，并不意味着西藏在此时期也采用了这一技术。但是，有一点是肯定的，西藏在此时期至少就知道了这一技术。原因很简单，西夏在地理位置上与西藏毗邻，在文化、民族上有着十分亲密的关系。就佛教文化而论，西夏佛教有两大渊源，其一为汉传佛教，而另外一种则为藏传佛教。藏文文献中有关各个教派的高僧到西夏传法授徒的记载不绝于史，其中一些高僧甚至还在西夏担任过国师。西夏与西藏之间的来往非常频繁，因此西藏不可能不知道这一技术。不过，学术界一般认为，真正的雕版印刷工艺还是从13世纪由内地开始传入藏地的。

据东噶先生在《西藏文献目录学》[③]一文中所记，1312年，元朝仁

---

① 关于萨迦寺所藏赵城藏、弘法藏汉文大藏经，请详细参见宿白:《藏传佛教寺院考古》，224~233页，北京，文物出版社，1996。

② 见祁庆富主编:《民族文化遗产》，第1辑，北京，民族出版社，2004。

③ 载《章恰尔》(藏文版)，1986(2)。

宗皇帝邀请纳塘寺的格西嘉木格巴到内蒙古传教，返藏后，嘉木格巴送给自己的老师觉丹热白热智一批从内地带回的笔墨纸张。之后不久，觉丹热白热智率罗色降曲益西等人，收集当时藏地能找到的所有《大藏经》，完成了《甘珠尔》和《丹珠尔》的汇聚工作，并把《甘珠尔》和《丹珠尔》藏于噶当派的纳塘寺里。由僧伽嘉央于1320年按照甘珠尔、丹珠尔目录抄编了一套完整的《大藏经》，存放于纳塘寺里。这套《大藏经》虽不是刻版，但是后来人们仍然习惯地称之为“纳塘古版”。纳塘古版是最早最完整的一套《大藏经》典籍。众多藏文史籍认为纳塘古版是后世《甘珠尔》各种刊印板之范本，为后世学者和广大僧众所推崇。

1322—1348年间，由万户长蔡巴·贡嘎多杰（1309—1364年）仿照纳塘版《甘珠尔》为样本，参照异本，用金银汁写了一套《甘珠尔》经，写成后由布顿大师(1290—1364年)校正，世称“蔡巴甘珠尔”。它的影响范围也是非常广的。1410年，明成祖下诏所刻的永乐版《甘珠尔》就是以蔡巴《甘珠尔》作为样本的，可见蔡巴《甘珠尔》的质量以及书写规范非同一般。

现存第一部雕版印刷的藏文《甘珠尔》是在内地刊印而成的。永乐八年（1410年）成祖为他去世的宠妃徐氏追荐冥福，下诏“遣使藏地访求经典，取其经藏全部翻刻，以资为荐扬之典”。第五世噶玛巴活佛得银协巴（1384—1415年）奉敕，在南京灵谷寺以蔡巴版《甘珠尔》为底本，制成铜印板模（另一说是木刻版）。[①] 人称永乐版《甘珠尔》。印本大部用朱砂或云珠印刷，亦称赤字版。德国藏学家艾依玛认为，藏语因称朱砂汁颜料为“蔡”，其发音几乎与蔡巴姓氏中的第一个音节相同，故称为“蔡巴”。[②] 这种解释显然过于牵强，把一个历史上宗教领

① 黄明信：《民族文化宫图书馆藏藏文全集总目录》序。

② ［德］艾依玛著，熊文彬译：《佛语甘珠尔部历史释》，见王尧主编：《国外藏学研究译文集》，第5辑，拉萨：西藏人民出版社，1989年。

袖的姓氏和颜料的叫法混为一谈，是没有根据的，也是不科学的。

永乐版《甘珠尔》的刊印，开了藏文雕版刊刻之先河，对后来藏文雕版印刷有着深远的影响。但这并不代表藏族此时已形成了自己的雕版印刷体系。尽管在永乐版的刻印过程中有不少藏族班智达和能工巧匠参与了这项工作，但他们只是在整个刊印工程中承担了某项工作，而不是整个工程。藏族形成自己的雕版印刷体系要首推1623年由云南丽江府纳西族土司木增主持雕刻的《甘珠尔》藏经，称丽江版《甘珠尔》。后因战乱，丽江版《甘珠尔》迁运到理塘寺印刷成书，故又称理塘版《甘珠尔》。杨福泉指出，“现在拉萨大昭寺里还珍藏有木增奉献给该寺的《甘珠尔》朱印版共108卷，包括一千多篇文献，是大昭寺的珍贵文物之一”①。不过，此版本是否是理塘朱版尚需进一步研究。可以确定，理塘朱版是藏地刊印《甘珠尔》的最早的版本，它标志着藏族本身的雕版印刷事业已发展到了成熟阶段。

藏族的文化事业，以往大都被寺庙僧侣所垄断。纵观藏族历史，凡是较大规模的印刊，都被寺庙僧侣集团所掌握。因此，人们也就习惯地把印书院叫做印经院。印经院所用雕刻的印板木料都是秋天伐来刚落叶的桦木，把木头顺纹路劈成长块，经过水煮、烘干、刨制等工序制成两面都光滑平整的木板，再在木板上刻上藏文正楷字体。刻好字，经过校工校对无错误之后就可以开始印刷了。这些印板每印一次都要洗板，晒干藏好，以备下次再用。久而久之，印板不朽不损，光洁细腻。书可印为长、中、短几种不同规格。最长（有的叫这种书为特长书）的有85厘米左右，这种长书阅读不便，主要作供奉之用。现在我们最常见的是60—70厘米长的书，称之为“箭杆本”（意为一箭杆的长度）；中等长为40厘米左右，称为“一肘本”（意为成人一肘之长）；最后一种是短的，长约20厘米左右。版本的大小是因所刊书内容多少而定，就同一

① 杨福泉：《纳西族与藏族历史关系研究》，216页，北京，民族出版社，2005。

部书各印经院所刊印的也没有统一标准。

藏文佛教经典和其他典籍的版本甚多，形式和风格各异。所谓版本，就是指印经院所在地是什么地名或寺院是什么名称，刊印之书便称什么版本。在藏地比较著名的印经院有纳塘寺、德格更庆寺、拉萨布达拉宫印经院、塔尔寺、拉卜楞寺、卓尼禅定寺等。

藏文典籍的装帧形式主要取决于典籍的制作材料和人们对典籍的使用需求而定。前面说过，藏文典籍大多是佛教经典，它的读者多是寺庙僧侣和信教的善男信女。佛教徒诵经要求正襟危坐，专心致志，以表虔诚。要求用这种姿态诵念，经书的装帧首先要简便易翻。从印度传入西藏的梵文佛经的装帧（梵夹装）易翻便诵，深受经诵者的欢迎，很快被推广开去。后来受汉文典籍经折装影响，一部分藏文典籍亦有经折装的装帧形式。

藏文古籍长条形活叶装帧就是从印度梵文贝叶经形式演化而来的。起初是中间打孔穿索，后来演变成中间无孔，只是把印有文字的活叶依次重叠起来，不进行装订，在上下加上两块木板作为前后封面。有的木板做工甚为讲究，夹板多为红漆描金，做工十分精细，有的珍贵典籍的夹板上还雕刻有佛像、宝珠及八宝等彩色图案。有些夹板或封二上，用宝石色汁画有莲花，用宝石色汁画的莲花永不褪色。莲花图不仅是书的装饰，更被视为吉祥、神圣、智慧之物。此外，有些珍贵的佛教经典还用黄色丝织品包裹多层，上下再夹上名贵的檀香木板，当作至高无上的供奉。

藏文书籍的印刷，一般采用黑墨印刷，只有极贵重的佛教经典才使用朱砂印刷。一些经典的卷首用花纹、佛像装饰，并在里叶配以插图。极少典籍使用金银、玛瑙等珍奇颜料书写，流传后世，成为珍贵文物。

三、对藏文典籍的管理

典籍的内容首先是创作者的个人思想意识，而创作就牵涉到人的立场观点、思想和感情以及与之相适应的爱憎、抑扬、褒贬和好恶。因此，典籍的创作，特别是人文和社会领域典籍的创作，直接联系着西藏社会政治和时代风尚的敏感问题，自然会引起统治者对典籍的创作、生产和流通等问题的关注。但凡有利于统治者的统治，他们就会鼓励、称赞和推荐；不利于甚至反对者，就要遭到封杀、禁止、销毁。典籍承载着统治者的思想意识，自然由统治者来把持和管理。

藏文典籍在生产和流通过程中，其管理权始终操持在统治者手中，典籍的内容、生产、流通只要违碍政教，均要遭到禁毁。

传播佛教理论、培养弘扬佛法人才、祭祀佛教神像是藏传佛教寺院在宗教方面的基本功能，随着藏传佛教各教派的不断发展，寺院又成了图书馆、研究院、出版社、学校和神庙的集合体。在寺院内，无论是著作的著述、誊写，还是后来的刊印、流通等环节，均由当政者决定。因此，从某种程度上讲，寺院实际是当政者控制下的一个文化机构。寺院决定典籍的生产、流通的各个环节，而印经院是寺院的一个典籍生产部门。这种管理机制是非常严格的，在典籍的生产过程中，印经院一般设有办事处、藏版室、印刷室、贮纸房、装订室 5 个机构。由办事处全面领导印经院的工作，办事处成员由巴本、巴涅、巴仲组成，他们的工作对主寺负责。其中巴本负责行政事务与对外经营，招收或开除工匠，指挥印经生产，定期向主寺汇报本院工作。巴涅主管财务，验收经书，发放工资，保管各类物资。巴仲则主管记账，制定印经预算，处理信函。印经院有刻工、印刷工、熬胶工、装订工、朱砂工等工匠，他们完成所订任务后获得相应的劳动报酬。印经的基本流程是雕刻、印刷、晒干、校阅、装订、包装等程序，最后由巴本负责根据客户或各大寺院的预订数目进行刊印销售。显然，藏文典籍的生产、流通都有一个约定俗成的规范，近千年来规范着典籍的管理，也传承着藏族文化。

藏族口碑文献探析*

藏族是伟大祖国具有悠久历史和灿烂文化的民族。她不仅有浩瀚的历史文献，而且更有丰富的口碑文献。长期在人们口头流传的，不仅有历史传说，更有优美的神话故事，形成别具一格的口碑文献。本文就藏族的神话故事作一初浅探析。

“神话”来源于希腊文“mythos”，解释为神话、传说、虚构传奇等。在藏文里解释为“lah-vdri-sogs-kyi-gtam-rgyud-yod-gnav-sgrun”。在漫长的历史发展过程中，生活在青藏高原上的先民们，对大自然的种种现象产生好奇和探求的欲望。在他们的面前，有着日月更替和季节变化，有着天地、山、川、风、云变幻和电闪雷鸣，更有着禽兽啮人和疾病流行……先民们基于自己的认识能力，对这些现象加以想象和解释，于是神话就产生了。这就是当时生产发展水平低下的民族社会中思想文化发展的必然结果。它是先民们集体创作，对自然现象和社会生活的原始理解，并且在大自然生存过程中取得胜利的基础上，以超自然的形象和幻想的方式表现出来。从藏族口头流传的口碑文献看，藏族的神话是相当丰富的，有着浓厚的民族特点和地域色彩。

藏族神话产生的思想根源，是先民们对某种现象的表面理解。比如他们在梦中见到自己所想念的人，或者捕食、打猎，在醒来时，却发现自己仍在原处未动。这种奇怪的现象使先民十分惊奇，认为在人们看得见摸得着的肉体以外，还有一个看不见的虚空的精神，这个“精神”，启发了先民“神”或者“魂”的概念，认为人死后，灵魂仍然存

* 原载《民族古籍》1990 年第 1 期。

在，永远不会消失。先民们认为某种物——“神”有着像人类一样的思想，有着超自然的力量，主宰着一切。他们按照人类自身的形象构思出各种各样的“神”。自然界里的日月星辰、山川河流，人的生老病死都取决于神意。先民们对万事万物的起因变化结果都充满好奇心，用拟人化的描述和解释，口耳相传，一代一代流传下来。至今还流传着这样一个故事：古代有一个名叫阿初的王子，他聪明、勇敢、善良。为了让人们吃上粮食，他决心到蛇王那里去取青稞种子。一天，王子带着数十个随从骑上骏马，不畏艰险，翻过一座座大山，渡过一条条江河。阿初王子身边的随从一个个被毒蛇咬死，被猛兽吃掉，最后只剩下阿初王子一人。王子并没有因此而退缩，继续前进。后来王子的这种精神感动了山神，在山神的帮助下，终于在蛇王那里盗来了青稞种子。可是，王子不幸被蛇王发现，蛇王把阿初王子变成一条狗，除非他能得到一个姑娘的爱情才能恢复其人身。后来，果然一个首领的女儿爱上了这条狗，阿初王子又恢复了人身，带回了青稞种子。从此大地有了青稞。人们也就吃上了自己种的粮食。为了感激阿初王子，每年收割庄稼后，首先捏一团糌粑给狗吃。直到今天，在西藏的许多地方还保留着这种习惯。可见狗在藏族人民心日中的形象是美好、勇敢而又充满智慧的。这则神话情节曲折、生动，歌颂了为人类做出贡献的英雄人物，实质上是对先民们征服自然的壮丽颂歌，反映出人类由采集野生果实过渡到种植农作物的过程。是先民们征服自然，在自然中获取成果的现实在人们观念上最原始的反映。

随着生产力的发展，人们征服自然能力的增强，出现了剩余产品，社会关系日渐复杂。家庭和氏族的产生，部落与部落之间的初期斗争在“马和野马的分离”的神话中得到充分的表现。相传在今天后藏一带，在很久以前生活着马三兄弟。因为没有足够的水草，三兄弟分别到了三个不同的地方去生活。大哥二哥去的地方有水喝有草吃。三弟去的地方更富裕，有吃不完的青草，有喝不尽的甘泉。过了几年，马三兄弟都长大了。一天，马大哥碰见野公牛，野公牛要独霸草地。马大哥说：“马和野牛不要互相争斗，马先吃草，野牛后喝水，野牛先吃草，马就后喝水。”但是，野公牛不同意，竖起尖利的牛角把马大哥挑死在那里。后来两个马弟弟知道了，三弟说：“为兄报仇，割下野公牛的头，喝它的血。”二弟却说：“大哥在马里跑得最快，本领最大，他都打不过野公牛，何况我们两个?”就这样，一个要报仇，一个不肯报仇，意见不合，各奔东西。后来，三弟找到“人”，请人帮助，杀死了野公牛，为兄报了仇，雪了恨。为了报答人的恩情，愿为人驱使，成了人的朋友。而二哥到处游荡，无以为家，最终成了野马。马和野马也就分离了。这则故事优美动听，语言流畅。故事内容富有正义感，深受人们的喜爱。反映出先民们在其生存和发展的历程中，同恶劣的自然环境斗争，争取生存的物质条件。随着生产力的提高，私有财产的积余和私有观念开始萌芽，人们的社会关系也日益复杂化。以若干氏族血缘联系组成胞族，又由若干胞族组成部落。于是，胞族与胞族之间，部落与部落之间争夺财物、土地，不断发生冲突，逐步分化。权力和财产的拥有者和非权力者逐步分为两个对立的阶级。人类社会由氏族社会向阶级社会过渡，也就自然地出现了“马”和“野马”的分离。

除此之外，还有反映藏族起源的猕猴演化成人，以及藏王聂赤赞普半神半人神话的出现，丰富了神话传说的内容，有的成了后人写进史书的史料。

古代先民们知识甚少，却有着强烈的求知欲和执着的探索自然的精神，从而创造出许多丰富的推源神话。他们往往以一种全知智慧的姿态出现，大胆幻想，对自然给予总体性解释。比如关于西藏地区原来是一片大海，后来所有的水都流入“公吉曲拉”山洞，陆地才显露出来的神话，真实地反映了西藏地区原来是海洋，经地壳运动而成陆地高原的事实。大海变陆地为今天的科学所证实。在这则神话里有着朴素唯物主义思想，具有特殊的史学文献价值。

远古神话是藏族历史上最早的文化。它经历了漫长岁月。直到松赞干布时期现在使用的藏文字发明以后，有的神话作为史料载入书籍。藏族远古神话是历史发展史上童年时期的文化产物，给人们的生活带来重大影响，这种影响一直延续到今天。当然，其中有许多神话在流传的过程中难免打上某个时代的烙印，失去了某些本来面目。但是，它毕竟保留了相当丰富的远古社会风貌，具有其他东西都难以代替的史料价值。对于远古时代的藏族神话，我们既不能把它看作是无稽之谈而抛弃，也不可把它当作凿实史料去考证，只能把它作为某个历史阶段社会的折射反映。我们通过神话扑朔迷离的外观，去寻找那深藏的内涵。从支离、庞杂的口碑文献中理出一个系统，运用历史唯物主义的观点，采取科学的态度，对其做出符合历史发展规律的探索。

少数民族文献在图书馆的价值及利用*

怎样发挥图书馆民族文献资料的作用，为研究政治、宗教、历史、语言文字等学科提供资料，促进各学科研究的发展与适应社会的需求，这是一个亟待解决的问题，它关系着少数民族文献在图书馆的价值和利用。本文就这一问题分四个方面进行论述。

一、少数民族文献的价值

少数民族文献是祖国文化的宝贵遗产，是图书馆藏书体系中不可缺少的组成部分。在北京图书馆所收藏的善本、金石、舆图以及大量的文献资料中，有许多是少数民族作者用民族文字撰写、编著、收集整理的。这些类型各异的少数民族文献，以其独特的内容和鲜明的民族特色，充实和丰富了图书馆的藏书内容。少数民族古籍文献，是我国各少数民族千百年来发展历史的记录，它内容广泛、种类繁多，包括历史、政治、宗教、民俗、哲学、法律、军事、文学、艺术、语言、文字、天文、地理、医学、美术以及生产技术等多种学科。其数量之大，在世界上亦属罕见，仅北京图书馆所藏的少数民族古籍文献就达 17 个文种，藏件达数万件。卷帙浩繁的少数民族古籍，是我们从事多学科研究难得的资料。

少数民族文献对历史研究提供了宝贵的资料。任何一种民族文字的产生，都是该民族所处的社会发展到一定阶段的产物。因此，少数民族古籍文献资料对消失的民族和现存的民族历史的探讨和研究，都显示出

* 原载《北京图书馆馆刊》1996 年第 2 期。

其可靠性和珍贵性。我国许多少数民族都有关于自己本民族起源、发展的记载和传说。从藏文古籍文献《西藏王臣记》《红史》《青史》等著作中，都可以找到猕猴变成人的记载，说明藏民族自古以来就生活在青藏高原上，是和别的迁徙民族不断融合的一个世居民族，是反驳某些西方国家制造的西藏人种南来说的有力论据。曾经两度立国设朝的满族是具有悠久的历史和灿烂文化的民族，其先祖在春秋时称为“肃慎”，隋唐称之为“靺鞨”，宋辽时期又称为“女真”。强盛的女真人于1115年建立金朝，他们仿汉字创造了女真文，至明朝初年才被废弃。用女真文撰写的文献资料，是研究满族发展史乃至东北边疆民族历史不可多得的文字史料。满文创造于1599年清军入关前的50年，为额尔德尼·噶盖在蒙古文字母的基础上创造的一种无圈点文字，现存《满文老档》，在北京图书馆藏有晒印本。1632年达海厘定圈点新满文，成为清朝“国书”，至1911年清王朝灭亡后才逐渐废弃。满文文献浩如烟海，近年研究成果颇丰。又如，彝文古籍文献《西南彝志》，记载了彝民族的起源以及彝族社会发展等内容，为后来彝族社会历史发展的研究提供了不可多得的文献资料。

少数民族文献中，有关医药方面的资料亦十分丰富。早在8世纪末，著名藏族医学家宇妥·云丹贡布就用藏文写下了《四部医典》这一医学巨著。《四部医典》经历代名医整理、注释，并翻译成别的民族文字，成为高原人们治病、防病的重要实用医书。到了18世纪，又被先后译成英、俄文，介绍到国外，为世界医学界所瞩目，成为外国了解藏医学及藏民族的一种媒介，远远超过了它医学典章本身的价值。除此之外，彝族医学较为发达，尤其是骨科手术与中草药配方受到广泛赞誉。驰名中外的“云南白药”就是彝族人民的一项创造。许多彝医的单方，大多散见于宗教经典书的扉页上，北京图书馆所藏的《献药经》则是比较完整的药书。该书长26厘米，宽13厘米，共64页，线装。据专家考证，此书大概成于明嘉靖年间，是彝族医学文献中较早的一部抄本，更显得此书的珍贵。还有蒙古族的《普济杂方》、纳西族的《玉龙本草》等，各少数民族医学文献至今仍有很高的参考价值。

丰富的少数民族文献为我国的宗教研究提供了宝贵的资料。民族文献对各民族自己宗教的产生、发展都有着翔实的记载和精辟的论述。每一个民族都曾有过自己的敬慕和崇拜，继而发展成宗教。各民族对宗教信仰是十分虔诚的。有文字的民族对自己本民族宗教的产生、发展都有详细的记载；无文字的民族世代口口相传的口碑文献，记载了各自民族的整个历史，包括宗教历史文化。这些都是研究各民族历史、文化的重要参考资料。很久以来，我国各少数民族就有其自身的宗教形式，并保留下了大量的宗教文献资料。北图所藏的多版本的蒙古文、藏文《大藏经》，满文《钦定满洲祭神典礼》《满洲祭祀全书》《新书圣书》，回鹘文《大唐法师三藏菩萨法师传》，西夏文《大千佛华严经》，蒙古文《宝星陀罗尼经》和《七佛如来供养经》，西南地区的彝文《呗耄进斋棚经》《请格怒神经》，纳西族的东巴经，以及最近收藏的傣文贝叶经等宗教文献，都是宗教研究和其他学科领域研究的重要史料。

我国领土辽阔，和 14 个国家相邻，有 30 来个民族跨界而居，这一特定的地理环境，使我国的部分少数民族的历史和外国历史有着密切的联系。因而，我国少数民族文献对世界历史的研究有极大的帮助。诸如《觉囊印度佛教史》很早就由梵文翻译成藏文，成为藏文历史文献，经过千年风雨，这部书在印度早已失传。研究印度佛教发展，尚需参考我国现存的藏文《觉囊印度佛教史》。当然，由于历史的原因，我们也有许多珍贵的资料从各种渠道流落国外。例如：要研究藏文的雕版印刷发展史，仅国内所存的资料是不够的，在许多论述中，都论证藏文雕版印刷首推永乐八年（1410 年）的甘珠尔印版。实际上，形成藏族自己雕版印刷体系的应是 17 世纪在云南丽江，由纳西族木氏土司木增主持雕刻的甘珠尔藏经。后因战乱，把此版迁运到当时的西康省理塘寺印刷成书，史称“理塘朱版”。遗憾的是当时社会几经战乱，甘珠尔理塘版流落国外。据著名藏学家东噶·洛桑赤烈先生介绍说，为数不多的理塘版在斯里兰卡国王巴涅的私人图书馆里仅存50叶，质量尤佳。理塘版是藏地刊印甘珠尔最早的版本，标志着藏族本身雕版事业由单字、图像雕刻，发展到制版雕刻的成熟阶段。

少数民族古籍文献为我国古代社会的发展历史研究提供了宝贵资料。我国几千年的历史表明，许多少数民族曾建立过自己的政权，有的甚至统一过整个中国，建立了中央集权制的封建王朝。他们用自己的文字记载政治、历史、文学、宗教、法律、艺术等。而这些历史发展过程，有许多内容汉文不录不载，有许多问题是汉文史料无法解决的，只有依靠民族古籍文献的记载来对这段历史进行补正和完善，这些文献丰富了中华民族的文化内蕴。当今在国内外兴起的满学、藏学、蒙古学等学科的研究，都离不开本民族的历史文献资料。

二、少数民族文献的分类编目状况

少数民族古籍文献有其特殊的存在形式。各民族由于历史、社会、风俗习惯等诸原因，民族古籍文献便因其多样性、分散性、地方性特点而难以得到充分的利用。怎样使这些珍贵的民族古籍资料发挥作用，使少数民族文献的收集、整理、研究和利用走上一个新的台阶，这是一个重要的课题，需要和图书馆的改革紧密结合起来，进行综合开发和利用，促进图书馆事业的发展。

（一）藏文文献资料的编目

新中国成立以来，少数民族古籍文献目录经过整理，科学分类日趋完善，目录理论研究已开展起来。北京图书馆藏文古籍文献，在黄明信先生的指导下，在藏文古籍传统分类编目的基础上，制定出了一套适合馆藏藏文古籍特点的《北京图书馆藏文古旧图书著录暂行条例说明》（以下简称《说明》）。《说明》把藏文典籍分为4个部类，每类设4级类目。4个大部类分别依次是：大藏经部、文集部、丛刊部、一般部。这4个大部类都是并列类目，每个大部类下面可分为若干级类目。就我们现在的藏文古籍分类而言，只分到了4级类目。例：

四、一般部

（1）明处（百科）类

①尺度经（建筑、绘画）

……

根据古籍文献内容的需要，还可以设立若干级类目，继续细分下去，对文献分类越细，读者检索使用起来就越方便。《说明》打破了藏文古籍传统的平级类目的分类方法，吸收了汉文古籍和《中图法》多层次分类的优点，使藏文古籍的分类更科学化，为藏文目录学奠定了新的理论基础。

藏文古籍文献目录的发展经历了一个很长的历史过程。从公元8世纪后期藏王赤松德赞在位之时开始编制目录，至今已有一千多年的历史。藏文目录的编制，是藏文文献发展的结果。随着大量佛经的翻译，当时藏文文献已达至700种以上。为了将这些文献的篇目章节集中反映出来，藏王赤松德赞命译师完德贝则热支达和吉伦布等，将存在旁塘噶麦佛殿的佛经，以8个音节为一颂，300颂为一卷，编制了第一部藏文文献目录——《旁塘目录》。该目录的编制，为编辑藏文目录开了先河。自此以后，先后编制了《纳塘目录》《蔡巴目录》《布顿目录》等23种不同版本的目录。自1959年在涉藏地区实行了民主改革后，各地编印的目录已有6部。其概况如下：

第一部，1959年由德乌鲁市拉卜楞寺院工作组主持编纂油印的《拉卜楞寺藏文书目》。油印平装8开，分上下两册，共679页，收录藏书万余帙，分为17大类。著录项目有：书名、作者、函数、种数、叶数等。是一部大型藏文古籍文献目录。

第二部，1981年由四川民族出版社出版的《德格印经院目录》。32

开，395 页，收录藏版文献 200 多部，约 1 万种。详细地介绍了德格印经院的藏书、藏版情况。

第三部，1984 年由民族文化宫图书馆编纂，四川民族出版社出版的《藏文典籍目录·文集类子目录》。收录馆藏藏文文集 180 余部，将分 3 集出版，现已出版了 2 集，第 2 集于 1990 年由民族出版社出版。已出的 2 集均是精装 16 开本。这部大型藏文目录，全面地反映了民族宫图书馆藏文古籍藏书情况，并有文集作者的生平简介、著述等，为使用者的不同需要提供了极大的方便。

第四部，1985 年由青海民族出版社出版的《藏文典籍要目》。精装 16 开本，687 页，所收古籍分为 17 类，有子目 2 万多条。这部《藏文典籍要目》其内容及著录项目与油印《拉卜楞寺藏文书目》基本相符，只是成了正式出版物，读者使用起来较为方便。

第五部，由崔成仁钦编著，西藏人民出版社 1985 年 12 月出版的大藏经《丹珠尔目录》。精装 16 开本，906 页。

第六部，由司徒·典吉穹乃编著，四川民族出版社于 1988 年 7 月出版的大藏经《甘珠尔总目录》。精装 32 开本，491 页。该书目与西藏人民出版社的《丹珠尔目录》是一套比较完整的藏文大藏经目录。为从事藏文大藏经研究者提供了准确的书目检索。

40 年来，尽管藏文古籍目录的正式出版书籍已达 6 部之多，但都是地区性的，或者是一家之藏书的典籍要目，不能全面地反映藏文古籍文献的情况。至今，藏文古籍文献究竟有多少种，多少函，多少种版本，还是个未知数。随着藏学研究的深入开展，我们期望一部能够反映藏文古籍文献全貌的全国性藏文古籍文献目录早日问世。

（二）多种民族文献资料的编目

《北京图书馆馆藏彝文典籍目录》油印本，于 1987 年编成，辑录了该馆馆藏彝文文献 551 册。这本目录的编成，倾注了前辈们的心血，值得在中华民族文化史上重写一笔。北京图书馆在20世纪40年代以前并无彝文文献藏品，抗战时期，时值马学良教授、万斯年先生在云南地区考察，发现当地那安和乡土司家藏有500多册彝文古籍文献，马、万两位先生历经千辛万苦征得国民政府同意，用9万法币购回这批彝文文献，藏于国立北平图书馆，填补了馆藏文种的空白。1979年，又在马学良先生的指导下，云南、贵州、四川三省8位精通彝文的经师汇集北图，历时数月，终于编纂成了这本彝文目录，其功业至今为人称道。

北京图书馆所藏近4000册东巴文经典，是为世人鲜知的纳西族文献。东巴文包括象形、会意、指事、形声等字体，是当今世界唯一存世的活态象形会意的图画文字。馆藏东巴经文献，数量多，品类全。虽有一套卡片目录和一套账本目录，但尚需补充。1987年初，由王梅堂先生组织人员，在原有目录的基础上，重新刻写油印成册，到1989年初，已油印成书5册，后因人员调动，这项工作从此停下至今，成为憾事。已成书的5册《北京图书馆馆藏东巴经目录》，著录了全部文献的五分之三。该目录分为祭天、延寿、道场、祭家神等23个类目。目录著录内容为：书号、原书名（东巴文）、音标、汉译名、内容提要、页码、开本7项内容。使用者可以从不同的角度进行查寻，是内容较全的一套目录。

满、蒙古、藏、维吾尔、哈萨克、朝鲜6个文种，我们习惯上称之为“大文种”，除此之外的各民族文献称为“小文种”。北京图书馆的彝文、纳西东巴经、傣文贝叶经、水文、西夏文、回鹘文种的古籍文献目录，有的已“冬眠”多年，外界少有人知道馆藏情况，这对于文献的利用和图书馆的业务自动化发展都是一个亟待解决的问题。

（三）联合目录的编制

北京图书馆民族文献的目录从无到有，从粗到细，至今已初具规模。在此基础上，又进一步编制了联合目录。

1979年由北京图书馆和中国第一历史档案馆主持汇编的《北京地区满文图书资料联合目录》油印本2册，共录北京地区各单位满文藏书814种。1990年，由黄润华、屈六生先生主持，组织人员，又在《北京地区满文图书资料联合目录》的基础上，收录了全国17个省市自治区48个单位所藏的满文文献1000余种，1991年由书目文献出版社正式出版了第一部《全国满文图书资料联合目录》，该书16开本，553页，分为哲学、宗教、历史等16大类，著录内容包括满汉对照书名、著译者、满文拉丁字母转写、成书年代、册卷大小和该书现藏处。

蒙古文古籍文献目录的编辑，已经走在我们各文种的前面。1979年由北京图书馆和内蒙古图书馆主持编辑、内蒙古人民出版社出版的《全国蒙文古旧图书资料联合目录》(以下简称《联合目录》)，反映了全国各地60多个公共图书馆收藏的蒙文古籍文献的情况，分为宗教、政治、法律、军事、语言等15类。《联合目录》著录的内容包括蒙汉对照书名、著译者、出版年代、出版者、册数等项，是一部比较全面的国内蒙古文古籍文献目录介绍。《联合目录》出版10多年来，为从事蒙古文各学科研究者，提供了比较准确的资料检索途径。随着蒙古文古籍的收集、整理的加强，由内蒙古大学图书馆和北京图书馆组织成立的《全国蒙文联合目录》编辑班子已工作一年多了，编撰工作已近结束。在《联合目录》的基础上，从条目、分类、著录项目及内容上加以丰富和完善。一部新的反映现存蒙古文古籍文献的《全国蒙文联合目录》将于1996年出版。

三、少数民族文献在编目中存在的问题

新中国成立以来，少数民族古籍文献的收集、整理、抢救、编目、出版等方面都取得了较大的成就，凝结着前辈同仁的心血。随着社会的发展和现代研究者的要求以及自动化技术的发展，文献编目中的问题逐渐显露出来，倘若不去解决它，那么，这些问题终究会造成图书馆发展

的障碍，成为一个沉重的包袱。在此，笔者列出这些问题，其目的在于与各位同仁探讨，聆取良策。

（一）统一民族古籍文献分类问题

少数民族古籍文献的编目分类是一项庞大的系统工程，人们要使用文献，往往从分类入手，通过分类检索所要的文献。由于历史的原因，现存于北京图书馆的各民族古籍文献，没有统一的分类方法。各个地方各个时期的撰著者、刻制者、收藏者和使用者，依自己的使用方便，形成了各式各样的分类方法，并成为传统，保留至今。从存世的民族古籍的内容看，绝大部分是宗教方面的经典，包括各时期的宗教典籍、献祭经、祭天地经、咒术、占卜、宗教传说等。其他类包括律历、天文地理、文学艺术等类别，这部分文献所占比例很少。我们常见的传统分类有按地区方言分类的，有按学科与内容分类的，也有按年代分类的，但都是一级分类。这些传统的分类方法有它独到的一面，都是前辈们在不同的时代，持认真实用的态度和方法，对文献进行归类排列。但是由于受历史的局限，随意性较大，类目划分参差不一。纵观新中国成立以来出版的各民族古籍文献目录，都具有自己的特色。从藏文典籍目录的编排可看出，有的是按学科分的，比如《甘珠尔》部分、《丹珠尔》部分。而更多的是按著者来编排的，这里并无分类的含义。其他民族典籍目录的编排方法与藏文基本相同，有的虽进行了分类，也只是一级类目，并无二级或三级类目。显而易见，纵向的单一文种和横向的各种文献分类都没有统一的标准化、规范化，著录的格式、内容也各不相同。如果这种现象长期存在下去，是图书馆自动化发展的极大障碍。从解决问题的愿望出发，能否搞出一套既符合自动化发展的要求，又不失民族特色的分类方法？从现存的典籍文献看，它既不适合用汉文古籍的“经、史、子、集”的分类方法，又难归于《中图法》的多层次类目的分类中去。《中图法》适用于现代社会的各种图书分类，民族古籍文献则难在《中图法》中找到自己准确的位置，因而，我们可以根据民族古籍文献自身的特点，找出共同的特征，借鉴《中图法》和汉文古籍的分类方法，研究出一套符合各民族文献特点，行之有效的分类方法，这对于文献检索和自动化发展都会带来极大的方便。比如：

一、综合部类

1. 百科类

（1）建筑类

①制图

②用料

③占卜（为建筑而卜）

④……

（2）历算

①蒙古历

②藏历

③彝历（十月历）

④……

（3）语言学类

①满文语言学

②蒙古文语言学

③藏文语言学

④……

（4）医学类

①满族医学

②蒙古族医学

③藏族医学

④……

2. ……

这样把若干个学科归为一个大部类，在大部类下面设若干个子目类，现在只分到第四级类，如有必要，可在第四级子目上继续细分下去，如蒙古族医学又分成医学理论、骨科、妇科、药物配方，等等。新设的大类（一级类目）不宜太多，就民族古籍文献而言，笔者认为初设：一、综合类；二、宗教类；三、文集类；四、历史类；五、杂丛类。这五大类目下各设若干级子目类，就基本上可以容纳下民族古籍的内容，同时用专用字母或数字代表不同的族别。使各民族古籍文献都统一到这五大类下，又用字母或数字区分开去。这种多层次的分类方法，既能反映出文献的内涵，又完善了民族古籍自身的分类方法。

（二）“死”文字典籍文献的问题

所谓的“死”文字，就是指在历史上曾经通行使用过的，经历过一定的时间后，因各种原因而废弃的文字。北京图书馆所藏的满文、东巴文、水文、西夏文、女真文、回鹘文、察合台文、契丹文、哥巴文、突厥文、八思巴文、女书、壮文等 13 种民族文字，是已经基本不再使用的废弃文字，或者说使用者只限于职业者的范畴。有的文字是随着该民族的消亡而废弃，有的文字则是被另一种新的文字代替。所有这些“死”文字的文献都是该民族在那个时代生产生活、政治经济、宗教文化的真实记录，成为珍贵的文献资料。这部分文献在北京图书馆得到了很好的保护，进行了编号登记。但我们没能识得这各种“死”文字，也就难以分类编目了。有的文种，曾请专家编了目，但没有制片，外界少有人知。对于这部分“死”文字文献，保护成为了关键，它既是文献资料，又具有文物价值。为使其流传于后世而又不遭损坏，应逐步将这批文献拍摄成缩微胶片，既利于保护文献原件，又便于读者使用，同时可与兄弟图书馆进行胶片的交换，丰富馆藏，逐步建立民族文献文库，把少数民族文献作为整个民族的共同精神财富，加速信息往来，交换资料。作为国家图书馆的北图，有能力也有责任担负起这一重任，把民族文献的开发与利用纳入今后的工作计划中去。

四、发挥馆藏优势服务社会

我国是一个统一的多民族国家，少数民族地区的政治、经济、文化诸方面在党的民族政策指导下，取得了辉煌的成就。但一部分少数民族地区的经济、文化、社会生活仍有待提高，因而应利用图书馆的丰富的信息，充分发挥北京图书馆馆藏的民族文献资料的作用，积极主动地为民族地区改革开放和市场经济服务。北图努力收藏了包括古籍善本、新书、报纸杂志在内的近 14 万册的民族文字图书，是研究少数民族历史、区域、社会、教育、经贸等方面的珍贵资料。

首先，开发馆藏情报资源，体现馆藏民族文献资料的优势。在市场经济条件下的图书馆要获得快速发展，就应扬长避短，充分发挥自身优势。只有这样才会有自己的特色，才能有竞争力，才能在竞争中处于有利地位。而图书馆的优势就在于拥有丰富的文献信息资源，我们应该根据社会的需求，制定出民族文献的开发计划。改变那种被动的、封闭式的借阅方式。开展一些不同层次的服务项目，进行有偿的最新信息服务以及专题、定题服务项目等。

其次，随着我国的经济由沿海向内地和边疆少数民族地区发展，民族文献资料就显得更为重要了，我们完全可以利用馆藏丰富的各种资料包括民族文献资料优势，进行信息产品加工，打入信息市场，将这些资料的价值充分利用起来。

文以载史*

——藏文的雕版印刷与装帧艺术

藏文雕版技术的发明并将这种技术应用到书籍的印刷始于元代。明代永乐版大藏经的印制使这项技术得到了推广和发展。藏文雕版印刷技术成熟于清代。明末清初，西藏地方的政治形势处于混乱的割据局面，藏传佛教各教派纷争不已，黄教提倡严守戒律，修习经典，受到人们拥护，贤士大德纷纷著书立说，以阐明自己的观点，诸家争鸣之现象业已出现。纵观朝代更替，这是社会变革后的必然趋势和结果，也是统治者所选择的社会治理方略。反映在印制书籍、传播思想文化方面，则是随着文教的兴盛而达到文化的繁荣。

图 1　藏文典籍

* 原载《中国民族美术》2016 年第 4 期。

一、印经院与经典印刷

寺院是僧众供佛和聚居修行、收藏经文书典的馆所，也是藏地对典籍进行编辑、校勘、雕版、印刷、出版发行的机构，经籍刊印是寺院的功能之一，印经院没有单独离开寺院而单一印经的，它总是依附于寺院这个主体，是寺院组织机构中的一部分。西藏的每一座寺院都收藏经籍，但不是每一座寺庙都印制经籍，刊印经籍的寺院一般都是规模较大、僧众较多，具有一定实力和影响的大型寺院。自清朝之后，前藏、后藏、阿里、康区、甘肃、青海等地的雕版印刷业逐渐发展起来，各大寺庙的印经院亦相继建立，形成了涉藏地区以寺院和地域为主的雕版印刷中心。

纳塘寺印经院。坐落在日喀则纳塘寺内。清康熙年间，第六世达赖仓央嘉措当政时所建，后因经费拮据而停建，其后，历代第司对辍工的印经院尽力恢复续建，终成规模。18 世纪中叶，颇罗鼐·索南多吉执政时期，大力发展印经事业，他从各地选拔雕刻印刷人才汇集纳塘印经院，抢救、整理佛教古籍经典，在纳塘古版的基础上，参照蔡巴、布顿目录增补校勘，刻印成《甘珠尔》108 部，《丹珠尔》215 部。该版的第一批印本在扎什伦布寺和布达拉宫内尚存印本。纳塘版《甘珠尔》《丹珠尔》的刊印，标志着藏文《大藏经》的全部完成。它的大量印行，产生了广泛的影响，成一代范本，之后的德格版、塔尔寺版、北京版《大藏经》均由此为蓝本承袭而来。

德格印经院。坐落在四川省德格县更庆寺内，是康巴地区规模最大的经院。清雍正七年（1729 年），由第四十二代土司却吉·丹巴泽仁创建，经院建造耗时 16 年之久。印经院的首次经籍刊印，其刻工、画师、书法人才来自四面八方，经过层层筛选，留用专职经版刻工 60 余人，由具有深厚宗教文化修养的学者及寺院的堪布承担版书模写、校勘、印刷、校对工作。当印经院粗具规模后，由却吉·丹巴泽仁主持刻印了《甘珠尔》103 部，并聘请八邦寺活佛司徒·却吉迥乃对从各地搜集来的《甘珠尔》版本进行分类整理，编制了目录和说明，使该版《甘珠尔》大藏经成为最完善的版本。随后又刻印了《丹珠尔》《萨迦甘布》《黑白花十万龙经》《俄青甘布》以及医书、密咒等各种典籍 200 余部。自此之后，德格印经院对经籍刊印工作形成制度化管理，无论经籍蓝本的筛选、各工种人才的选择均经严格的程序，成数百年不衰之始因。

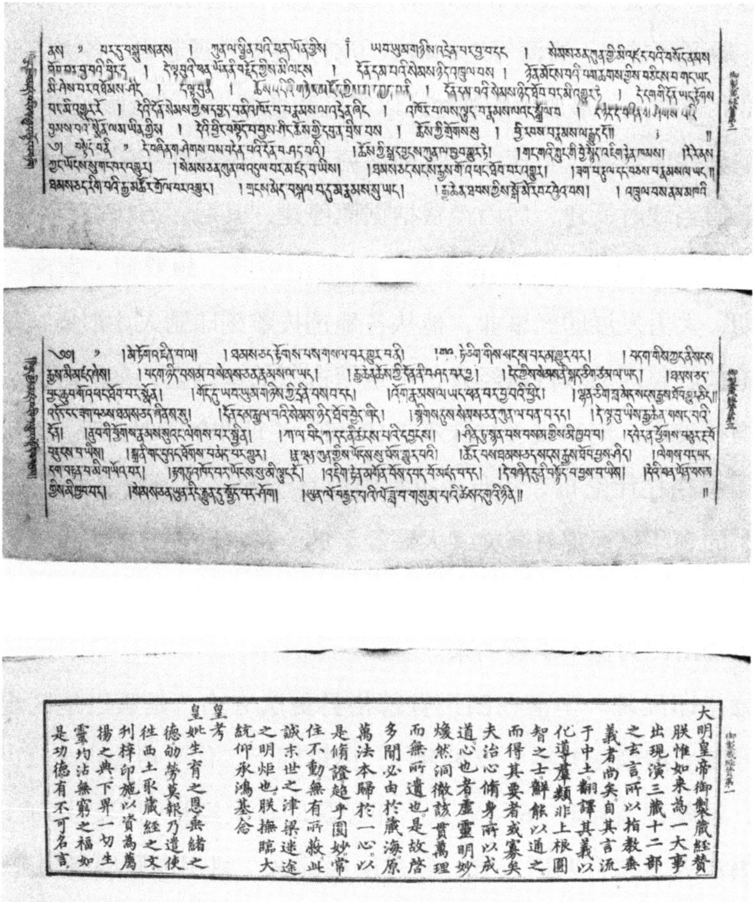

图 2　藏汉合璧朱版

乾隆十五年（1750 年），却吉·丹巴泽仁病逝，由其子彭措丹巴承袭土司职并继续发展印经院事业。经多方收集，《丹珠尔》门类由原来的3500种增加到4300多种，并延聘著名学者冲却·次称仁青编写了目录和序言。至此，经父子两代的不懈努力，历8年之时，《丹珠尔》才告完成，使藏文《大藏经》得以立世。此外，还刊行了《噶当白甘布》《麻里甘布》《卓他根都》《居得根都》《冲却·次称仁青全集》等各类别的典籍数百部。

布达拉宫印经院。因建在布达拉宫下面，俗称布达拉宫印经院，所印经书亦称拉萨版。清初时期，由第五世达赖喇嘛阿旺·罗桑嘉措创立。其后，历辈达赖在原有的规模上有所扩大，并投入印经资金，到清末时，布达拉宫印经院已成为一座设施齐全，刻、印、画、管理等各种人才济济的大型印经院，先后印制了完整的全套《甘珠尔》《般若波罗蜜经》《大方广经》《多经藏》《涅槃经》《续部》等大型经籍数十部。

拉卜楞寺印经院。坐落在甘肃省夏河县大夏河北岸拉卜楞寺内。清乾隆五十一年（1786年）由第二世嘉木样·久美旺波兴建，是安多地区的重要印经院。它以刊印种类多、版本齐全、版本收藏丰富而著称，有经籍6万余部，包括医方学、声明学、韵律学、工艺学、星象历算学、诗境学、藻词学、戏剧学、历史类、传记类、密宗类、经咒类等刻版经籍20余种，涵盖宗教、历史、医学、建筑、文学、历算等方方面面。

拉卜楞寺自康熙四十八年（1709年）第一世嘉木样·协巴阿旺尊追创建后，建立了一套严密的寺庙管理机构，使政教合一制度得到强化，寺院和属院不断扩大，学经制度日益完善，确立了以教授显密二宗为主，以医学、历算、辞藻、音韵、声明、雕版、印刷、绘画、音乐为辅的教学体系，将雕版印刷纳入该寺的教学体系，刊印业直接为教学服务。该寺所有教授的科目用书均由本寺雕版印制。第二世嘉木样自1786年创立印经院至1911年清朝灭亡的100多年时间里，拉卜楞寺印经院共印刷经籍20余万部，刻版6万多块。《第一世嘉木样传》《章嘉若必多杰传》《班禅伯丹益西传》《卓尼版丹珠尔目录》《散记总集》等刻本成书于18世纪中，为该印经院较早的刻本，与用金汁、银汁、珊瑚、松石、珍珠、砗磲6种粉汁书写的《金刚经》，第一世嘉木样用金汁亲笔书写的《贤劫经》以及用黄金丝线在黑缎上织成的《善为经》等经籍一起，已成该寺镇寺之物。

图3　藏文雕版典籍

塔尔寺印经院。位于青海省湟中县鲁沙尔镇的塔尔寺内。塔尔寺印经院始建于清道光七年（1827年），由第五世赛多·益西土丹嘉措创立。印经院建成之后，赛多、当才活佛共同管理刻印经籍事务，并聘请学识渊博的然坚巴·欧旺拉珠、欧旺尼玛、欧旺嘉央旺吉、罗桑顿珠、噶久巴·次成热吉等人担任经籍的整理、校勘和刊印的校对工作，刊印了《宗喀巴师徒三尊全集》《塔尔寺志》等。自此以后，有关显密二宗、天文历算、医学、建筑、历史、个人文集等方面的经籍刊印开来，在涉藏地区广为流传，形成颇具规模的印经院。从1827年始至清末，刊印经籍数千部，累积书版3万多块和各种佛画刻版。

除上述五大印经院外，色拉寺、哲蚌寺、扎什伦布寺、萨迦寺、甘丹寺、卓尼禅定寺、热振寺等60多座寺院也有自己的印经院。这些寺院大都根据自己寺院的教学、颂经需要自行决定所印经籍，亦有因西藏地方政府、达赖喇嘛或个别施主要求而承担刊印事务。

西藏文化的发展历史与寺院的发展、拓展密不可分，在清以前，以供奉、研修为主的寺院规模已基本形成，而印经院的出现是在雕版印刷术大量运用到典籍刊印的清代，典籍由手工抄写到雕版刊印是文化发展的一个里程碑，印经院的出现拓展了寺院文化的功能，成为西藏历史文化传承的主要载体。

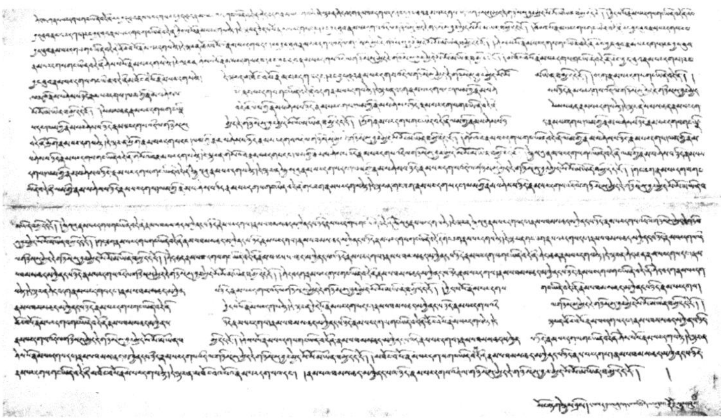

图 4　藏文手写本

二、雕版印刷的发展

形成藏族自己的雕版印刷体系要首推 17 世纪在云南丽江由当地土司木增主持雕刻的《甘珠尔》藏经。从底本的选择、整理、校勘到制版、刻印等工序，均由藏族班智达和能工巧匠完成。从选本到雕刻完成历时 15 年，由噶玛噶举第六世活佛却吉旺秋、大司徒曲吉坚赞担任总校。这套经版刻版完毕，时遇兵灾。清康熙三十七年 (1698 年)，准噶尔蒙古头目噶尔丹兵败，其部下达尔杰博硕克图汗兵临云南丽江，见其经版，以为奇货，下令人背马驮，运至四川理塘大喇嘛寺。达尔杰博硕克图汗随后尊崇黄教，并在此刊印。印刷时，为示对佛的虔诚，选用朱砂为墨，印成经文均为红色，亦称理塘朱版。现在拉萨大昭寺里藏有理塘《甘珠尔》朱版 108 函，其余不存于世。理塘朱版是藏地刊印《甘珠尔》最早的版本，标志着藏族本身的雕版印刷事业已发展到了成熟阶段。

18 世纪中叶，颇罗鼐·索南多吉执政西藏大权时，大力发展西藏的文化事业，注重各教派的文化交流，主持经籍刊印事业。他广聚人才，组织众多技工以蔡巴《甘珠尔》为底本，以数部《甘珠尔》为对勘校本，完成了《甘珠尔》120 部经卷的刊印工作。经过这次大规模的雕刻印刷，无论是印经院的管理工作还是雕刻印制工艺都较以前有了很大的提高，特别是 1742 年将《丹珠尔》225 部经卷全部刻印完毕，使西藏的藏文雕版印刷业达到了顶峰。

雕版印刷业的发展促进了藏文化的传播，各教派的形成又丰富和推进了藏文化的发展。这段时期各高僧大德的著述刊印本有:《颇罗鼐传》(1733 年)、《多仁班智达传》(18 世纪)、《噶伦传》(1662 年)、《德格土司传》(1828 年)、《达陇教史》(1648 年)、《西藏王臣记》(1643 年)、《福称噶当教史》(1642 年)、《格鲁派教史黄琉璃镜》(1698 年)、《土观宗派源流晶镜史》(1801 年)、《如意宝树史》(1748 年)、《安多政教史》(1865 年)等历史、人物传记、教史、天文、历算、医学类书籍。

自 18 世纪中叶颇罗鼐大力整治发展寺院印经业后，西藏雕版印刷业，由于刊印技术的成熟发展为刊印管理技能的完善，使其刊印业达到顶峰，一些小的印经院因技术、经济、学识、管理等方面的原因而逐渐消失，而一些大的印经院拥有一批学识渊博的智者、技术精益的工匠、科学化的管理制度以及有庞大的寺院经济做支撑，雕版刊印业走上了产业化的道路。

雕版印刷工艺十分细腻，所用雕刻的印版木板是优质的红桦木。制作经版的红桦木极为考究，对秋天刚落叶的桦木进行采伐，并顺纹路劈成长条的经书板块，然后用红桦木屑沤火，把板子熏干，再把板块放在羊粪中沤一个冬天，来年取出来水煮，再烘干，刨平。经过这一系列过程，红桦木变得不易虫蛀，各方面性能更加稳定，以备雕刻使用。刻制经版有许多细致的程序，先由藏文书法艺术精湛的设计高手按照规定的藏文楷书字体(乌坚体)的写法仔细书写纸模，毕后，要经过4次严格的校对再贴板。雕刻工按照纸模刻在桦木板上，必须技艺纯熟，一丝不苟，认为准确无误后，将刻好的版放到酥油中浸泡一天，取出晒干，最后用“苏巴”草根熬水将版块洗净。这样，一块经版才算制成。经上述工序制成的印版，不仅字迹清晰，而且经久耐用，久藏不朽。这些印版每印一次都要洗版，晒干藏好，以备下次再用。久而久之，印版不朽不损，光洁细腻。

印刷过程中，先要让印经纸略为浸潮，以使其容易上墨。具体做法是用若干张纸浸水，然后均匀地夹入印经纸中，用厚木板将其两面压住，印经纸便被逐渐浸潮。一般的书用墨印刷，没有彩色插图等。对于贵重的经典，要用朱砂印刷，卷首叶各以花纹、佛像装饰，并配以插图，然后用金银、玛瑙等各种宝石研成色后印制。书籍上、下夹以木板，夹板均为红漆描金，制作精细。有些贵重的佛教经典，还要用深黄色锦缎丝绸包裹，上、下夹以檀香木板，再用细牛皮或丝绦捆扎，当作圣品供奉。

图5 藏文典籍上下夹板中的上夹板

印版规格的大小有一定的规格，均按佛教刻经量度而定。可把书籍印为长、中、短几种。最长(有的叫这种书为特长书)的版心有85厘米左右，这种长书阅读不便，主要作供奉之用。现在最常见的是版心

60—70 厘米长的书，称之为“箭杆本”（意为一箭杆的长度）；中等长约 40 厘米，称为“一肘本”（意为成人一肘之长）；最后一种是短版经籍，版心长约 20 厘米左右。经籍的大小是因新刊书内容多寡而定，就同一部书各印经院所刊印的也没有统一标准。在雕刻卷首佛像和佛画时，必须严格遵循经典中关于造像量度的程式和仪轨，按照经典中提供的佛像创作时所必需的佛像基本比例来绘画和雕刻。

从造纸到雕刻印刷，这两种行业都有其独特之处，从中也可看出这两方面的传统科技的产生和发展情况。造纸业和印刷业的结合，极大地推动了西藏文化事业的发展。

藏文佛教经典和其他典籍的版本甚多，所具形式和风格各异。所谓版本，就是根据印经院所在地是什么地名或刊印时是什么年代，则刊印之书就叫什么版本。单就《大藏经》便有多种版本，例如纳塘版、蔡巴版、丽江—理塘版、卓尼版、德格版、库伦版、拉萨版、拉加版、永乐版、万历版、康熙版、乾隆版、布达拉宫版、昌都版等，其形式各异，各具风格，从中可见佛教文化的传播对西藏的雕版印刷事业产生了极大的推进作用。

三、藏文书籍的装帧技术

使用木刻版印刷术印制的藏文书籍，无论是佛学经籍，还是天文历算、医学、工艺、建造类书籍，一律都是长条形的，与其他民族文字的书籍相比，显得别具一格。藏文书籍的装帧形式取决于书籍的制作材料、人们对书籍的使用方便情况，并受印度贝叶经的装饰形式影响。如前所述，藏族书籍的版料一般取自桦树。桦树以直径 10 厘米左右为宜，截取之后用作版料，印刷出来的书籍自然是长方形的了。藏文书籍大多是佛教经典，其读者多是寺庙僧侣和善男信女。佛教徒诵经时要求正襟危坐，专心致志，以示虔诚，因此经书的装帧首先要简便易翻，可见佛教典籍的装帧尤为重要。从印度传入西藏的梵文佛经的装帧形式深受诵经者的欢迎。早期的印度佛经在贝多罗树叶上刻写，由于贝叶耐磨，千百年后字迹仍然很清楚。它有一定的长短规格，并在贝叶片旁穿空贯线，串成订本，携带翻阅都很方便。梵文佛经的装帧易翻便诵，这种装帧很快被推广开去。藏文书籍的装帧形式深受印度贝叶经的影响，均采用横书右行，成长条状，横行书写。这独特的版本形式无疑与贝叶经的装饰有一定的关系。藏文书籍起初是中间打孔穿索，后来演变成中间无孔，只是把印有文字的活叶依次重叠起来，不进行装订，在上、下夹上两张木板作为前、后封面。木板做工甚为讲究，夹板均为红漆描金。有的珍贵典籍的夹板上还镌刻有佛像、火焰宝珠及八宝等彩色图案，有些夹板或封二上，用宝石色汁画有永不褪色的莲花，隔几十年或上千年后，翻开一览，赏心悦目，有种如蕾待放之感。莲花图不仅是书的装饰，更被视为吉祥、神圣、智慧之物。此外，有些珍贵的佛教经典还用黄色丝织品包裹多层，上、下再夹上名贵的檀香木板，当作自己至高无上的供奉。若携带经典外出，讲究也极多，一定把经典托在胸前，以示敬意。若出远门，也可以打成包袱背在背上。倘若取提、抱之势，乃佛家之大忌，也非护书之道。

图 6　藏文金汁写本封面

藏文书籍的印刷，一般采用黑墨印刷。只有极贵重的佛教经典才使用朱砂印刷。一些经典的卷首用花纹、佛像装饰，并在里叶配以插图。极少的典籍使用金银、玛瑙等珍奇宝石磨成的色汁书写成书，流传后世，成为珍贵文物。

（图片转拍自民族出版社1995年10月出版的《色拉大乘洲》，次旺仁青先生摄影，合十致谢）

清代藏医药简论*

一、藏医历史概况

在帕竹王朝时期，藏医学术思想十分活跃，出现了不同的学派，其中著名的有南北两派。代表北派的强巴学派是由名医强巴·南杰扎桑所创立。强巴学派包括米尼玛·通瓦顿旦、昏第·都子吉美、南杰多吉等不同时期的医药学名家。强巴·南杰扎桑学识渊博，精通音韵、天文、历算，尤其擅长藏医学。以他为首的强巴学派著有《药王宝箱》《精简八支药方》《甘露源流》以及根据《四部医典》医理所著的《所需所得》等医著10余部。强巴学派在药物学方面，善于应用高寒性药物，擅长对高原疾病、风寒湿痹的医治。方剂药味多，精于放血、艾灸等疗法，对风湿病症有独到的治疗经验。代表南派的舒卡学派由名医舒卡·辛姆多吉所创立，包括加尔布杰、舒卡·罗米格布等不同时期的藏医药学方面的名家。舒卡学派善于用热性药物，方剂药味少，对温热病的治疗有其独特的效用。这一学派的医著有《千万舍利》《答北方学派·人参》《药物问答》《祖先口述》等20余部。

五世达赖时期，印刷技术及印刷工艺在藏地有了很大发展。《四部医典》《祖先口述》《新老宇妥传记》《藏医史》以及《四部医典·蓝琉璃》等一大批藏医学典籍的校勘、注释和刊印，极大地推动了藏医学理论和临床经验的进步，是藏医药学发展的兴盛时期。

---

* 原载喜饶尼玛、王维强主编的《西藏通史》清代卷下，中国藏学出版社，2016年。标题有改动。

1688年，在第司·桑吉嘉措的主持下，于拉萨药王山创办"日切彭林"医算学校，开创了藏医和藏历的新纪元。第司·桑吉嘉措遵照五世达赖的旨意，招收藏地医学和历算方面的学生40余人。也制定校规，亲自授课，并带学生到拉萨附近的多德、娘称、查耶巴等地去采集药材，向学生讲解各种药物的性味、形状、颜色、功效，形成教学与临床实践相结合之学风。1690年，第司·桑吉嘉措开始了增删校正扎塘版《四部医典》的工作，并与其他版本的《四部医典》对比校勘，对断句、漏字、错字、疑难处加以改正和注释，完成了修改注释本《四部医典·蓝琉璃》的刊印工作。此书成为全藏通行的藏医药学的标准书籍。第司·桑吉嘉措又以刊印后的《四部医典·蓝琉璃》为蓝本，结合全藏所采集的藏药标本，完整系统地绘制了彩色药物挂图79幅。其种类之齐全，形态之逼真，色彩之协调，开藏医药学之先河。

19世纪初，藏药学有了很大发展。著名药物学家杜玛格西·丹增彭措对青海东部、南部以及四川西部、西藏进行了实地调查，对药物的形态、特征、产地、生长环境、功效和用法进行了对比研究，并对130多部历代藏药著作进行考证，耗时20余载，于1743年编著成《晶珠本草》。全书集载药物近2000多味，分珍宝类、宝石类、树类、湿生类、旱生类、作物类、动物类、汁液类、土类、水类、炮制类、盐碱类、火类等13类，又在树类、旱生类下分若干小类。这种科学的类分法，在植物学、药物学分类上，至今仍有重要的参考价值。

十三世达赖时期，藏医学仍继续向系统化发展。1916年，西藏地方政府决定在拉萨创办医算学院，委托哲蚌寺著名藏医钦绕罗布负责主持，并明令前藏、后藏、康区、阿里等地选派学生入医算院学习藏医藏药和天文历算。至1959年创办藏医院止，共培养藏医学人员近400名。

在国外，16世纪时，不丹国名医班玛噶波以《四部医典》为蓝本，著有《四部医典讲话·济世仓廪》，这是藏医学首次走出国门。19世纪初，匈牙利学者乔玛对《四部医典》进行了研究并发表论文。20世纪初，苏联学者巴德玛耶夫和波兹涅耶夫依据蒙古文《四部医典》译本，将其第一、第二部分译成俄文，在圣彼得堡公开出版，这是《四部医典》首次在国外出版发行。

二、藏医基础理论

（一）三因素学说

藏医学在形成的过程中，有一套独特的理论体系——藏医三因素学说，并指导着临床实践。三因素也称三要素或三元素、三因素，即"龙""赤巴""培根"。藏医认为，人体内存在着这三大元素，构成了人体的物质基础，是人体生命中不能缺少的能量和物质基础。三元素在人体内并非孤立的，而是相互依存、相互制约，保持着人体正常生理状态下协调平衡的关系，一旦三者中任何一个元素失调，就会引起"龙"病、"赤巴"病、"培根"病的发生。因此，治疗实际上是调整三者关系，使其恢复到平衡状态，达到健康水平。这套"三因制衡"的理论，一直为后来藏医所遵循，经历辈医家理论和经验的不断积累，到第司·桑吉嘉措和杜玛格西·丹增彭措时期，随着《四部医典·蓝琉璃》和《晶珠本草》的面世，标志着藏医药学理论已臻完善。

1. "龙"

"龙"属气，遍于身体各部分，易变，其功能主呼吸、肢体活动、气血运行、食物的消化和输送。"龙"近"赤巴"则生热，近"培根"则重寒，藏医认为"龙"病是百病之根。

2. "赤巴"

"赤巴"为火，位于人体的胃、肠、肝脏、皮肤、眼、心脏部位，其功能是产生人体热能，保持体温恒定、增强肠胃功能，使食物消化分解，使人知饥渴、长气色、壮胆量、生智慧。

3.“培根”

“培根”为火和土，布于肠胃，其功能为增加胃液，促进食物的消化与吸收，以利新陈代谢，司味觉，保持水分，湿润肌肤，调节胖瘦，调节体内水液的平衡。

（二）人体结构及病因种类

藏医认为，人体有7种物质和3种排泄物。7种物质是构成人体的主要物质：食物、血液、肌肉、脂肪、骨骼、骨髓和精液。3种排泄物是大便、小便和汗液。

1. 人体结构

在人体解剖和生理功能方面，藏医认为人体有心、肝、脾、肺、肾五脏和胆、胃、大肠、小肠、膀胱和“三木休”（类似于十二指肠）六腑。

在人体骨骼、神经和血管方面，藏医认为全身有骨头360块，其中脊椎骨28块，肋骨24条，牙齿32枚。四肢关节12个，小关节210处，韧带16处。藏医将连接人体内外的脉络称为连接脉，连接脉有神经和血管两种。神经自脑向脊髓内伸出。神经受损，便丧失运动和知觉功能。血管又分动脉和静脉。

藏医在五脏六腑、肉和脉络（神经和血管）的解剖理论方面都有较高的成就，尤其是妇女月经周期和胚胎发育方面的医学理论为世人所称道。如藏医很早就提出在胚胎发育过程中，要经历鱼期（相当于水生动物）、龟期（相当于爬行类动物）及猪期（相当于哺乳类动物）3个阶段。与现代医学基本一致，体现动物进化过程的几个阶段。

2. 病因种类

藏医认为病因包括气候变化、饮食起居、房事过度、劳累过度、精神紧张、外伤等。

对疾病的分类也很特殊。藏医将疾病分为4类，各类为101种，合计为404种。

从形态分类是按龙、赤巴、培根区分，龙病42种，赤巴病26种，培根病33种，总计101种。从疾病性质分类可分本系和旁系两类。本系又分增、极增、特增和损、极损、特损6型。旁系又分合症、并症和并发症3型。旁系并发症27种，本系和其他旁系病74种，总计101种。

以疾病发生部位分类主要分为身、心两类。心的疾病分疯狂症、癔病等。身体的疾病分上下、内外和全身5类。总计101种。

以疾病种类分类可分为身体内部疾病、疮伤、热病、零星杂症4类。总计101种。

三、临床诊法

在临床诊断方面，以望、问、触三种方法进行诊断，类似于中医的望、闻、问、切诊断方法。藏医在长期的医疗实践中，积累了丰富的临床经验，形成了别具特色的诊断治疗方法。

（一）诊　断

藏医诊断是在藏医理论指导下，以科学方法对疾病的表现做出结论。也就是通过各种诊断方法获得的信息，根据医学理论和临床经验，再经过综合分析，作出有关健康状态和疾病本质的判断。

1. 望诊

望诊就是医生通过视觉观察病人可供诊断的对象，以了解病情的一种方法。包括观察病人形体、神色、舌象、尿、指、耳等形式。其中望尿是藏医所有诊断方法中最具有特色的一种诊断方法，一般也叫做尿诊。藏医认为尿液是人体摄入的饮食经过体内反复分化而生成的，所以体内寒热皆可以通过尿液表现出来。藏医对尿液的收集有严格的要求，供诊断的尿液要在清晨收集，这是因为子夜以前的尿液是白天饮食所化，而子夜以后因饮食已消化完毕，这时候的尿液最能代表体内的实际情况。医生通过对尿液标本观察尿色、蒸气、气味、气泡、漂浮物、沉淀物以及冷却后的变质过程等来判断人体内部的病态，如果尿色或黄或红，质稠味臭，蒸气多且持久，泡沫细小且消散较快，漂浮物较厚，沉淀物上下翻腾，尿温蒸气未消前就变质，变质后色紫质稠，这些情况皆为热症尿象。与此相反则为寒症尿象。一般人体健康正常的尿液应该是淡黄、清澈见底，没有特殊味道，或只有轻微的臊味，尿液表面蒸气多少适宜，而且在较短的时间内消散，尿液表面的泡沫稍小，尿液中无漂浮物。藏医对盛标本的容器也有要求，即以较薄的白瓷碗或白色铁碗盛尿最为合适，不能用黄色容器。

2. 问诊

问诊是医生通过询问病人或家属来了解病情的一种诊断方法。藏医问诊的内容很多，主要有问病因、问症状、问部位、问发作、问病程等。

3. 触诊

即医生在患者的一定部位进行按压，用指端的触觉来了解病情的一种方法。主要有按诊和脉诊两种形式。其中脉诊也是藏医诊断学中具有特色的方法之一。脉诊前要有一些准备，前一天晚上最好不进行剧烈运动，禁忌肉食、酒类、难消化的饮食。诊脉的时间最宜在清晨朝阳初露之时，患者刚醒来不久，饮食未进，情绪平和，最能反映身体的真实情况。诊断的部位：腕后浅表处的桡动脉，即从桡骨茎突下第一皮肤裂痕一寸处顺取食指、中指、无名指，均以指末节指肚分别按诊。按度：食指轻按皮肤，中指适按肌肉，无名指按至骨面为度。男性患者以左手之脉为准，医生则用右手切脉；女性患者以右手之脉为准，医生用左手切脉。

藏医认为五脏脉象与五官有密切关系。当某一脏腑有病时，其相应的五官也会出现病态。如心脉有病，则舌缩语艰；肺脉有病，则鼻翼下陷；肝脉有病，则两目上吊；脾脉有病，则口唇下垂；肾脉有病，则两耳失聪或耳轮枯槁。

正常人脉象一呼一吸，脉跳5次，多于5次者有热，少于5次者为有寒。热症脉象为数、洪、大、弦、滑、硬；寒症脉多觉、迟、弱、细、浮、虚。

（二）治　疗

藏医治疗学是藏医学中很重要的组成部分。基本使用饮食、起居、药物、手术外治等四4疗法。藏医比较强调饮食和起居这两方面。药物疗法是藏医治疗中占有较重要位置的一种治疗手段。药物治疗内容丰富，仅在《四部医典》秘诀上就载有近300种疾病的医治方法，同时有独特的配方。用药物治疗的目的，就是要矫正人体内三大因素的不协调、不平衡状态，并利用药物的寒热属性来纠正疾病的寒热偏盛。对于服药的时间，藏医也比较讲究，尤其注意与饮食进食时间互相配合，以获得最佳的疗效。

外治疗有针刺放血、火灸、热敷、药浴、外敷、穿刺等6种。其中放血疗法和灸法是藏医独具特色的治疗方法。

放血疗法是一种比较剧烈的手术治疗，虽然应用不十分普遍，但如果掌握得好，手术熟练技术高明，而且适应症选择适当，则疗效迅速而显著。因此放血疗法必需严格选择适应症和放血时间、部位、手术过程及放血量等项目。藏医认为病人体质较结实，病属热性病者，例如瘟病、波动热、扩散伤热、疖肿、丹毒、黄水病、麻风病、疮疡症等均可以用放血法，但浮肿、胃寒消化不良、“龙”病及“培根”、孕妇、虚弱、产后、小儿、70岁以上老人均为禁忌之列。藏医放血的过程，分成鼓脉、进力、察血、掌握出血量等步骤。放血进针的穴位都要固定，要避开要害部位及命脉部位。放血时，若流出血液色黄而稀，或有泡沫、黏液者，均为病血；若放出的血色鲜红且较稠，就是好血。一旦病血流尽，出现好血，就应该停止。放血疗法掌握适当时，有术到病除之效；掌握不好，弊端也不小，例如坏血未放尽，可结成痞瘤，放血太多损伤身体，转成寒痞、灰色浮肿、水肿等后遗症，重者甚至危及生命。所以放血疗法应严格掌握，不能滥用。

藏医的灸法具有悠久的历史，最早的灸法著作是敦煌石窟出土的《敦煌古藏医灸法残卷》，由此可知，最迟在7世纪藏医学中已广泛用灸疗法治疗各种疾病了。

藏医做灸的材料主要是艾叶，一般要秋天择吉日采集艾叶，等干后用棍打碎，再把它揉成团。艾绒团的大小看所灸的部位不同而有差别，一般做成下宽上尖的圆锥体，便于点燃。

艾灸可以用于热性病，但多用于寒性病，特别是胃火衰微、消化不良、浮肿、痞块、寒性胆病、头部及四肢的黄水病、炭疽、瘰疬病、虚热病、神经错乱、癫痫、健忘以及热性病的恢复期。凡是由“培根”“龙”病转化的寒性病症均宜用灸疗法，而且疗效较好。藏医施灸，一般都有固定的穴位，每个穴位治不同的疾病。穴位可分为两类。一类与中医的“阿是穴”相似，就是根据病人自诉疼痛的穴位，痛点即施灸的穴位。另一类则是分布在全身各个部位的固定穴。具体施灸时，是将艾炷放在穴位上，点燃之后，病人取静坐或静卧姿势，切勿随意移动，直到治疗完成。

四、藏族药学

药物的生长源于五源：土、水、火、风、空。土为药物生长之本源，水为生长之必需，火为生长之热能，风是生长之动力，空是生长之空间。药物的六味也来源于五源的不同结合，如土水偏盛的药物为甘味，水风偏盛的药物为辛味，火土偏盛的药物为酸味，土风偏盛的药物为涩味，火风偏盛的药物为咸味，火水偏盛的药物为苦味，两大种类成分配合不同，随之产生了药物的6种味道。

药物学讲的性、味、效是临床用药的基础理论。

（一）六　味

指舌对6种药物品感觉，即甘、酸、苦、涩、辛、咸6味。甘味具有增强体力，补气固本，湿润肌肤，开窍舒胸，生肌愈疮，干黄水等功效；苦味能清血热、赤巴热，健胃舒胸，增生腹肌；酸味健胃消渴，维持体温，生“培根”；辛味增胃热，消积化食，镇静催眠，驱除肠道寄生虫；咸味熄风镇静，消烦渴，生“赤巴”，下死胎；涩味通淋止泻，复苏开窍，荣润肤色，驱虫。

六味药物相互为主，相互作用，互为制衡。甘味药物虽然能医治“龙”病、“赤巴“病，但有时却能诱发“培根”病；酸味药物虽然能医治“培根”病，也会诱发“赤巴”病，但是余甘子能医治血病、“赤巴”病、热症。以此类推，六味药物相克相生，相对而治。

（二）八　性

指藏药物具有的8种性能，即重、润、凉、钝、轻、糙、热、锐8性。重与钝治“龙”病和“赤巴”病；轻、糙、热、锐者治“培根”病；而轻、糙、凉的药物能诱发“龙”病；热、锐、润能诱发“赤巴”病；而重、润、凉、钝能诱发“培根”病。由此表明药物的性质是和疾病的属性对应而治的，寒与热、轻与重、锐与钝、润与糙是相互对立又相互制约的矛盾对立统一体。

（三）十七效

指藏药对疾病具有17种功效，对治20种属性的疾病，即柔、重、热、润、稳、寒、钝、凉、软、稀、干、温、轻、锐、糙、动、燥等17种效能。临床用药治疗时，必须弄清每一味药物的药性、药味和药效，充分掌握寒热，热与寒的对治原则。如热性病用寒凉药，寒凉病用温热药，燥用稀和润，湿用干和燥，等等。

五、藏医“曼唐”

“曼唐”，是藏文音译。“曼”指医药，“唐”指唐卡，即挂图。“曼唐”，意即可以卷起来收藏，用时展开挂在墙上的医学教具。

曼唐有着悠久的历史。早在18世纪，藏医就有《尸体图鉴》《尸体分部图》《活体测量》等图谱，13世纪时，有《解剖明灯》《药物蓝图》等专著，这些都具有早期曼唐的性质。14世纪，藏医形成两大学派，都擅长于医药图谱的绘制。1704年，在第司·桑吉嘉措主持下，以北方派名医昏第·都子吉美所绘《四部医典》教学图画为核心，召集全藏医药名家和画家，根据《四部医典·蓝琉璃》的内容及编排顺序，又参考《月王药诊》，补充了尿诊和火灸穴位图，编绘成一套完整的、图文并茂的藏医曼唐，共79幅。后在门孜康负责人钦饶罗布主持下，又加绘制一幅藏医学名人像。这样，全套共80幅，分4部分：第一部分4幅，主要介绍人体的生理、病理、诊断和治疗；第二部分35幅，介绍生理解剖、病因、防病知识、药物性能、疾病诊断和治疗原则；第三部分16幅，专门论述临床各科病症及其诊断治疗；第四部分24幅，介绍脉诊及尿诊技术及意义、方剂。

全套挂图为色泽协调平和的彩色平面图。图中人物经络骨骼清晰准确。药物的描绘形象逼真，几乎达到可依图索物的程度。对尿物描绘尤为细致。如第65图尿诊，包括看尿色、热气、气味、泡沫、沉淀物、表面漂浮物等，独具一格。还有以3棵树的根、干、茎、味、花、果描述整个藏医体系的“树喻图”，共3幅。图中包括基础理论、诊断，临床各科的病症、治疗，甚至预后、药物以及养生。用图来表达整个医疗体系，其形式之独特，内容之丰富，表现形式之生动，正是藏医有别于其他医学体系的一大特色。

六、藏医名家及医著

有清一代，医药名家辈出，形成藏医学的争鸣局面，促使学者著书立说，促进了藏医学的发展，使藏医学在18世纪初达到了兴盛时期。

（一）第司·桑吉嘉措

第司·桑吉嘉措(1653—1705年)。五世达赖的摄政王，协助掌管全藏政教大权达近30年，对西藏的政治、经济、宗教、文化、科学的发展做出了卓越的贡献。在医学方面，最杰出的贡献是整理、注释和研究藏医古籍。为了编写《四部医典》的注释本《蓝琉璃》，他参阅大量文献资料和《四部医典》不同时代的各种版本，以舒卡·年姆尼多吉编注的《木函四部医典》及《宇妥·萨玛·云丹贡布亲注四部医典》为蓝本，对扎唐版《四部医典》的缺漏部分，通过考证、研究，作了校勘补充，并将书中难懂的地方改写成通俗易懂的文字，将失传或失真的部分作了补充和纠正，增补了1200多页注释，定名为《四部医典·蓝琉璃》。

为了使《四部医典》通俗化，桑吉嘉措又主持编绘了一套系列彩色医用挂图79幅，使研习者通过图文对《四部医典》各章节内容一目了然。这套挂图揭开了蒙罩在藏医学上平常人不可理解的神秘面纱，开理论讲授与临床实践之风。自此，安多、康区、卫藏等地的藏医理论和藏医临床得以发展，名医辈出。他的另一部著作《藏医史》内容丰富，详尽记述17世纪以前的藏医药史，极有参考价值。

五世达赖曾在哲蚌寺创办医学利众寺，但没有得到很好延续。为了实现五世达赖生前的愿望，也为了进一步传播藏医学，桑吉嘉措在药王山兴建了“日切卓彭林”，为藏医事业培养了大批人才。

（二）《晶珠本草》

《晶珠本草》又名《药物学广论》或《无垢晶串》，是著名藏药学家杜玛格西·丹增彭措所著。作者对青海东部、南部及四川西部、西藏东部进行了实地调查，核实资料，并对历代藏医药书籍中的记载作了考证。用了20年左右的时间，约于1743年完成此书。1745年木刻版印本问世，辑集藏草本之大成，留传后世。

《晶珠本草》分上、下两部。上部为歌诀部，以偈颂体写成，对每种药的功效进行概括论述。下部为解释之部，以叙述文写成，分别对每种药物的来源、生境、性味、功效予以叙述。全书上部13章为总论，下部13章是分论。

下部根据药物来源、生境、质地、入药部位的不同，将其分为13类，即每章讲叙一类。第一章，珍宝类药166味；第二章，宝石类药594味；第三章，类药31味；第四章，精华类药150味；第五章，树(茎、干、枝)类药182味；第六章，湿生草类药142味；第七章，旱生草类药266味；第八章，盐碱类药59味；第九章，动物类药448味；第十章，作物类药42味；第十一章，水类药121味；第十二章，火类药11味；第十三章，炮制加工类药82味。在树类、湿生草类、旱生草类药物中又分根及根茎、茎、枝、叶、花、果实种子、全草类等。在动物药中又分头、脑、角、眼、舌、齿、喉、心、肺、肝、脾、肾、胃、生殖器、骨、骨髓、脂肪、肉、血、皮、毛、爪(蹄)、乳、便、昆虫等。以上共载药物2294味，是历代藏医药书籍收载药物数量最多种类最全的著作。这部医著对药物的分类方法是比较科学的，至今在植物分类学、动物学、天然药物学的分类上仍有其重要的参考价值。

略论清代西藏印刷、装帧、造纸、冶炼科技的发展*

一、雕版印刷术

西藏雕版技术的发明并将这种技术应用到书籍的印刷始于元代。明代永乐版大藏经的印制使这项技术得到了推广和发展。藏文雕版印刷技术成熟于清代。明末清初，西藏地方的政治形势处于混乱的割据局面，藏传佛教各教派纷争不已，黄教提倡严守戒律，修习经典，受到人们拥护，贤士大德纷纷著书立说，以阐明自己的观点，诸家争鸣之现象业已出现。纵观朝代更替，这是社会变革后的必然趋势和结果，也是统治者所选择的社会治理方略。反映在印制书籍、传播思想文化方面则是随着文教的兴盛而达到文化的繁荣。

（一）印经院与经典印刷

寺院是僧众供佛和聚居修行、收藏经文书典的馆所，也是藏地对典籍进行编辑、校勘、雕版、印刷、出版发行的机构，经籍刊印是寺院的功能之一，印经院没有离开寺院而单一印经的，它总是依附于寺院这个主体，是寺院组织机构中的一部分。西藏的每一座寺院都收藏经籍，但不是每一座寺庙都印制经籍，刊印经籍的寺院一般都是规模较大、僧众较多，具有一定实力和影响的大型寺院。自清朝之后，前藏、后藏、阿

* 原载喜饶尼玛、王维强主编的《西藏通史》清代卷下，中国藏学出版社，2016年。标题有改动。

里、康区、甘肃、青海等地的雕版印刷业逐渐发展起来，各大寺庙的印经院亦相继建立，形成了藏地以寺院和地域为主的雕版印刷中心。

纳塘寺印经院。坐落在西藏日喀则的纳塘寺内。清康熙年间，第六世达赖仓央嘉措当政时所建，后因经费拮据而停建，其后，历代第司对辍工的印经院尽力恢复续建，终成规模。18世纪中叶，颇罗鼐·索南多吉执政时期，大力发展印经事业，他从各地选拔雕刻印刷人才汇集纳塘印经院，抢救、整理佛教古籍经典，在纳塘古版的基础上，参照蔡巴、布顿目录增补校勘，刻印成《甘珠尔》108部，《丹珠尔》215部。该版的第一批印本在扎什伦布寺和布达拉宫内尚存印本。纳塘版《甘珠尔》《丹珠尔》的刊印，标志着藏文《大藏经》的全部完成。它的大量印行，产生了广泛的影响，成一代范本，之后的德格版、塔尔寺版、北京版《大藏经》均由此为蓝本承袭而来。

德格印经院。坐落在四川省德格县更庆寺内，是康巴地区规模最大的经院。清雍正七年（1729年），由第四十二代土司却吉·丹巴泽仁创建，经院建造耗时16年之久。印经院的首次经籍刊印，其刻工、画师、书法人才来自四面八方，经过层层筛选，留用专职经版刻工60余人，由具有深厚宗教文化修养的学者及寺院的堪布承担版书模写、校勘、印刷、校对工作。当印经院粗具规模后，由却吉·丹巴泽仁主持刻印了《甘珠尔》103部，并聘请八邦寺活佛司徒·却吉迥乃对从各地搜集来的《甘珠尔》版本进行分类整理，编制了目录和说明，使该版《甘珠尔》大藏经成为最完善的版本。随后又刻印了《丹珠尔》《萨迦甘布》《黑白花十万龙经》《俄青甘布》以及医书、密咒等各种典籍200余部。自此之后，德格印经院对经籍刊印工作形成制度化管理，无论经籍蓝本的筛选还是各工种人才的选择均经严格的程序，成数百年不衰之始因。

乾隆十五年（1750年），却吉·丹巴泽仁病逝，由其子彭措丹巴承袭土司职并继续发展印经院事业。经多方收集，《丹珠尔》门类由原来的3500种增加到4300多种。并延聘著名学者冲却·次称仁青编写了目录和序言。至此，经父子两代的不懈努力，历8年之时，《丹珠尔》才告完成，使藏文《大藏经》得以立世。此外，还刊行了《噶当白甘布》《麻里甘布》《卓他根都》《居得根都》《冲却·次称仁青全集》等各类别的典籍数百部。

布达拉宫印经院。因建在布达拉宫下面，俗称布达拉宫印经院，所印经书亦称拉萨版。清初，由第五世达赖喇嘛阿旺罗桑嘉措创立。其后，历辈达赖在原有的规模上扩大，并投入印经资金，到清末时，布达拉宫印经院已成为一座设施齐全，刻、印、画、管理等各种人才济济的大型印经院，先后印制了完整的全套《甘珠尔》及《般若波罗蜜经》《大方广经》《多经藏》《涅槃经》《续部》等大型经籍数十部。

拉卜楞寺印经院。坐落在甘肃省夏河县大夏河北岸拉卜楞寺内。清乾隆五十一年（1786年）由第二世嘉木样·久美旺波兴建，是安多地区的重要印经院。它以刊印种类多，版本齐全，版本收藏丰富而著称，有经籍6万余部，包括医方学、声明学、韵律学、工艺学、星象历算学、诗境学、藻词学、戏剧学、历史类、传记类、密宗类、经咒类等刻版经籍20余种，涵盖宗教、历史、医学、建筑、文学、历算等方方面面。

自康熙四十八年（1709年）第一世嘉木样·协巴阿旺尊追创建拉卜楞寺后，该寺建立了一套严密的寺庙管理机构，使政教合一制度得到强化，寺院和属院不断扩大，学经制度日益完善，确立了以教授显密二宗为主，以医学、历算、辞藻、音韵、声明、雕版、印刷、绘画、音乐为辅的教学体系，将雕版印刷纳入该寺的教学体系，直接为教学服务。该寺所有教授的科目用书均由本寺雕版印制。第二世嘉木样自1786年创立印经院至1911年清朝灭亡的100多年时间里，拉卜楞寺印经院共印刷经籍20余万部，刻版6万多块。《第一世嘉木样传》《章嘉若必多杰传》《班禅伯丹益西传》《卓尼版丹珠尔目录》《散记总集》等刻本成书于18世纪中，为该印经院较早的刻本，与用金汁、银汁、珊瑚、松石、珍珠、砗磲6种粉汁书写的《金刚经》，第一世嘉木样用金汁亲笔书写的《贤劫经》以及用黄金丝线在黑缎上织成的《善为经》等经籍一起，已成该寺镇寺之物。

塔尔寺印经院。位于青海省湟中县鲁沙尔镇的塔尔寺内。塔尔寺印经院始建于清道光七年（1827年），由第五世赛多·益西土丹嘉措创立。印经院建成之后，赛多、当才活佛共同管理刻印经籍事务，并聘请学识渊博的然坚巴·欧旺拉珠、欧旺尼玛、欧旺嘉央旺吉、罗桑顿珠、噶久巴·次成热吉等人担任经籍的整理、校勘和刊印的校对工作，刊印了《宗喀巴师徒三尊全集》《塔尔寺志》等。自此以后，有关显密二宗、天文历算、医学、建筑、历史、个人文集等方面的经籍刊印开来，在藏地广为流传，形成颇具规模的印经院。从1827年始至清末，刊印经籍数千部，累积书版3万多块和各种佛画刻版。

除上述五大印经院外，色拉寺、哲蚌寺、扎什伦布寺、萨迦寺、甘丹寺、卓尼禅定寺、热振寺等60多座寺院也有自己的印经院。这些寺院大都根据自己寺院的教学、颂经需要自行决定所印经籍，亦有因西藏地方政府、达赖喇嘛或个别施主要求而承担刊印事务。

1721年，由卓尼土司玛索宫布为施主，以南京版、理塘版为底本，刊印了一套完整的《甘珠尔》，这套版毁于兵灾，印本尚有存世，但已残缺。

1737年，由德格土司丹巴泽仁父子为施主，以德格原有的《丹珠尔》为底本，参照其他版本的《丹珠尔》为校本，刊印校订本《丹珠尔》208函。

1741年，颇罗鼐·索南多吉以第司·桑吉嘉措写本《丹珠尔》为底本，以江孜《丹珠尔》写本为校本，在布达拉宫印经院刊印《丹珠尔》。

1753年，由卓尼土司丹松才仁和他的母亲仁庆白宗担任施主，以德格版《丹珠尔》为底本，由卓尼印经院刊印，这也是清代刊印《丹珠尔》印本的最后一种版本。

西藏文化的发展历史与寺院的发展、拓展密不可分，在清以前，以供奉、研修为主的寺院规模已基本形成，而印经院的出现是在雕版印刷术大量运用到典籍刊印的清代，典籍由手工抄写到雕版刊印是文化发展的一个里程碑，印经院的出现拓展了文化的功能，成为西藏历史文化传承的主要载体。

（二）雕版印刷的发展

形成藏族自己的雕版印刷体系要首推 17 世纪在云南丽江由当地土司木增主持雕刻的《甘珠尔》藏经。从底本的选择、整理、校勘到制版、刻印等工序，均由藏族班智达和能工巧匠完成。从选本到雕刻完成历时 15 年，由噶玛噶举第六世活佛却吉旺秋、大司徒曲吉坚赞担任总校。这套经版刻版完毕，时遇兵灾。清康熙三十七年 (1698 年)，准噶尔蒙古头目噶尔丹兵败，其部下达尔杰博硕克图汗兵临云南丽江，见其经版，以为奇货，下令人背马驮，运至四川理塘大喇嘛寺。达尔杰博硕克图汗随后尊崇黄教，并在此刊印。印刷时，为示对佛的虔诚，选用朱砂为墨，印成经文均为红色，亦称理塘朱版。现在拉萨大昭寺里藏有理塘《甘珠尔》朱版 108 函，其余不存于世。理塘朱版是藏地刊印《甘珠尔》最早的版本，标志着藏族本身的雕版印刷事业已发展到了成熟阶段。

18 世纪中叶，颇罗鼐·索朗多杰执政西藏大权时，大力发展西藏的文化事业，注重各教派的文化交流，主持经籍刊印事业。他广聚人才，组织众多技工以蔡巴《甘珠尔》为底本，以数部《甘珠尔》为校本，完成了《甘珠尔》120 部经卷的雕印工作。经过这次大规模的雕刻印刷，无论是印经院的管理工作还是雕刻印制工艺都较以前有了很大的提高，特别是 1742 年将《丹珠尔》225 部经卷全部刻印完毕，使西藏的藏文雕版印刷业达到了顶峰。

雕版印刷业的发展促进了藏文化的传播，各教派的形成又丰富和推进了藏文化的发展。这段时期各高僧大德的著述刊印本有：《颇罗鼐传》(1733 年)、《多仁班智达传》(18 世纪)、《噶伦传》(1662 年)、《德格土司传》(1828 年)、《达陇教史》(1648 年)、《西藏王臣记》(1643 年)、《福称噶当教史》(1642 年)、《格鲁派教史黄琉璃镜》(1698 年)、《土观宗派源流晶镜史》(1801 年)、《如意宝树史》(1748 年)、《安多政教史》(1865 年) 等历史、人物传记、教史、天文、历算、医学类书籍。

自 18 世纪中叶颇罗鼐大力整治发展寺院印经业后，西藏雕版印刷业由刊印技术的成熟发展为刊印管理技能的完善，使其刊印业达到顶峰，一些小的印经院因技术、经济、学识、管理等方面的原因而自行消失，而一些大的印经院拥有一批学知渊博的智者、技术精益的工匠、科学化的管理制度以及有庞大的寺院经济做支撑，雕版刊印业走上了产业化的道路。

雕版印刷工艺十分细腻，所用雕刻的印版木板是优质的红桦木。制作经版的红桦木极为考究，对秋天刚落叶的桦木进行采伐，并顺纹路劈成长条的经书板块，然后用劈下的红桦木屑沤火，把板子熏干，再把板块放在羊粪中沤一个冬天，来年取出来水煮，再烘干，刨平。经过这一系列过程，红桦木变得不易虫蛀，各方面性能更加稳定。接下来便开始雕刻。刻制经版有许多细致的程序，先由藏文书法艺术精湛的设计高手按照规定的藏文楷书字体 (乌坚体) 的写法仔细书写纸模，写毕，要经过 4 次严格的校对再贴板。雕刻工按照纸模刻在桦木板上，必须技艺纯熟，一丝不苟，确认准确无误后，将刻好的版放到酥油中浸泡一天，取出晒干，最后用“苏巴”草根熬水将版块洗净。这样，一块经版才算制成。经上述工序制成的印版，不仅字迹清晰，而且经久耐用，久藏不朽。这些印版每印一次都要洗版，晒干藏好，以备下次再用。久而久之，印版不朽不损，光洁细腻。

印刷过程中，先要让印经纸略为浸潮，以使其容易上墨。具体做法是用若干张纸浸水，然后均匀地夹入印经纸中，用厚木板将其两面压住，印经纸便被逐渐浸潮。一般的书用墨印刷，没有彩色插图等。对于贵重的经典，要用朱砂印刷，卷首页各以花纹、佛像装饰，并配以插图，然后用金银、各色宝石研成色后印制。书籍上、下夹以木板，夹板均为红漆描金，制作精细。有些贵重的佛教经典，还要用深黄色锦缎丝绸包裹，上、下夹以檀香木板，再用细牛皮或丝绦捆扎，当作圣品供奉。

印版规格的大小有一定的规格，均按佛教刻经量度而定。可把书籍印为长、中、短几种。最长(有的叫这种书为特长书)的版心有85厘米左右，这种长书阅读不便，主要作供奉之用。现在最常见的是版心60—70厘米长的书，称之为“箭杆本”(意为一箭杆的长度)；中等长约40厘米，称为“一肘本”(意为成人一肘之长)；最后一种是短版经籍，版心长约20厘米左右。经籍的大小是因新刊书内容多寡而定，就同一部书各印经院所刊印的，也没有统一标准。在雕刻卷首佛像和佛画时，必须严格遵循经典中关于造像量度的程式和仪轨，按照经典中提供的佛像创作时所必需的佛像基本比例来绘画和雕刻。

从造纸到雕刻印刷，藏族都有其独特之处，从中也可看出这两方面的传统科技的产生和发展情况。造纸业和印刷业的结合，极大地推动了西藏文化事业的发展。

藏文佛教经典和其他典籍的版本甚多，所具形式和风格各异。所谓版本，就是根据印经院所在地是什么地名或刊印时是什么年代，则刊印之书就叫什么版本。在藏地比较著名的印经院有纳塘寺、德格更庆寺、拉萨布达拉印经院、塔尔寺、拉卜楞寺、卓尼禅定寺等。单就《大藏经》便有多种版本，例如纳塘版、蔡巴版、丽江—理塘版、卓尼版、德格版、库伦版、拉萨版、拉加版、永乐版、万历版、康熙版、乾隆版、布达拉宫版、昌都版等，其形式各异，各具风格，从中可见佛教文化的传播对西藏的雕版印刷事业产生了极大的推进作用。

（三）藏文书籍的装帧技术

使用木刻版印刷术印制的藏文书籍，无论是佛学经籍，还是天文历算、医学、工艺、建造类书籍，一律都是长条形的，与其他民族文字的书籍相比，显得别具一格。藏文书籍的装帧形式取决于书籍的制作材料、人们对书籍的使用方便情况，并受印度贝叶经的装饰形式影响。如前所述，藏族书籍的版料一般取自桦树。白桦树以直径10厘米左右为宜，截取之后用作版料，印刷出来的书籍自然是长方形的了。藏文书籍大多是佛教经典，其读者多是寺庙僧侣和善男信女。佛教徒诵经时要求正襟危坐，专心致志，以示虔诚，因此经书的装帧首先要简便易翻，可见佛教典籍的装帧尤为重要。从印度传入西藏的梵文佛经的装帧形式深受诵经者的欢迎。早期的印度佛经在贝多罗树叶上刻写，由于贝叶耐磨，千百年后字迹仍然很清楚。它有一定的长短规格，并在贝叶片旁穿空贯线，串成订本，携带翻阅都很方便。梵文佛经的装帧易翻便诵，这种装帧很快被推广开去。藏文书籍的装帧形式深受印度贝叶经的影响，藏文书籍均采用横书右行，成长条状，横行字多。这独特的版本形式无疑与贝叶经的装饰有一定的关系。起初是中间打孔穿索，后来演变成中间无孔，只是把印有文字的活叶依次重叠起来，不进行装订，在上、下加上两张木板作为前、后封面。木板做工甚为讲究，夹板均为红漆描金，做工十分精细。有的珍贵典籍的夹板上还镌刻有佛像、火焰宝珠及八宝等彩色图案，有些夹板或封二上，用宝石色汁画有永不褪色的莲花，隔几十年或上千年后，翻开一览，赏心悦目，有种如蕾待放之感。莲花图不仅是书的装饰，更被视为吉祥、神圣、智慧之物。此外，有些珍贵的佛教经典还用黄色丝织品包裹多层，上、下再夹上名贵的檀香木板，当作自己至高无上的供奉。若携带经典外出，讲究也极多，一定把经典托在胸前，以示敬意。若出远门，也可以打成包袱背在背上。倘若取提、抱之势，乃佛家之大忌，也非护书之道。

藏文书籍的印刷，一般采用黑墨印刷。只有极贵重的佛教经典才使用朱砂印刷。一些经典的卷首用花纹、佛像装饰，并在里面叶配以插图。极少的典籍使用金银及珍奇宝石磨成的色汁书写成书，流传后世，成为珍贵文物。

二、造纸技术

藏族早期的纸为写经用纸，原料多用麻质。清代初期，随着藏文印刷业的发展和社会对印刷品的大量需求，对纸的质地有了更高和更多的要求。麻质纸已不适应印刷的发展，寻求一种新的原料，成为印刷业的当务之急。

中国古代文化兴盛，率先发明了造纸技术，在世界文化史上是一次革命，纸张的广泛使用，促进了书籍的制作和传播。藏纸制造业的大规模出现与17世纪西藏社会稳定、寺院印经业的发展有着密切的关系，可以说寺院印经业的需求，催生了藏纸制造业的发展。藏族地区早有纸张的使用流行，他们与汉地及周边地区进行物质、文化、技术等方面的交流，藏纸逐渐形成了规模化、专业化行业。他们充分利用当地的资源，结合本民族的实际情况，制造出经济实用的纸，满足了文化发展的需求。

西藏重视发展文化，尤其是佛教文化。纸张在书籍的形成和印制中显得尤为重要。清嘉庆九年（1804年）江苏金山人周蔼联随驻藏大臣驻西藏时所著《竺国记游》中记载："……藏纸似茧而坚韧过之，有广至三四丈者，余曾购一幅，纸长一丈二三尺，纹理坚致如高丽纸……藏纸即藏经纸也。彼地有草一种，叶如槐，花如红花，以其根浸捣浇造，如造皮纸法，常用不禁，坚白而厚，宽三四丈者，惟前后达赖、班禅可以写经，有私造私售者，亦犯重辟云。"说明西藏的造纸业已有一定规模，且有了专门的管理造纸的机构，当时的造纸业是专为政府、寺院服务，不得私自制造和销售，印经和造纸均属寺院机构的一部分。

西藏的造纸业，借鉴了汉地传统的造纸技术，他们就地取材，将瑞香科植物皮、绢毛等用水浸泡，剁碎，用锅煮熬，晾干后再行浸泡，舂捣，使纤维细碎，再掺入辅料，制成纸浆，最后用竹帘之类的抄纸器具抄捞，晾干或烤干，制成了藏纸。

藏纸质量不一，厚薄有别。高级藏纸较厚而坚韧，质量很好，纸色略呈浅黄，纤维束少。一般藏纸较薄，纸上多分布有未充分融化分散的长纤维，纸面粗糙。藏纸在制作过程中，采用了高原地区特有的植物原料，造出的纸数百年少有变色，不被虫蛀，宜于书籍的保存。

清代的藏纸制造工序：①获取植物→②洗涤（或沤制）→③捣碎→④去杂质→⑤铁锅蒸煮（或石灰水蒸煮）→⑥漂洗→⑦打浆→⑧浇浆→⑨过滤→⑩晒干→⑩揭纸。该工艺流程可归纳为四大工序，即煮（洗）料、捣料制浆、抄造和纸面抛光加工。

（一）煮（洗）料技术

以狼毒根为主要原料的制纸方法，首先洗净草根并将其捣碎，除去杂质放入锅中用石灰水煮，煮后的草料用水洗干净，放入桶中打浆。在西藏藏纸的煮洗过程中传承了许多内地的造纸工艺，对造纸原料的煮（洗）料方法沿用了石灰法，当时在民间普遍采用草木灰、石灰、蛤壳灰等作为煮（洗）料用的化学助剂，并已广泛采用淀粉、瓷土、明矾、动物胶、蜡和植物汁等作为填料、染色、施胶剂等，使纸页成型均匀，纸面均滑，以便书写印刷。藏纸在煮（洗）料时，西藏各地根据当地的资源状况，在植被茂密的藏东达布、工布、昌都及四川德格一带均采用草木灰浸汁作为煮料用的化学助剂；而在中部卫藏一带则采用盐湖碱（土碱）作为煮料用化学助剂。

（二）藏纸的抄造、烘焙技术

西藏的藏纸抄造采用纱布紧绷在木框上固定纸帘，将纸浆泼浇在纱布上，经小池中均匀过滤，再用木棍敲击使之分布均匀，然后晒干揭下即成纸。

在藏纸抄造时，甚至采用一纸一帘，待干揭纸的做法，这是因为在其抄造过程中没有使用纸药的原因。纸药又称“黏液”“滑水”或“滑汁”，是从新鲜植物中提取溶解的黏滑液汁，它滑而不黏，加进抄纸前的纸浆中可使纤维均匀悬浮，而不发生絮聚沉淀，使长纤维抄造成组织均匀的纸张，湿纸页成叠，压榨脱水后，仍能相互揭开。西藏造纸技术早已使用植物黏液的化学作用，应用植物黏液成功地抄造出完善的纸。明代时藏地已广泛采用化学药品，提高了抄造纸的产量，改善了成纸的质量。在长期的手工造纸过程中，西藏各地已发现的纸药原料品种很多，从木本到草本，从茎、叶、根到花均有含滑汁植物。

在造纸过程中使用某些植物的汁液以起到造纸的化学作用是一门经验，这种经验不见于记载，是以师傅带徒的方式口口相传传承下来。在西藏各个地区或同一地区由不同的人主持制造的纸质是不一样的。经国家图书馆专家对 16 世纪西藏文献进行纸张分析，发现纸中含有石灰、草木灰成分。证明了在造纸过程中使用了沤煮制浆技术，以起到增白纸质和均匀纤维的作用。藏纸的纤维都经过适度的舂捣打浆和打槽匀浆过程，使纸更加细匀。藏纸还使用了多种造纸助剂，如染黄、防蛀的黄柏汁，提高强度和抗水性的淀粉以及碳酸钙、滑石粉、分散剂等，还使用火墙之类的人工干燥技术，达到了较为选进的水平。

在藏纸的烘焙工艺中，采用了火房烘焙。焙纸火墙的修建，方便了纸的烘焙操作，提高了焙干速度，同时节约了能源。为了尽快使藏纸干燥，专门修建火房。在火房中央位置堆烧起篝火，火房三面筑起阶台，把抄造好的湿纸帘在台阶上一排一排地竖立起来，待纸帘上的纸烘干后，将纸从纸帘上慢慢揭下，完成焙纸工序。

选择适宜的染色剂对纸料进行染色，抄造各色纸张，也是一项重要的造纸技艺。在藏纸抄造中，已能造出红、白、黄、蓝、黑、紫、绿、藏墨等颜色的纸张，这些藏纸的染色工艺均在 18 世纪康区大学者——

贡觉噶举寺创始人乌玛·旦增平措所著的《工明诸艺经典之光耀》中有较为详细的记载。西藏对纸张染色，素以藏青色、黄色为尊贵，活佛等大德用以写经或书札，他人不能使用。藏族几百年来一至沿用了这种惯例，喜用黄纸印经收藏，制作工艺精细的“藏青纸”用以书写金汁、银汁藏经文本，以示尊贵。

（三）纸面的抛光技术

据藏族工巧明典籍中记载，传统藏纸的纸面加工分为纸面除毛、刷浆和碾磨三道工序。抄造好的藏纸首先要进行除毛，否则仅刷浆、碾磨无法使纸面光滑。在刷浆工序前用白云石轻轻打磨除毛，同时应防止纸面产生划痕；接着将过筛无杂质的淀粉溶解成乳浆状，经搅拌用勺撇去飘浮在上面的泡沫并静置沉淀，随后将淀粉浆液分成两份，其中一份浆液用火煮沸，经冷却后与另一份未煮的浆液混合，在天气晴好无尘土时将纸浸入或刷上混合浆液，晾晒干燥即完成了刷浆工序。混合浆液不能置放时间过长，若超过一定时间成旧浆结块则不能使用。另一种制浆方法是在纯净的定量淀粉浆液中掺入少许脱脂酸乳液，并与适量牛皮胶混合，将混合浆液稍加温后进行刷浆工序。若浆液温度过高则纸性变脆，若浆液温度过低则难以上浆，因此必须保持适宜的温度。以上浆料中的酸乳液能使纸质变白，淀粉液可使纸坚韧而柔软，胶料可使文字不易浸透并保持文字光泽透亮。若想使纸更加洁白，可在混合浆液中渗入适量的石膏粉和滑石粉，但这会使纸变得沉重。若淀粉过多会使纸脆硬而不可画线，若胶料过多则会使纸坚硬而不沾墨，适当兑出各种原料的比例是师傅制纸经验中的精华所在。刷浆工序之后待纸干燥，经过除尘后，在一小叠纸张中间夹一张湿纸而后覆叠，用重物压置一定时间，使纸张干湿变得均匀后，将纸张平摊在硬而光滑的石板上，用无油脂的牛角捶打。若难于上光，则可用坚硬的粗木棰轻轻捶打并避免损坏纸张。纸张过于干燥则难以捶碾，稍微湿润的纸张易碾而质好。19 世纪初巨·牟潘嘉扬南坚嘉措所著的《藏族实用工艺宝箧》中载："在捶碾时，若用贝壳碾磨，则会使纸面微微发蓝；若用石碾磨则会伤纸；若用玉石之类碾磨则会出现划痕；铁碾则会留下铁锈。最佳是用黄纹九眼石来进行碾磨，这样可保持纸张色正光滑而柔软。若难于寻到九眼石，可用牛角勉强替代，或改用玛瑙等光滑宝石。"

从现存的文献典籍所用的纸张看，藏纸的品种很多，各寺院印经院的用纸就各不相同，同一印经院在不同时期所印文献的用纸也不尽相同。现存的文献就有表纸、大纸、小纸、三抄、连抄、小抄、折四、磁青纸等，比较全面地反映了西藏造纸的情况。

三、西藏的冶炼技术

17 世纪初，第司·桑吉嘉措主持修建布达拉红宫，动用了巨大的人力物力，并集中了全藏最优秀的建筑、冶炼、绘画等各类匠师。重建布达拉宫的壮观场面经画工之手，形象地出现在布达拉宫二楼的壁画上。从这幅壁画中可以看到成千上万的民工扛木肩石，垒石砌砖，辛勤劳动的情景。尤其是工匠们在工场里冶炼、镀金、加工各种用于建筑部件的画面，反映出当时乃至以前西藏曾有过的冶金业盛况。

西藏的冶金技术在清初时有了进一步的提高，特别是铜器制作技能得到了发展。在西藏各地，尤其是寺庙，铜制器物各式各样。在大昭寺、布达拉宫等大型寺院珍藏的数量庞大、品种繁多的铜制器物中，多数为佛、菩萨、度母、金刚、天王、各类祖师像等佛教造像，并常涉及狮、羊、牛等动物造型。哲蚌寺内所藏可移动铜像数以万计，种类也繁多。在日喀则扎什伦布寺的大强巴殿内，有一尊大铜佛像，人称强巴铜佛，是全藏最大的一座铜佛像，它由 110 个工匠，花费黄金 558 斤、黄铜 231 750 斤，用了 4 年时间才修造完成。铜佛身高 26.2 米，肩宽 11.5 米，耳长 2.2 米，盘腿坐在高达 3.8 米的莲花基座上。这些都反映了当时藏族很高的铸造水平。据 P.T. 科拉多克《西藏铜合金基本情况》记载："在西藏地区，16 世纪之前就发生了从掺碳法生产黄铜到混合两种金属生产黄铜的变化"，"许多铜铸像都有较低的但有一定含量的锌，通常在 0.1%—1.0%。含锌量过高无法从铜矿石中生成，但含锌量过小无法达到合金的效果……熔融铜使空气耗散，其中一些空气将铜氧化，在铸件的表面产生看不见的瑕疵，然而，锌和氧还有更密切的关系。因此，从铜中除去它可以形成更纯化的氧化锌。在西藏，铸造厂特为此目的加入一点锌或磷仍然是标准的做法"。

综上所述，金属冶炼业曾对西藏的发展起过重要作用，西藏早期曾有过自己辉煌的冶金业，到了清代，冶炼技术日趋成熟，形成了一套完整的造型、浇铸、打磨抛光、着色的工艺。

在西藏，木炭是冶炼业的燃料和还原剂。藏族用牛皮、羊皮等缝制成皮革鼓风，以提高冶炼温度。

到了清代，周边地区，特别是内地的先进铸造技术，影响并推进了西藏冶炼铸造业的快速发展。

金属铸造的器物主要有佛像、供神灯盏、供神铜水杯以及宗教音乐舞蹈中使用的铃铛和铙钹、僧人传召诵经大会时熬茶煮饭的大锅、家用的锅碗瓢盆等。

用于铸造的金属材料有金、银、紫铜、黄铜和以铜为主的含锡合金，另外还有一种藏语称为"绰"的青铜，它又分黑、白两种：黑青铜是铁和"卡瓦"制成的合金，白青铜是用紫铜和黄铜制造的杂铜。

从出土文物可知，吐蕃的金属工业品有两种制造方法：①锻打；②铸造。铸造技术的使用标志着吐蕃冶炼技术的进步和提高。

熔铸和锻打。①将金属原料倒入称为"隆贡"的容器中，用高温熔炼成金属液，并使其自然冷却凝固，成为金属铸块。②将金属铸块锻打成金属板，锻打时一要将毛坯铸件加热烧至开始变色；二要锻锤均匀，处处俱到，以保证金属板面平整，不出现裂缝和翻卷。这样经过初次锻打的金属板才能作为制作佛像的材料，但在制作之前仍需用尖锤或方锤将金属板打得平滑光亮，使其质地细密。

大多数金属雕像至少要由前、后或上、下几部分组成。中间焊接在一起，并将焊接茬口仔细地磨光打平，不致从外面看到焊接痕迹。佛像塑制的程序是从上而下。先由有经验的师傅在金属板上标出明确的尺寸并锤打成雏形，之后由助手或徒弟仔细锤打成型，最后由师傅全面整修、抛光。如果要打制的是大型佛像，则尺寸要先画在纸上，然后把纸粘在金属板上。

铸造：铸造方法有失蜡法和模具法，模具法使用比较广泛。

熔炼浇铸金属的器皿是半圆形的，用胶泥制成。使用时，先把铁锅架在火上，烧热后将浇铸用的金属投入其中，直至完全熔化。待沸腾时立即端起坩埚，将金属液从浇铸口浇入模具内，直到模具溢出金属液时为止。浇铸时一气浇成，中途不能停顿。

凝固在泥坯模心的金属块状物就是完成的金属铸件。把铸件取出，加以修饰，即为铸造成品。

如果是铸造佛像，在工艺上必须做好制作模具时，要把一块用潮湿的成型泥沙做成的近于方形的泥沙团放在模心中央，这样浇入金属液后，便会在佛像中间形成一个空槽——佛像空腹，用以填放圣物。填入圣物后，再用原来浇铸像所用的金属制成一个合适的顶盖盖上这个洞。有时也把底盖焊接在佛像底座。把铸成的佛像取出后，用錾子把面部轮廓、眼睛、衣饰等略加修饰，并把整个铸像表面磨平擦光。

金属铸造的佛像以及其他宗教器物，在布达拉宫、大昭寺、小昭寺、扎什伦布寺等寺庙内都有保存，不但数量多，而且造型生动，工艺精湛。

论民族类图书的把握与尊重史实*

"尊重"一词在《现代汉语词典》中解释为"重视并严肃对待"。在图书的编辑、审稿过程中，尊重，是编辑对书稿作者应持的态度；是对书稿承载的历史事实、学术观点以及马克思主义新闻出版观的把握；是对编辑职业操守的践行，只有尊重编辑职业，才能获得社会的尊重、历史的尊重，因为历史是由文字构成的内容传承下来，也将由文字的载体传承未来。

一、对书稿的把握是一种责任

编辑是书稿第一位持有一定权力的阅读者，以一定的行业标准和出版法规所赋予特定的职责去审视并修改、取舍文稿所承载的内容。新闻出版总署颁行的《图书质量保障体系》第八条第一款规定："在审读全部稿件的基础上，主要负责从专业的角度对稿件的社会价值和文化学术价值进行审查，把好政治关、知识关、文字关。"以法规的形式赋予了编辑对书稿从内容到文字全方位的甄别与审查的权力。这就要求编辑除取得相应的审稿资质外，还要具备相关专业的知识和理论功底，才能驾驭书稿的文字和对所承载内容的判断。在编辑民族类书稿时，图书编辑中的各个审次人员都应该具备人类学、民族学、宗教学、边疆史学等有关民族历史知识和民族法规政策方面的相关专业知识和文化修养，否则就不可能对作者在书稿中的观点、内容进行正确的判断与修改，某些书稿的内容也因编辑的知识盲点而出现谬误，有的甚至出现法律、法规、

* 原载《中国出版》2010年第8期。

历史、民族、宗教等方面的错误，在社会上造成难以挽回的不良影响。

编辑依相关法规和新闻出版总署颁行的行业规定的要求，对书稿有修改、纠正，甚至取舍的权力。作者的创作作品与研究成果是一种个人行为，包括职务作品在内的所有智力成果都必须由出版社编辑出版发行，才能进入社会，对社会产生作用，并为法律所保护。

我们不能要求图书编辑人人都是学富五车、才高八斗的大学者，但编辑一定是具备专业知识和编辑业务的杂家，对作者的观点、倾向，对书稿的价值、品位以及作品的社会影响应有独到的识别能力。

二、民族类题材的基本把握

民族是一个历史范畴，民族的消亡是一件十分遥远的事情，只要有民族的存在就会有民族问题，而涉及民族问题的书稿内容本身就不易把握，它包括民族自身的发展，又包括民族之间，民族与阶级、国家之间以及民族史实、民族风俗等方面的关系。民族问题不是一成不变的，也不是独立存在的，而是与社会问题密切关联，随着社会的发展而变化的。民族问题在各种历史的、社会的、时代的因素影响下，显示出不同的特点和发展趋向。

我国是统一的多民族国家，并处于社会主义初级阶段，而这一相当长的历史时期内是各民族共同繁荣、共同发展时期。它的民族关系是各民族人民之间的关系，以协调民族关系、加强民族团结为主题，并以民族区域自治作为我国的一条基本政治制度。实行民族区域自治制度，符合我国民族发展的必然规律。把握民族类题材的书稿，必须对我国现阶段的民族法规、制度和党的民族政策有充分的理解。少数民族传统的文化、宗教、社会结构、伦理观念与汉族有差异，而个别书稿作者以自己的价值观和好恶取向，对少数民族的历史事件、历史人物、民族宗教、现存的风物习俗进行评述，妄加猜测、臆想、猎奇，为我所用，这样不仅伤害了民族感情，也为构建和谐社会带来不安定因素。如常见的谬误，“某某民族一妻多夫……某某民族全民信教……某某民族野蛮……某某民族是落后民族”等不一而足。评价一个民族不能离开该民族发展的历史背景、生存环境等因素而以现在的价值取向为依据。我们的读者不会都是民族史学者，因作者的谬误而影响人们的评判是编辑的严重失职。我们常看到某些书刊有这样的叙述：

> ……那些经商的大食人终于在中国宁夏安心住了下来，也从此使中国这个民族大家庭又多了一个成员——回族。……回族是阿拉伯、波斯人从唐朝开始进入中国而产生的一个民族，在一千多年的历史长河中……

这段叙述把回族形成的时间、地点、族源都搞错了。回族的形成是散点式的、多族源、多地源的。就族源而言，回族先人包括阿拉伯人和波斯人等中亚人，在长期的形成过程中还大量融入了汉、蒙古等民族成分。就地源而言，回族并不是在某一地区形成后再散居全国的，在形成时就是多地源、散点式的，西北、中原、东南、西南、海南等地都是回族较早的居住地。而回族作为一个民族的形成是在元代末期，至今800余年。叙述中用“产生”一词来介绍一个民族的形成历史也是不准确的。

在编辑涉及边疆史学书稿中要重点把握跨界民族问题，包括民族宗教、民族地域、民族事件等。在把握“东突厥斯坦共和国”内容书稿时，编辑首先要清楚我国古代历史上的突厥民族同我们现在操突厥族语言的诸民族是两个不同的概念。历史上的突厥民族早已不复存在，现在新疆境内的各少数民族是在长期历史发展中逐步形成为今天的民族。很久以来，他们就是中华民族大家庭的成员。我国有信仰伊斯兰教的10个民族和信仰藏传佛教的藏、蒙古等民族，还有一些信仰其他宗教包括原生宗教的民族，对于民族、对于宗教，在书稿编辑时要持慎重态度，因为“民族宗教无小事”。

三、慎重对待宗教类书稿内容

在我国出版领域，宗教问题、民族问题历来都是敏感问题，也因为出版管理的疏漏和编辑的知识盲区而多次出现问题。对此，党和政府十分重视。江泽民同志在《论宗教问题》(《江泽民文选》第3卷）中指出，“要了解当今世界，必须了解宗教”，这是我党经过80多年的实践得出的经验。

编辑不一定是某一宗教的专家，但是必须是熟悉党的宗教政策的把关者，凡是书稿内容违背党的宗教政策、伤害信教群众感情的一律不得出版。在我国除信仰基督教、佛教、伊斯兰教、天主教外，还有信仰道教及其他原生宗教的信众，他们的信仰活动受法律保护，其他人不得横加指责。每种宗教都有自己的发展历史、信仰内容、仪轨、禁忌等。对此，我们在书稿编辑审稿时要特别注意涉及宗教禁忌方面的问题，一些宗教在皈依、持戒、丧葬、称谓、崇拜、社会交往等方面，都与世俗百姓有着显著的区别，这些独特的风俗习惯构成了该宗教文化的一个重要内容，是宗教文化的重要特征。对曲解、讥讽、嘲笑、指责某种宗教禁忌的内容要坚决杜绝，确保图书安全。

总之，民族类图书的编辑，必须在《宪法》《民族区域自治法》等相关法律法规和党的民族政策的指导下进行。我国是由56个民族组成的统一的多民族国家，少数民族的文学、艺术、宗教文化、科学技术都是中华民族文化宝库的一部分。新中国成立后，党和政府加强了民族类图书出版的力度，这对于民族文化的继承和发展起到了积极的作用。特别是改革开放30年来，党和政府对民族古籍、民族文学、民族医学、民族宗教等进行了大力的抢救和发掘，先后整理出版了《五体清文鉴》《藏汉大辞典》《东巴经》《西藏大藏经》等民族古籍类图书，其成果为世人所瞩目。近年来，随着民族学、人类学研究的蓬勃兴起，一大批有关少数民族宗教学、语言学、历史学、方志类、风俗类等图书先后出版，为丰富和繁荣民族文化起到了积极作用。对民族类图书的编辑审稿较其他书稿的编审尤为慎重，稍有不慎，必将给社会带来负面的影响，因此，对民族类图书的政策把握和对民族史实的尊重，是衡量一个编辑的职业素质和道德准则的尺度。

方音融流

嘉绒语藏借词的识别*

嘉绒语分东部、北部和西部 3 个方言。[①] 使用嘉绒语东部方言和北部方言的人自称“kəru”，与《旧唐书・东女国传》所记的“哥邻”的译音相近；使用藏语的人将使用嘉绒语的地区称“rgia roŋ”，与《隋书・附国传》的“嘉良”和《新唐书・两僜蛮传》的“嘉梁”的译音相近。使用嘉绒语的族群世居西藏东部、四川西部的岷江、大渡河流域，游牧于黄河、长江上游偏僻荒远之地，在相当长的历史时期内未受任何王朝的管辖。嘉绒先民以族群或部落的形式游迁于这一区域内，形成部族或部落联盟。唐时归属吐蕃，由西藏派员管辖，历史上该地区的土司均自称来自乌斯藏（西藏）三十九族的琼部。由于该地区处于藏语言区边缘，当地语言虽与藏语有密切接触，但未为藏语所同化，得以完整保存。嘉绒语中的藏语借词非常丰富，在东部方言和北部方言中大约占30%—40%，西部方言则达到 50%。[②] 由于嘉绒语与藏语同属藏缅语族，因此嘉绒语与藏语相同或相似的语词就出现了同源词和借词的识别问题。探讨嘉绒语中藏借词的识别方法，将有助于汉藏语言同源词和借词的识别研究。本文拟从语音、构词和文化的传播等方面讨论识别的方法。

一、语音的对应关系

嘉绒语中有些词与藏语在语音上比较相似，但相差的程度却不同。

---

* 原载《民族语文》2008 年第 1 期。嘉绒语系笔者母语。本文承蒙瞿霭堂教授逐一审定语言材料，并对结构做了必要调整。谨致谢忱。

① 参见瞿霭堂：《嘉戎语的方言》，载《民族语文》，2007（4）。

② 参见①。

有些差别较大，有些差别小。由于嘉绒语与藏语接触关系历史久远，仅仅靠语音对应规律的探求，有时并不能解决问题。例如：

嘉绒语	藏语	汉义
tə–mnok	dmjig	目
tə–rna	rna	耳
jon	jon tən	学问
mtɕhok	mtɕhog	猞猁
kə–mŋo	lŋa	五
tə–rmi	mji	人
ɕət kha	dpjid ka	春天

往往有对应规律的词，语音差别越远，越有可能是同源词，这是基于时间越长，语音变化越大的原理。古老而久远的词更可能是同源词。再加上以越是基本的词越可能是同源词作为参考的条件，判定为同源词就更为有力。例如：

嘉绒语	藏语	汉义
kə–mŋo	lŋa	五
tə–la	zla ba	月亮
kem	sgo	门
po jo	hphji mo	晚了
me	rmig	蹄子
khə	khji	狗

下面这些词就更像是借词。例如：

嘉绒语	藏语	汉义
kpən	dpon	和尚
ke–slep	slop	学
snak–tsa	snag	墨汁
ʔarak	ʔarag	白酒

嘉绒语中有些词与古代藏语对应，与现代藏语不对应，这些词可以判定为同源词。例如：

嘉绒语	古藏语	现代藏语	汉义
pak	pag	phag	猪
kə–jo	gjaŋ	lug	绵羊

与现代藏语对应而且语音上非常相近，而与古代藏语语音上差别较大的可以判定为借词。例如：

嘉绒语	藏语安多方言	藏语	汉义
nor wu	nor wə	nor bu	如意宝贝
wzo we	bzo wa	bzo ba	木匠
rəwe	re wa	re ba	希望
waŋ	ɣaŋ（文读 waŋ）	dbaŋ	权
ɕətkha	ɕətkha	dpjid kha	春天

二、形态的比较

嘉绒语使用前置表达系统，有丰富的前缀。例如：

ta–ta–kap	针	tɐ–tɐ–jɐk	手
ʔa–ʔa–pha	爸爸	kə–kə–jo	轻
ka–ka–pa	做	a–a–ta	上方

藏语也使用后置表达系统，后缀很多。历史上藏语可能也是前置表达系统，也有前缀，但后来发展成后置表达系统，除了个别如 ʔa– 前缀出现在表示亲属的词以外，基本上使用后缀构词和后置的语法成分表达语法关系。从一些与嘉绒语有对应关系的词上可以看到藏语在古代也有过前缀。例如：

嘉绒语	藏语	汉义
kə–jo	g–jag	绵羊
kə–nəs	gn̥is	二

kə–sɐn	gsum	三
kə–tɐk	gtcig	一
tsə–la	zla ba	月亮

因此，嘉绒语与藏语语音上有对应规律的词，如果带有前缀，可能是同源词，如果与藏语一样带有后缀，由于嘉绒语原来没有这种构词后缀，可以判定为借词。例如：

嘉绒语	藏语	汉义
lŋa pɐ	lŋa pa	第五
pol pɐ	bod pɑ	藏人
sŋon mbo	aŋon po	青色
khsər po	ser po	黄色
sŋ̥i wə	smjug bu	笔
Koŋ ma	goŋ ma	皇帝

上述例子显然是借词。

三、文化词

嘉绒归属吐蕃以后，与藏族在政治、经济和文化上发生了密切的接触，特别是文化上，皈依了藏传佛教，使用藏文作为书面交际工具，因此嘉绒语中出现了大量宗教和文化方面的藏语借词。由于这些文化特征在原来的嘉绒地区是没有的，因此可判定为借词。例如：

嘉绒语	藏语	汉义
rmok	rmog	盔
maŋ mə	dmag mi	军人
saŋ rjies	saŋ rgjes	佛
dor rdʑe	rdo rdʑe	金刚
khrə	khri	宝座
jon ten	jon tan	学问

lek phɕet	lagsbɕed	格言
ɕok ɕok	ɕok bu	纸
sŋ̥ə wə	smjug bu	笔
tshoŋ khaŋ	tshoŋ knaŋ	商店
rfjə sa	rgja sa	衙门
mtsho mək	mtsho dmag	海军
phje me ke re	phji ma ka ra	白糖

上述的讨论是基于东部方言。在西部方言中，藏语借词的识别比较容易，因为大多是近代借用的，在语音形式上与周围的藏语安多方言基本相同，从语音上就可以判定。

论嘉绒语的借代关系*

嘉绒语是四川西部嘉绒聚居区的居住民所说的一种语言，主要分布在今天的四川省阿坝藏族羌族自治州的马尔康、金川、小金、汶川、壤塘、红原、黑水、理县等县市及甘孜藏族自治州的丹巴县和雅安市的宝兴县等地区。由于使用嘉绒语的居民自称“kəru”或“kɔrɔ”，在藏语中称上述操嘉绒语的地方为“rgia roŋ”，因此，习惯上把这种语言称为嘉绒语。今天大约有 10 万人操嘉绒语，其中大多兼通汉语。

嘉绒族群世居西藏东部、四川西部的岷江和大渡河流域，游牧于黄河、长江上游偏僻荒远的地方，在相当长的历史时期内只是以族群或部落的形式游迁回旋于这一地理区域内，后来逐渐结盟、融合成为有规模的部族或部落联盟。该地区唐时归属吐蕃，由吐蕃王朝派员管辖，当地的居民自称来自乌斯藏（西藏）三十九族的琼部。这一时期，生活在这一区域内的部落群体已发展成相当大的部落联合体。当地受以西藏拉萨为中心的藏文化和以成都为中心的汉文化的双重辐射，同时又保留了最原始的文化元素，形成极具特色的嘉绒文化。在嘉绒，同一个地区的不同村寨，既有纯正的苯教和藏传佛教寺院，同时又存在代表汉文化的道教场所，各种宗教均有广大的信众。当地的语言与藏语有密切的关系，其中的藏语借词非常丰富，东部和西北部方言大约占 30%—40%，西部方言则达到 50%。② 由于嘉绒语与藏语同属藏缅语族藏语支，共同起源于藏缅语族语言，因此嘉绒语与藏语相同或相似的语词就出现了同源词和借词的识别问题。这种识别关系到语言的识别和方言的划分，甚至系

---

* 原载《中国藏学》2010 年第 3 期。

② 瞿霭堂:《嘉绒语的方言——方言划分和语言识别》，载《民族语文》，1990(4)。

属的确定等重要问题，而且是汉藏语言研究中一个受到广泛关注而又存在困难的问题。探讨嘉绒语中藏语借词的识别方法，将有助于汉藏语言同源词和借词的识别研究。因此，本文试从嘉绒语言的借代识别进行探讨。

一、从语音对应关系看同源和借代

嘉绒语中有些词与藏语在语音上比较相似，但相差的程度却不同，有些差别较大，有些差别小。这些词大致可以判定为是有关系的词。由于嘉绒语与藏语接触关系历史久远，仅仅靠语音对应规律的探求，有时并不能解决问题。比如：

嘉绒语	藏语	汉义	嘉绒语	藏语	汉义
tə–mnok	dmjig	目	tə–rna	rna	耳
jon	jon tən	学问	mtɕhok	mtɕhog	猞猁
kə–mŋo	lŋa	五	tə–rmi	mji	人
ɕət kha	dpjid ka	春天	ta–tsho	sgron	灯

单从语音的规则对应与不规则对应来判断同源与借代是研究语音借代的一个方面，但从整个语音对应情况看，同源词常分布在语音差别较大的对应中，而借词常常分布在语音与藏语相同或相近的对应中。如：同源词“五”kə–mŋo，藏语借词“第五”lŋa–pe，其中两词素“mŋo”和“lŋa”都对应于藏语的“lŋa”（五）。规则对应中的同源词与藏语借词的划分可以通过其藏语关系词是否声、韵母都与其相同或相近来判断，如果相同或相近，那么它很可能就是借词。还有就是按历史比较法求索同源词的原则，有对应规律的词，语音差别越远越有可能是同源词，这是基于时间越长，语音变化越大的原理。古老而久远的词更可能是同源词。再加上越是基本的词越可能是同源词作为参考的条件，把这些词判定为同源词就更为有力。比如：

嘉绒语	藏语	汉义	嘉绒语	藏语	汉义
kə–mŋo	lŋa	五	tə–la	zla ba	月亮
bli	bŋ̥i	四	mbc la	glaŋ ba	牛
kem	sgo	门	po jo	hphji mo	晚了
me	rmig	蹄子	khə	khji	狗
ɕnəg	sŋ̥ uns	尖利			

下面这些词更像是借词。如：

嘉绒语	藏语	汉义	嘉绒语	藏语	汉义
kpən	dpon	和尚	ke–slep	slop	学
snak–tsa	snag	墨汁	ʔarak	ʔaɹag	白酒

嘉绒语中有些词与古代藏语对应，与现代藏语不对应。在不规则的对应中，如果嘉绒藏语的关系词只与现代规范藏语关系词为不规则对应，而与古代藏语关系词是规则对应的，那么，这些词可以判定为同源词。如：

嘉绒语	古藏语	现代藏语	汉义	嘉绒语	古藏语	现代藏语	汉义
pak	pag	phag	猪	kə–jo	giaŋ	lug	绵羊

与现代藏语对应而且语音上非常相近，而与古代藏语语音上差别较大的可以判定为借词。如：

嘉绒语	藏语安多方言	藏语	汉义
nor wu	nor wa	nor bu	如意宝贝
rəwe	re wa	re ba	希望
ɕət kha	ɕət kha	dpjid kha	春天
wzo wɐ	bzo wa	bzo ba	木匠
waŋ	ɣaŋ（文读 waŋ）	dbaŋ	权

二、从构词形态看同源和借代

嘉绒语与古藏语在构词方面有明显的差别。嘉绒语构词前缀丰富，后缀十分稀少，而现代藏语则恰恰相反，构词后缀发达，前缀较少。

嘉绒语使用前置表达系统，有着丰富的前缀，由构词前缀派生的复合词占相当大的比例。嘉绒语的构词前缀一般有 ta、ka、tə、kə 等，如：

ta–	ta–kap	针	tɐ–	tɐ–jɐk	手
tə–	tə–tφi	水	kə–	kə–jo	轻
ka–	ka–pa	做	a–	a–ta	上方
ʔa–	ʔa–pha	爸爸			

藏语属后置表达系统，前缀很少，只有亲属称谓的构词前缀 a–，如：ʔa ma 妈妈、ʔa pha 爸爸、ʔa khu 伯伯等。相反，藏语的后缀则十分丰富，如：–pa、–ba、–ma、–bo、–mo 等。

–pa	bzo–pa	工人	–ba	φiŋ bzo ba	木匠
–ma	slo b–ma	徒弟	–po	bdag–po	主人
–bo	bzo–bo	裁缝	–mo	bzo–mo	女工

历史上藏语可能也是前置表达系统，也有前缀，但后来已经发展成后置表达系统，除了个别如 ʔa– 前缀出现在表示亲属的词上外，基本上使用后缀构词和后置的语法成分表达语法关系。从一些与嘉绒语有对应关系的词上可以看到藏语在古代也有过前缀。比如：

嘉绒语	古藏语	汉义	嘉绒语	古藏语	汉义
kə–ɟo	gjag	绵羊	kə–nəs	gɲ̥is	二
kə–sɐn	gsum	三	kə–tɐk	gtɕig	一
kə–ɲ̥i	gɲ̥i	太阳	tsə–la	zla ba	月亮

藏文中有些异体字说明古藏语中也曾有过前缀，如：

嘉绒语	古藏语	汉义
dmjig	mjig	目

可能是受藏语的影响，藏缅语群中前缀亦非常多，如：

嘉绒语	怒语	塞芒语	藏语	汉义
tə–mtφik	thə–mi	tə–mi	me	火

上述例子证明，构词前缀是藏缅语中一种古老的构词手段，并影响了藏语群周边的其他语种。在古代藏语中，最初很可能存在与其他亲属语言类似或同源的前置成分，但随着藏语系统的演变，前缀音脱落或演变为声调等，那种前置成分逐渐消失，而后缀功能却大大加强了。

如果说嘉绒语构词前缀与古藏语的某些前置成分有同源关系，在一定程度上反映了藏缅语古老的构词形式，那么，词头之有无便可作为划分关系词中同源词和藏语借词的一个重要界定手段。即嘉绒语与藏语语音上有对应规律的词，如果带有前缀，可能是同源词，如果与藏语一样带有后缀，则可以判定为借词。同源词比如：

嘉绒语	藏语	汉义	嘉绒语	藏语	汉义
tə–φna	sna	鼻子	tə–rna	rna	耳朵
tə–nə	nu ma	乳房	tə–me	rmig	脚
kə–mȵo	lȵa	五	kə–bli	bʑi	四
kə–jjip	ʑib	细	tsə–la	zla ba	月亮
ko rmuk	rmugs	雾	lȵa pɐ	lȵa pa	第五
sm en	sman	药	φok φok	φok bu	纸
zla zən	zlab gzin	月蚀	spos	spos	香

带后缀 –pɐ、–wɐ、–mbɐ、–wə 的关系词都是借词，目前从已掌握的资料来看，嘉绒语与藏语非关系词中尚未发现后缀现象。如：

嘉绒语	藏语	汉义	嘉绒语	藏语	汉义
pot pɐ	bod pa	藏人	sla wa ȵəpɐ	zla ba gȵis pa	二月
sŋon mbo	aŋon po	青色	khsər po	ser po	黄色
sȵi wə	smjug bu	笔	koŋ ma	goŋ ma	皇帝

三、与其他方言的比较中看同源与借代

在嘉绒语卓克基话中，有相当部分与藏语异源，属非关系词，但其中部分与藏语相关的词可能是从藏语中借入的，如：

卓克基话	其他方言	藏语	汉义
lop	tshe	slob	学
mbep	ʑas	hbab	降落
skər	tsam	skur	寄信
mer	mar	pənu	酥油

不同地域的人们在交往过程中有许多词的借入和混同。嘉绒语与藏语关系词中，不论这个关系词有无词头，语音差别如何，只要是基本词，并与其他亲属语言有关系，音义相同或相近，那么，就可以判断是同源词，而非借代词。如：

同源词	藏语	彝语	汉义
tə–mɳæk	dmjig	no_{33} dzl_{12}	眼睛
kha φpe	sbal	o_{33} pa_{33}	蛙
kem	sgo	l_{21} khw_{33}	门
tφhət	rtsed buu	$tshl_{55}$	山羊
ku–wa phu	ɦbud	mo_{33}	吹
po tsa	bja	he_{33} tsl_{33}	鸟
pka tφu	bja	v^{55}	鸡

语音用词的变化与所处的社会环境和政治背景是分不开的。历史上嘉绒归属吐蕃以后，与藏族在政治、经济和文化上发生了密切的接触，特别是文化上，皈依了藏传佛教，使用藏文作为书面交际工具，因此嘉绒语中出现了大量宗教和文化方面的藏语借词。由于这些文化特征在原来的嘉绒地区是没有的，因此比较容易判定为借词。如：

嘉绒语	藏语	汉义	嘉绒语	藏语	汉义
rmok	rmog	盔	maŋ mə	dmag mi	军人
saŋ rʃies	saŋ rgjes	佛	skɔ ndze	ɦdra	佛像
dor rdʑə	rdo rdze	金刚	khrə	khri	宝座
jon ten	jon tan	学问	lek phφet	lags bɕed	格言

ɕok φok	ɕok bu	纸	sŋ̥əwə	smjug bu	笔
ʔa rak	ʔa rag	白酒	tshoŋ khan	tshoŋ knan	商店
rJja sa	rgja sa	衙门	mtsho mek	mtsho dmag	海军
sa bdak	sa bdag	地主	phje me ke re	phji ma ka ra	白糖

以上从语音的对应关系、构词特点、构词前缀、与其他亲属语言比较以及社会文化等角度论证了嘉绒语对藏语的借代关系，但这只说明了嘉绒语借代的客观存在及与藏语相互间的关系，至于借代关系的时间断代，只能根据嘉绒社会与吐蕃社会的历史、文化、军事、宗教、政治经济相互影响的时间、程度来研究。

嘉绒语借词内容非常广泛，其借词主要来自藏语和汉语，此外还有少量来自彝语、羌语、纳西语或其他邻近语言的借词。嘉绒语中的藏语借词多与宗教、政治、军事有关，这与藏传佛教的传播、社会权力的归属和军事占领的历史事实是分不开的。如：bdɐk po（主人）、kə khsɐl（明亮）、sprəl skə（活佛）、tʃhos（宗教）、pot pɐ（藏人）等。这些借词反映出嘉绒与西藏文化接触和交流的关系。又如借自汉语的 tɕha^{12}（茶）、tɕoŋ^{55}（钟）、çaŋ（和尚）等。另外，佛教的传入也为嘉绒语带来了不少梵文词语，比如：tsɛ：^{55} tɛ：^{55}（旃檀）、kɛ^{55} pa^{54}（劫）等。在历史上，嘉绒人与蒙古族、满族都有过密切的关系，因此嘉绒语也吸收了不少蒙古语和满语词，如借自蒙古语的 em^{55}tɕhi（大夫）、thəp^{55}tɕhi^{54}（纽扣）、ther^{55}ka^{54}（大车）、ta^{55}lɛ：^{55}（达赖）；借自满语的 am^{55} pɛ：^{55}（钦差）等，还有借自英语的 mo^{55}tʂa^{54}（汽车）、pa：^{55}se^{54}（票证）、so^{55}tʂi^{55}（苏打）等。

语言的借代反映了嘉绒人与邻近民族和操官方语言的民族在政治、经济、军事等各方面的交往状况，借代词量的多少表明借用方在当时所处的社会地位和经济发展状况。从嘉绒语借代的研究中发现，嘉绒语从藏语中的借代十分普遍，借代词涉及政治、宗教、军事等方方面面，说明当时嘉绒与吐蕃（降至后来的西藏）在社会地位上的从属关系。相反，嘉绒语中的汉语借代，主要反映在生活用语方面，如 tɕok^{55}tse^{54}（桌子）、khǿ：^{55}tse^{54}（筷 子）、tɕhem^{11}tse^{54}（剪 子）、mollmoʔ^{52}（馍 馍）、sǿ：^{11}p ~ɛ：^{55}（算盘）等，说明嘉绒人过去与汉地在隶属上的关系并不紧密，而在生活方面，因地域的邻近而形成特殊的依附关系。

借用语言学的研究方法来研究民族历史，前人已做过，如西夏学和敦煌学研究，并取得丰硕成果。目前对于嘉绒历史的研究，仍停留在对现有史料和民间传说的分析研究上，从语言学的角度去研究嘉绒的历史尚处在探索的阶段。

散论文字的脉动*

一、历史的脉象

人类文明的进程，离不开文字的记录，我们已知的汉文文字仅及于商、周，而许多少数民族文字的产生是在商周之后的事了。有了文字，也就有了语境，尽管那时的文字离我们十分久远，所记录的场景又把我们拉得很近，犹如与祖父的对话，虽有沟坎，但仍十分亲切，彼此并不陌生，这是缘于中华文化数千年文脉的延续。

中华，源自于中国古代华夏民族，起源于黄河流域，居“四方之中”，自古地广物丰，人杰地灵，文化发达，历史悠久。但推究起来，中国之谓则早于中华，中华是中国文明达到相当高度之后的称谓。

《禹贡》载：

> 中邦锡土姓。

有学者解释“中”即“九州”，“邦”当作“国”。

《左传》僖公二十五年：

> 德以柔中国，刑以威四方。

《诗·民劳》：

> 惠此中国，以绥四方。

---

* 原载拙著《方音词记——〈西番译语〉校雠》，民族出版社，2021年。标题有改动。

《毛诗》：

> 中国，京师也。四方，诸夏也。

《禹贡》成书于西周初年，《左传》《毛诗》稍晚，但均在汉以前。

唐韩愈《原道》：

> 孔子之作《春秋》也，诸侯用夷礼则夷之，进于中国则中国之。

古代人将“中国”视为国家、道德、京师等广义的定位，而不是近人研究者从方位、疆界、种族、语言、文字等立场去圈定的概念。

《左传》定公十年：

> 夷不乱华。

自此，华，方见书籍，后世沿用。对于“华”“夏”的解读运用，近代国学大家章炳麟在《中华民国解》中有独到的议论。

如果非要将“邦”或“国”设定一个时期，黄帝、颛顼、帝喾、尧、舜五帝时代，以现代的国家概念，与《禹贡》中记载的中国是相符的。

《礼记·王制》：

> 有虞氏养国老于上庠，养庶老于下庠。

庠，乃学校，也称米廪，是周代之学校，相传始于虞舜时代。庠，也有养的意思，凡在庠这个地方的老人，必有四季的衣服和每天的膳食，而这些老者衣食无忧之后，又不可能无所事事，于是，招集年少子弟于庠，把自己一生的经验或特长教给他们。耆老养生之所，转而成了学校，有时帝王将相、时代名宿不时莅临，聆听名言至论，获取修身治国的精髓；少年学子常听名流之言，所学颇多。在庠的皓首老者便成了老师，庠，自然就是学校了。

《尚书》：“诗言志，歌永言，声依永，律和声”“询事考言”“敷奏以言，明试以功”“鞭作官刑”“三载考绩”。

学校教声乐、语言、文学、音乐、人事、法律、官员考核等诸学科，虽不似现代分科细致，可见学科文化的萌芽已经生成。

文化的形成非朝夕之功，从远古的食物采集、国家政权的禅让、学校的成立，再到文字之兴，经数千年或更久的时间。

《说文序》：

> 黄帝之史仓颉，见鸟兽蹄远之迹，知分理之可相别异也，初选书契。……仓颉之初作书，盖依类象形，故谓之文；其后形声相益，即谓之字。

仓颉造字，争论不息，但殷商文化的繁荣则是不争的事实。清代大儒阮元在《积古斋钟鼎彝器款识》有载钟鼎文传世的器物就有：

> 商钟三，鼎二十三，尊十七，彝二十七，卣十三，壶六，爵三十三，觚四，觯十四，角七，敦六，甗二，鬲四，盉二，匜二，戈三，句兵二。

《盘庚上》：

> 先王有服，恪谨天命。兹犹不常宁。不常厥邑，于今五邦。

《盘庚中》：

> 先王不怀厥攸作，视民利用迁。

《盘庚下》：

古我先王将多于前功，适于山。

《史记·殷本纪》：

武乙猎于河、渭之间，暴雷，武乙震死。

古之钟鼎铭文，为纪事之重要，诸多竹简，翔实记录盘庚东迁的原因。殷人避灾趋利，居其山野，便于田耕狩猎。当然，一个王朝的迁徙自有多方面的原因，非一家一户搬迁那么简单。而诸多的典籍记录了这件事，表明了文字的成熟与功能。

文字是文化的基本载体和传承工具，是文化最显著的标志。中华文化几千年来从未中断，正是有了文字的粘连。中华文化的多元性是由许多异质文化融合而成的。春秋战国时的百家争鸣，本来就是不同地域的文化结果，以老子、孔子为代表的不同文化流派的形成，正是中华文化多元形态的开始。

我们在国家与文化方面所做的探究思考，也许最终也不可能得出公认的结论，这涉及研究的立场、方法、功用等。就《方音词记——〈西番译语〉校雠》而言，涉及的国史领域不多，而在文化方面又是绕不过的领域。离开历史传承去谈文化，显然是空谈。因此，追踪语言的痕迹，离不开历史的记忆，更离不开文化的现象，梳理历史的脉象，下面的话题自然就顺畅了。

传统上认为中华文化就是华夏文化，即汉文化，这种观点是不对的。

《说文》：

羌，西戎羊种也，从羊、儿，羊亦声。南方蛮，从虫。北方狄，从犬。东方貉，从豸。西方羌，从羊。此六种也。西南僰人、焦侥从人，盖在坤地，颇有顺理之性。唯东夷从大，大，人也。夷俗仁，仁者寿，有君子不死国。

在我国的文化传统中，汉居于中原，东貉、南蛮、西南僰、北狄是“非人种类”，“戎狄豺狼”，这种排斥他族为非类的思想十分狭隘。沾沾自喜，自视优越，片面地解读历史也就罢了，更可怕的是用这种思想去表述文化，这不能说不是一种悲哀。

古代贤哲持“中心”论的理念，从大地中心到国家中心，再到经济文化中心的思想根深蒂固，进而发展成以“我”为中心的历史惯性思维至今未绝。在文化上形成内方外圆，似古代钱币形，恰是中华文化大体的结构。中华文化的传说中，中华文化以内部某一地区为核心，向东西南北四周辐射。这就是所谓的汉化、王化、儒化的进程。同时，在解析文化的过程中发现，他域文化也不断地向“方孔”——汉地进行浸润，“方孔”的吸纳功能从未弱化过。波斯文化、胡文化、藏文化、梵文化、蒙古文化等与汉文化相互吸纳，从未间断过。隆起的喜马拉雅山，并没有阻碍与印度文化之间的交流，茫茫沙漠也没有影响波斯文化与中华文化间的西去东来。

几千年来尽管多次出现过不同的文化中心、亚文化中心并列，或者同一个文化中心在历史的进程中时常迁移或消失的情形，但总体上存在一个以中原文化为核心的区域，向四周不断扩散交融的基本格局，这是不容否认的历史存在。要理解今天的中华文化，认识她的缘起、成长、成熟，再从她的凝聚到播化、变弃、吸纳、再生向双向或多向过程的演化，就必须从中华文化的传统空间观念、历史进程中的具体存在切入。在梳理中华文化的缘起、生成、演化中发现，内方外圆的结构始终未有改变，即吸纳与播化。

钱币的方孔自然被类比为中原区域，把围绕方孔的地方称为“蛮夷”。这在表面上体现了以“方孔”为中心的偏见与傲慢，在根本上反映的是与中原农耕文化相联系的祖先血亲崇拜所产生的自信和某种排他性。《尔雅》载："九夷、八狄、七戎、六蛮，谓之四海。"解释为："九夷在东，八狄在北，七戎在西，六蛮在南，次四荒者。"明确地表现了天圆地方，以我为中心，其余为次，以我为文明，其余皆为蛮荒的传统观念。中原历代史官、文人墨客留下了大量并非客观、准确的文献，反映了居于"文化中心"地位的思维模式。随着历史的发展，"文化中心"思想，不仅固化了文化的本身，僵化的思想也难以适应时局的发展。

天子在朝，威仪四方，汉代强盛，延400余载，使中华文化为本位的结构模式得以辉煌地体现。"月有阴晴圆缺，人有悲欢离合"，国祚亦如此。自汉之后，中原屡经分裂，三国鼎立、五胡之乱、南北分治、重心南迁、佛教入土、西学东渐、蒙古立朝、满人入关，原有的文化中心被不断打破，方孔钱状的传统结构一次又一次受到冲击。危机一旦过去，传统照旧恢复，显现出传统文化的自愈性与吸纳、演化，又重现方孔钱状的格局。

二、历史的倒映

历史，不一定都勒在碑石上或记在书籍里，大多数历史的存在已被消磨得支离破碎，史书也不是历史当天的笔记，大多是由后人补记，或在各种传说中"捡回"补录。尽管这样，仍就有可能在传说、史诗、语言中留下许多当时的痕迹。当然，研究历史，特别是历史文化，不能靠捡拾这些痕迹来做主要依据，当正史的记载缺失或语焉不详时，这些"痕迹"或许能起到一些作用。

汉典在叙述黄帝之前的历史文化时，大多从传说中去找一些痕迹来佐证。少数民族的历史书写也不例外，藏族历史在叙述吐蕃之前的发展经历时，依然在民间传说、史诗中寻找一些"痕迹"，"补齐"那段辉煌的过去。

在西藏山南一座叫贡保日的山上，住着一只观世音化身的公猕猴，在不远处还住着一个罗刹女。罗刹女总是到公猕猴住处去玩。后来，他们结合了，很快就有了六个猴崽，藏族人认为自己就是猕猴的后代。这则猕猴变人的传说，记录在《吐蕃王统世系明鉴》等典籍中，便成了藏族人起源的历史。同样，女娲经过黄河河畔，想起开天辟地以来，创造了山川河流、飞禽走兽，改变了原本一片寂静的世界，但总觉得这世界缺了点儿什么。当她低头沉思，看到黄河水里自己的倒影时，恍然大悟，原来世上缺少像自己这样的“人”。于是，女娲就照自己的外貌，用黄河的泥土捏制了“人”，施以神力，泥人变成了人类。女娲便成了华夏的先祖、福佑社稷的正神。她创造了生命，成为被民间广泛而恒久崇拜的创世神，被称为大地之母。

无独有偶，《圣经》中，上帝耶和华用五天时间创造了白天和黑夜、空气和天、地和海、山川平原、花草树木、日月星辰和鱼鸟，等等。第六天，耶和华按照自己的形象，用地上的尘土造出一个“人”，往他的鼻孔里吹一口气，有了灵，“人”就活了，这个“人”能说会道，行走自如，取名亚当。后来，亚当和夏娃感情相悦，便有了人类的繁衍。

无论是猕猴与罗刹女结合、女娲捏泥成人抑或是上帝捏土成人，都是民间代代相传。从传说中找出人类诞生的“痕迹”，再将这种痕迹记录到书中去，便成了人类起源的历史。可见，“痕迹”对于“文化”的演变和流布有着重要的意义。

人类历史发展中的“文化”是一种时间积累，是一种动态的过程，最终积淀成部落人格。藏民族的集体人格是否形成于西藏山南的贡保日山，这是一个值得深入思考的问题。

时间在松赞干布时代可以稍微停留一下。尽管藏族的文明源远流长，但彪炳于世，为汉藏史册同载的则以松赞干布时代居多，犹如中原历朝中的文景之治、贞观盛世一样，成为一种标识、一种记忆。一千多年后的今天，读到松赞干布的事迹，仍然有一种敬畏之情，自豪之感。

松赞干布统一青藏高原，移都拉萨，建立吐蕃王朝，集体映象在那一刻定格。随后，创造文字、颁布法令、修建宫殿；远交汉地、印度、尼泊尔；佛教圣贤在雪域高原驻锡，梵音流布。长安吟唱黄河曲，拉萨应和红山颂。汉地文化的雍容华贵与高原文化的酣畅淋漓成为那个时代汉藏两地文化交融的标识。

暂不去讨论吐蕃时期的疆域，也不去说大、小昭寺和布达拉宫的修建，这些都是文化的外在躯壳，虽然是文化的反映，但毕竟不是文化灵动的脉象，符合这一定义的在笔者看来，只有文字和宗教。

先说说藏文吧。

现行藏文之前，有一种文字，叫古象雄文字。据中国社科院宗教学博士、象雄文化研究专家阿扎活佛说，敦巴辛饶（辛饶米沃切）创造了象雄文字。象雄文字是一种拼音文字，分辅音字母、元音符号和标点符号三个部分。由 30 个辅音字母、4 个元音字母以及其他标点符号，共 40 个字母、符号组成。古代的象雄文字，与其他文字有着相同的说明、叙事、记录、记载、说理、抒情的功能，描述现实的存在，表达人们的想象、渴望、理想，描绘在现实中不存在的东西，并在此基础上通过对现实的加工，把想象的、渴望的、理想的内容表达出来，满足自己情感上的需要。

一路奔波，真心相伴，到了吐蕃时期，随着藏文的创制，象雄文完成了自己的使命，与象雄历史一道，被人们供奉在那神圣的殿堂。

创制藏文的人叫吞弥·桑布扎，他是松赞干布时期的一位官员，亲自率领由松赞干布指定的 16 人组成的求学团队，前往天竺等地学习梵文。先后师从婆罗门大师李瑾学习文字、拉日格桑学习声韵。完成学业后，吞弥·桑布扎携带许多大乘佛教经典回到吐蕃。学习是一个艰难的过程，付出的不仅仅是汗水，还有生命。16 人团队只剩下吞弥·桑布扎回到了松赞干布身边，其他队员则命归尘土。一项伟业的开头，总有若干的付出，心智，甚至生命，文字之花才在此绽放。

回到吐蕃后的吞弥·桑布扎，仿照纳卡热和迦什弥罗等文字，根据藏语的特征，创制了藏文。新创的藏文为拼音文字，有 30 个字母、4 个元音符号、5 个反写字母（用来拼写外来语），拼写时以字根为基础，由前置字、上置字、下置字、后置字和再后置字组成。书写习惯从左向右横写，每个音节间的右上角用点隔开，句末用一竖隔开。

松赞干布时期藏文的创制，仿佛在一夜间干净利落地完成，与汉文文字的形成截然不同的是没有太多的酝酿、太多的摸索、多次的转变。藏文的诞生与吐蕃之前的象雄文也好，抑或固有文字也罢，没有纠缠与缠绵，相当刚健地存活到今天，而很多与它同时代或稍晚的文字纷纷死亡，藏文则一路走来，生机勃勃，带着一身的珠光宝气、雍容华贵。藏文的健康存活，活出了《甘珠尔》和《丹珠尔》、大小五明文化、萨迦五祖、宗喀巴师徒三尊、宇妥医祖，活出了人丁兴旺。活得那么久，活得那么大，难道就没有自己的精神价值吗？

李贺《致酒行》中有“吾闻马周昔作新丰客，天荒地老无人识”之诗句，藏民族以雪山为伴，萋草为邻，格桑花开过一季又一季，血脉中的善良把天寒地冻，把弱肉强食，把荣耀卑微置于身外。人们在追问，“人生为什么有那么多苦？”人的欲求很多，细究之下，所有的欲求都是虚妄。人世间的种种需求，如感觉、风、霜、雨、雪，山川大地、妻子儿女等都是空相。世间皆苦，那么，有无极乐世界？有！继而在藏民族与藏传佛教的结合点上，藏族的信仰形态契合了藏传佛教产生的时空与地理需求。

鬼、神、自然、苯教都曾是藏民族文化的承载体。到了吐蕃时代，人们开始反思曾经的寄托，寻找一种新的“宿主”，他们将抛弃“存在的历史”，用他们的执着、善良来书写“理性的历史”，这就是藏传佛教。

藏传佛教，亦称“藏语系佛教”，俗称“喇嘛教”，自称“佛教”或“内道”，中国佛教三大系统之一。其有两层含义：第一，指在涉藏地区形成和经该地区传播并影响其他地区（如蒙古、锡金、不丹等地）

的佛教；第二，指用藏文藏语传播的佛教，如蒙古、纳西、裕固、土等民族即使有自己的语言或文字，但讲授、辩理、念诵和写作仍用藏语和藏文，故又称“藏语系佛教”。佛教在西藏发展的历史一般分为“前弘”和“后弘”两个时期。前弘期自7世纪中叶到9世纪中叶约200年。对于吐蕃来说，佛教是一种外来的宗教，它在与当地原有苯教的不断斗争中发展起来，其间曾占优势。到9世纪中叶，遭到朗达玛禁佛的严重打击，但卫藏地区佛教仍不绝如缕。10世纪末，后弘期开始，佛教逐渐发展成为藏族全民信仰的宗教。

7世纪中，松赞干布迎娶尼泊尔的墀尊公主和唐朝的文成公主，并为她们带来的佛像分建大昭寺和小昭寺，翻译过少量经典，但未建立僧伽制度。其后几代佛教受到压抑，直到金城公主进藏，佛教才有进一步发展度。至墀松德赞（755—797年在位）时从印度迎来寂护和莲花生两位大师，建立桑耶寺和僧团组织，翻译了大量的经典，具备三宝。至墀祖德赞（815—838年在位）时继续发展，委僧人为大相。其继任赞普朗达玛严厉禁佛，只有边区残存一些佛教，前弘期结束。10世纪后期，逐渐由西康、青海、阿里等地将戒律传回卫藏地区。同时有一些人去印度求法，其中最有成绩的是仁钦桑波，译出不少显密经典，以密宗为主。又从印度迎请阿底峡进藏，主要传授显宗教理，兼及密宗。11世纪时，其弟子仲敦巴等形成噶当派。稍后有卓弥·释迦益希从印度学法归来传授弟子甚多，其中昆氏弟子贡却杰波家族形成萨迦派；玛尔巴及其弟子米拉日巴形成噶举派。吐蕃时期莲花生和无垢友所传的密咒因遭禁佛，只在个人家中秘密分散相传，至释迦迥乃将其集中整理成系统，下传弟子形成的一派相对于后来新译的密咒而言，被称为旧派（宁玛派）。11世纪是藏传佛教几大教派开始形成的时期。此外还有过一些小派，如希解派、觉域派、郭扎派、觉囊派、夏鲁派等，但未能在卫藏地区有较大的发展。噶举派后来分成四个支派，其中帕竹派又分出八个小的支派，现在有些还存在。噶当派后来发展成为新噶当派，即格鲁派，又称黄帽派，俗称黄教，成为藏传佛教中最兴盛的一派，至今不衰。

佛教在青藏高原找到了一片生存的沃土，经过风雨，终见彩虹，形成独特的佛教教派，从形式到教义、仪轨的改变，只因要适应那里的雪莲花开、众生重生。藏传佛教教义大小乘兼学，显密双修，见行并重，并吸收苯教的某些特点。显宗说一切有部、经部、唯识、中观四宗中以中观为最发达。小乘的《俱舍论》虽为各派列为必修，但只作为入门的基础知识，没有持为自宗的。无著一系的论典以“慈氏五法”（或称弥勒五论）和无著的两摄《阿毗达磨集论》及《摄大乘论》为中心，尤其是《现观庄严论》以修行阶位为纲，极其简要地概括《般若波罗蜜多二万五千颂》的内容，被视为弥勒五论之首。龙树一系的论典以“正理聚六论”为中心，经过宗喀巴的倡导，中观应成派月称所著的《入中论》最受推崇，此书以菩提心的十种分位分写为十品，其中的第六品现前地中盛破唯识，成为中观论著的代表作。《现观庄严论》与《入中论》两书汉文未译，因而成为藏传与汉传佛学的重要区别之一。藏传显宗教理的传授与探讨特别注重口头的立宗辩论，辩论时严格按照因明学的“应成论式”的规矩进行，辨析精细入微，为其他各系佛学少有。藏传密宗一般分为事部、行部、瑜伽部、无上瑜伽部等四部，而各宗派几乎全以无上瑜伽部的各种教授为主要修行法门，无上瑜伽部的本尊中，以修持父部的集密、大威德，母部的胜乐、欢喜，无上部的时轮等五大金刚者为最多。其仪轨甚为复杂，所有设坛、供养、诵咒、灌顶、送祟等均有严格的规定，需经班智达秘密传授。各派多有特有的法门，如宁玛派的大圆满、噶举派的大手印和拙火定、萨迦派的道果等。藏传佛教历史上采取传大昭等法会形式弘扬佛教，是其特色之一。

藏传佛教传习和修证的处所分为讲道院和修道院两种，也有综合者。较大的寺院都有规定学制。各派各寺的规定不尽相同。以格鲁派哲蚌寺郭莽扎仓为例：因明五年，般若四年，中观两年，俱舍四年，戒律一年，必须循序而进。戒律学完之后统称噶仁巴（经学士），可以申请应试格西学位。格西的名额有限，而且需要一定的费用，所以申请者究属少数，多数人仍继续参加辩经法会，互相切磋，自由讲学，有人则闭关修持所学到的教理，进一步参悟，也可以转入密宗学院。藏传佛教的学位有多种名目。如噶希（四论士）、噶居（十论士）、饶绛巴（博学士），原只是尊称，后学制逐渐严密，产生更多经过考试才能取得的各种称号，如拉仁巴、噶钦、磋仁巴、多仁巴、林赛、佐仁巴、俄仁巴（密咒士）、曼仁巴（医药士）、孜仁巴（算学士）等，有的由其学科内容命名，有的由其应试的场合命名，统称为格西。藏传佛教的寺庙遍布其影响所及的国内外各处，数量极大，大的寺院往往有其下属的子寺或支寺，多者有数十、上百个，母寺与子寺的关系各有紧密与松散的不同。这些寺院规模大小不一，小者只有数人，大者有三四千人乃至七八千人。大寺内有容纳数千人的经堂、精致的神殿，作为夏季辩经场所的林苑，印经院，若干大小“朱古”的府第，众多集体的或个人的僧舍，执事者的办事处、仓库，招待施主的客房、牲圈等。总之，一个寺院往往形成一地区诸事齐备的小社会，是宗教、文化的中心，也是经济中心、政治中心。

藏传佛教的文献极为丰富。藏文的大藏经，把经律论三藏中的律藏分属于经藏或论藏，分别叫做《甘珠尔》和《丹珠尔》。《甘珠尔》一百零几帙，有十几种版本，《丹珠尔》二百二十几帙，有四五种版本。大学者们的著作大都由自己或其门人编成文集传世。有文集者估计有三四百人，总数估计有两三千帙或更多。此外，还有把同类性质书或同一宗派的著作汇集在一起成为丛书的，例如《伏藏宝库》《续部大全》《修法总汇》《道果讲授》《教诫宝库》等，这一类估计共二百帙左右。其他不属于上述三大类的零散著作尚多。

藏传佛教从开始传入就是由吐蕃王室支持和推动的，佛苯之争和顿渐之争的胜负都由赞普裁决。赞普地位的巩固与否也与佛教的兴衰息息相关。后弘期的开始即得力于地方当政者的推动。元朝初年，中央王朝实现对西藏的有效管辖和治理，主要就是以萨迦派第四代祖师为主说服地方各系力量共同完成的。此后历代中央王朝都通过宗教力量加强对西藏的治理。后来代替萨迦派掌握政权的噶举派的帕竹派也是政教合一的。格鲁派兴起之后，达赖、班禅一方面是宗教领袖，一方面也是清廷授权的当政者。总之，朝廷的支持是其发展的重要原因。不少地区的大寺院的寺主掌握着当地的政权、土地和属民，成为一个个相对独立的宗教、政治、经济中心。在1956年西藏民主改革前，政教合一制度是藏传佛教的一大特色。藏传佛教的又一特色是汉语中称为“活佛”的制度。“活佛”，藏语称为“朱古”，意为化身。按照佛教的理论，佛有法、报、化三身，菩萨对他下一生如何转世能够自主，他们虽已超脱轮回，而为了教化众生又会“乘愿转世而来”。13世纪，噶举派的噶玛拔希开始建立转世制度，用以解决法位继承问题，保持宗教、经济、政治的凝聚力，各派纷纷仿效。后来这种制度得到了朝廷的承认，对下一世新的“朱古”重新赐予封号；并为排除寻找灵童时可能发生的弊端，清代制定了由中央王朝领导下的金瓶掣签的制度。达赖、班禅转世必须经中央王朝批准，成为定制。“朱古”都有自己的府第、财产，有些还占有土地、属民，成为一种势力，与政教合一的制度有密切关系。藏传佛教体系的这些特点，大部分是在后弘期，尤其是在13世纪以后逐渐形成的。[①]

三、书脉的跳动

脉，在《现代汉语词典》中的解释有四：血管；脉搏；植物叶子、昆虫翅膀上像血管的组织；像血管一样连贯而成系统的东西。

这四种解释都适合图书书脉的定位解释。

---

① 藏传佛教部分内容，源于参考自笔者在国图工作时聆听的黄明信先生讲授内容。先生后将所授内容收录于《佛教小辞典》。

书籍的外形是我们看得见摸得着的实体。世间万物均有脉象，山有山脉、水有水系、人有人脉，那么，我们在谈书脉之前，简单梳理一下以书为载体的文脉。

中国文脉，是指中国文化五千年来发展中的生命潜流和审美潜流。

这种潜流，在近处很难发现，只能从远处看去，才能领略大概，就像晨曦初露的天际线。

要具体说清楚这种潜流的具体表象，笔者还是无能为力，只能从多处立点来说明它的存在。

这种潜流，既不是官方主流，也不是民间主流，无门无派，断断续续，对周围的其他文化现象有吸附力，有排斥力。这种潜流可以理解为无法抽去的神韵。

历史的年轮早已为我们留下了有迹可寻的文化脉象。文脉的原始材料，是文字。

探源文化的源头，以文字为抓手，或以非文字的文化现象为载体的现象，这种现象又低于文脉等级而又以脉象贯穿于其中的民族整体文化。在此，需要说明的是一些书籍中常有“中华文化”“华夏文化”“主体文化”之说。费孝通先生在多种著述中都讲过文化的多元一体化问题，文化的产生不是一蹴而就的。在文化的一体之前有无数的文化支流。《荀子·劝学篇》云：“不积跬步，无以至千里，不积小流，无以成江海”，文化的形成都是由无数的“跬步”“小流”集成的。文化本身没有高低、先进与落后之分。任何一种文化现象对他文化都有吸附力，更有排斥力，否则，是无生命力的“孤魂”。

汉字大约起源于五千年前，较系统的运用是在四千年前的五帝之末夏之初。

汉字产生之后，经由象形—表意—形声这几个阶段，开始用最简单的方法记载历史。到了商代甲骨文已相当成熟了，但仍不是文化意义上的“文脉之始”。表意—形声之路到了两千六百年到三千年前的《诗经》才有了稻麦的香气和虫鸟之声，更多的是生活中的抒情。文字，真正成熟了。

于是，我们看到了流传着的一大批神话传说，刻写着的一行行甲骨文、金文，吟唱着的一首首《诗经》。

> 葛之覃兮，施于中谷，维叶萋萋。黄鸟于飞，集于灌木，其鸣喈喈。

中国文脉上路了。

先秦时期（公元前21世纪到前221年）是指秦始皇统一七国之前的历史时代。这段时期是传说中的三皇五帝到战国时期，经历了夏、商、西周以及春秋、战国等历史阶段。

这段时期，是以孔子、老子为代表的先秦诸子出场的精神背景。诸子百家的出现对于中国的思想史、哲学史、宗教史有着先河之功，对后世影响甚大，历史贡献卓著，因此，对中国文脉的形成有特殊贡献。

我们在关注诸子百家开启的各种文化之源的同时，更要记住诸子百家所创立的宗教之源。孔子（及孟子）的儒教（或儒家文化）、道教教祖老子等，他们的立言说教，形成后世的儒教（儒家文化）、道教，是中国本土宗教文化，影响中国几千年。

中国文化最纠结的秦朝，秦始皇为了极权焚书坑儒，残酷镇压知识分子，使文化受到严重的斫伤。同时又统一了文字，使中国文脉可以顺畅地书写。始皇的改革，痛及一时，为后世诟病，却因有“书同文”，方有今日之文字。因为两千多年前的那次撕心裂肺的阵痛，避免了文明的割裂、分散、小化，才有绵延不断的传承。

历史总有惊人的相似，吐蕃末代领袖赞普朗达玛因灭佛而使王朝灭亡，欲结束一种文化的传播，没想到结束了自己的性命和王朝，而这种文化则在几百年后兴起，健康地走到了今天。

就文学意义上，历来对中国文脉有一种通俗的文体概括，楚辞、汉赋、唐诗、宋词、元曲、明清小说。

汉赋产生于西汉，一个强大而富裕的王朝，确定了治国的主体思想“罢黜百家，独尊儒术”，儒家思想第一次得到了官方的认可。思想的统一、物质的丰富，是产生辞赋的基础。由于汉赋的华丽、雕琢、堆砌、铺张，很快就成了朝廷的主流文本。

离汉赋不远，出现了司马迁的《史记》。司马迁在历史学上的至高地位暂不论，我们梳理中国的文脉，到《史记》这个具体的节点上，单说他的文学贡献，通过对一个个重要人物的生动刻画，写出了中国历史的魂魄。他将历史拟人化，生命化。他用历史印证了文学。

当然，汉代除了司马迁外，还有曹操、曹丕、曹植父子三人在战火硝烟中接续了文脉。阮籍、嵇康、陶渊明都有自己鲜明的文学主张，或以隐喻志，或以“田园”为标识的人生境界，成了千年不移的文化理想。

中国文脉在一路风景中向四野绽放。诸子百家、《诗经》在黄河流域，屈原、陶渊明在长江流域，象雄文明在阿里高原。这种格局好像保留了上千年，当人们早已习惯了这种格局的时候，公元5世纪，鲜卑人经由大兴安岭出发，铁骑雄风，一路向西，向南，千里西域，都被裹卷，连恒河、印度河、幼发拉底河的波涛也隐约可见。北魏鲜卑政权中的一批杰出人物，以孝文帝拓跋宏为代表，虔诚地拜汉文化为师，善待敬仰佛教文化，这样一来，在中国的北方出现了第一次世界文明的大聚会。中国文脉也因鲜卑族的介入而提升了搏动的脉象。

唐代是一个政治、文化均呈盛世的时代。她在政通人和的同时，也展现了海纳百川的胸怀。

与唐朝同时代的边疆地方王朝有渤海、南诏、吐蕃及另外一些小的方国。吐蕃于6世纪崛起于山南地区的雅砻部落，其王称“赞普”，7世纪雅砻部落兼并苏毗、羊同诸部，赞普松赞干布定都拉萨，创造文字，统一度量衡，制定法律。

藏文的形成并流行，似乎来得太突然。《藏族简史》讲：“松赞干布任命大臣吞米桑布扎等学习西域和天竺诸国文字……仿照天竺及于阗诸国文字创制了沿用至今的藏文。”藏史称，当时以文字写成文法、翻译佛经、书事纪年、行文发令推至吐蕃全境等千秋功德的大事，好像是一气呵成，一夜之间完成似的。事实上这是不可能的事情，历史上的图画文字也好，表音文字也罢，抑或是“假借”他族的成熟文字，都不可能在一代人或数代人中完成文字的普遍使用。这是一个有待进一步考察的领域。文献与考古的佐证，终究会揭示藏文化脉象在历史中的作用。

《大藏经目录备考》中探讨了吐蕃王朝时代留下的书籍主要以佛经译品为主，从《宝集咒》《百拜忏悔经》《金光明最胜王经》开始，最终形成藏文《大藏经》。大藏经分经论两大类，即《甘珠尔》和《丹珠尔》，人们把所有的文字译著都按类放进了《大藏经》这个宝库中去。至此，我们可以轻松地找到藏文化的脉象——佛教。无论是在“五明”（明：百问。包括①声明：语言文字之学；②工巧明：工艺、技术、历算等；③医方明：药石、针灸等；④因明：思想辩论、逻辑学；⑤内明：佛学。）或是其他领域，藏文化的佛脉都牵引了整个文化的发展。

在我国的不同时代，一些少数民族曾创制了文字。如突厥文，约在6世纪创制；回鹘文，是8—15世纪维吾尔族的文字；女真文，古代女真族创制于12世纪，是金朝的官方文字；契丹文，辽代记录契丹语参照汉文字创制的文字；西夏文，记录党项人语言的文字，存世有《西夏文大藏经》等。除此之外，还有以彝文、八思巴文、傣文、察合台文、蒙古文、满文、壮文、水书、布依文等为书写载体的少数民族文献的流存，体现了中华民族文化多元一体的特征。

唐灭后，由藩镇割据而形成五代十国的分裂局面。南唐后主李煜在被俘押解汴京后，历经亡国之痛，推动了词这种文体形式的发展。

春花秋月何时了，往事知多少，小楼昨夜又东风，故国不堪回首月明中。雕栏玉砌应犹在，只是朱颜改，问君能有几多愁，恰似一江春水向东流。

由词的连贯使唐宋间的文脉连绵不绝。

宋代重视文官治国，强化科举，文才辈出，范仲淹、欧阳修、王安石、司马光等不仅辅国理政，在文学方面也自成一家，留传后世。

有宋一代，战乱连年，大批文人彰显英雄气概，留下豪迈诗文。陆游、辛弃疾、文天祥就是代表。一个历时三百多年的朝代，没有文化滋养是不可想象的。苏东坡的诗、词、文、书法、佛学，辛弃疾、陆游的沙场赴死，李清照的晚风细雨高雅憔悴，都将文化的精髓传承到后世。

现代的人们十分奇怪，中国的文脉为什么没有随着大宋的灭亡而断绝？这也是当时辛弃疾、文天祥们所担忧的事情。

蒙古马队重组了世界格局，把欧洲、亚洲搅得天翻地覆，使死水一潭的世界有了生机。元朝是少数民族在中原建立的王朝，在这之前也有少数民族建立的政权，如辽、金等，但其规模远不如元帝国那么气势如虹，对后世的影响也没那么深远。

元代的诗、词、散文，让人记住的确实不多。但是，中国文脉在元代却异常发达，这就是戏剧。虽比古希腊的悲剧还有古印度的梵剧晚了两千多年，但关汉卿、王实甫、马致远们在元代集约而至，不仅填补了空白，并使戏剧与其他文明并肩于世。

《窦娥冤》《望江亭》《救风尘》《西厢记》《赵氏孤儿》《汉宫秋》……中国文脉在流动。

明、清两朝五百多年，曹雪芹的《红楼梦》全方位地探寻人性美的存在状态和幻灭过程，这是一个世界性的高度。而《三国演义》《水浒传》《西游记》虽与《红楼梦》同称四大名著，但无论在结构、描写、故事、逻辑、场景等方面都不能同日而语，缺失一种精神的纯净而追逐一种场景上的热闹而已。

在稍稍理顺了自孔子、老子到曹雪芹两千余年本土标志性学人后，文化的脉象清晰但不丰满，似乎缺少了些什么。对儒家文化宣示的代表人物的圈点，不能解读中华文化的全部。这，必须请出释家文化、少数民族文化，方能建构一个更精密的中华文化的精神架构。

不得不说佛教文化了。

佛教自汉始传入中国，至今已有两千多年的历史，可以说佛教开始传入中国就与本土文化——儒家文化等很好地结合在一起，两种文化相互包容、相互完善。佛教文化仰赖于儒家文化而传播，儒家文化又仰赖佛教文化而光大。

西汉哀帝元寿元年（公元前 2 年），佛教传入中国内地，魏、晋、南北朝时得到大发展，至隋、唐达到鼎盛，形成天台宗、三论宗、律宗、净土宗、法相宗、华严宗、禅宗、密宗等中国佛教宗派。

到了东汉末年，佛教开始兴盛，西域来华僧众渐多。根据《高僧传》记载，自吴黄武三年（224 年）天竺人维祇难来到吴国所在地武昌始，到北周天和元年（566 年）的三百多年间，就有来自康居、安息、月支、罽宾、伽毗罗卫、中天竺、摩勒等数十个国家和地区的佛教徒来到我国的洛阳、西安、扬州、广州等地弘法。

弘法传教，重点在于佛经翻译，汉代开此先河，自此而降，译经之业，从无间断。依据《开元释教录》记载，自魏到北齐的三百多年间，参与佛经翻译的僧俗人士 115 人，所译佛典经律论 1581 部 4047 卷。

佛教自两汉传入中国之初，并无太多的经籍，译经事业粗具规模当属南北朝时期，开始形成大藏经雏形。自此以降，中外佛学译经家将近万卷印度佛教经籍译成汉文。印度佛教经籍能够在中国立足并流传，首先是中华文明有着海纳百川之气概，有包容一切之胸怀；其次是译经家们依据汉文的对仗修辞，将佛经翻译成人们可以理解的文字，为中国广大信众所接受；第三，佛教传入中国时正值造纸术的发明时期，到了南北朝时，纸的运用已相当普遍，后来又有了雕刻印刷工艺，佛经便有了各种译文的写本和刻本流市。可以说中国文化为佛经的传布提供了土壤，而纸和印刷技术又承载了佛学文化的传承。中国高僧大德、佛学专家的著作也汇入大藏经中去。因此，大藏经不仅仅是印度佛教经籍的翻译作品，更是受中国古代政治、经济、文化思想的影响，逐渐中国化了的文化集大成就的典籍，对中国古代的政治、社会和思想文化产生了巨大而深刻的影响。赵朴初先生曾多次讲过佛教对中国文化的影响，说：佛教传入中国已有两千多年，对中国文化的发展产生了深广的影响，它以独具精神的哲学思想、丰富的精神财富、庞大的文献宝藏、精美的文化遗产而成为东方文化和文明的重要支柱。中国佛教历史上的高僧大德译经著述、创宗立派、传经授业，留下了卷帙浩繁的佛教文学、艺术、历史、哲学的宝贵资料，形成了中国佛教大藏经。大藏经是人类文化史上罕见的巍峨丰碑，凝聚了中国世代人的聪明智慧和辛勤劳动，体现了中华民族的坚韧精神和伟大气魄，这是我们引以为豪的无价的精神宝藏。赵朴初先生精辟的论述，是大藏经在中华文化中的崇高地位的总结。

目录索引

藏典书脉简论*

“经”字，在古代固然有概括载籍的涵义，例如《礼记·中庸》，“凡为天下国家有九经”，但“经”的另一种解释是指历来被尊崇为典范的著作或宗教典籍。在人们的印象中，藏族以藏文书写的载体几乎都是以“经”著称，如藏传佛教的《大藏经》以及元朝之后藏传佛教各教派的经、疏、论等都是在其名称之后冠之于“经”。其实，藏文除宗教典籍浩如烟海外，藏医学、音韵学、历算学、建筑学、文学等诸学科的典籍有时也称为“经”，这就是指记载一事一艺的史书。在汉文古籍中就有《道德经》《茶经》《五木经》。《荀子·劝学》：“学恶乎始，恶乎终？其数则乎诵经，终乎读礼。”《史记·礼书》司马贞在给“书”字作注时称：“书者，五经六籍总名也。”就是明证。但在古人通常的概念里，对书很少直称为书，一般多称为载籍、经籍。

在汉文中，“藏”字有许多种解释，其中一种就是“佛教或道教的经典的总称：道藏、大藏经。”但仍然没有解释清楚《大藏经》中“藏”字当什么讲。“陈武帝写一切经十二藏，文帝也令写经五十藏，宣帝又令写十二藏……到了隋代，隋文帝敕写一切经四十六藏，132086 卷。隋炀帝曾建宝台经藏并自撰愿文，新旧写经 612 藏。”[①] 在敦煌卷中也常有某某写经多少藏的记载。显然，这个“藏”字不能用字典中的“宝藏”来解释，如果将“藏”字解释为“捆”“包”等量词，那么，上述举例就通畅了。因此，大藏经中的“藏”可理解为“捆”，即大捆的经

* 原载拙著《大藏经目录备考——〈至元法宝勘同总录〉藏文德格版北京版比较研究》，北京，民族出版社，2013 年。标题有改动。

① 周叔迦：《周叔迦佛学论著全集》，第 3 册，北京，中华书局，2006。

籍。在蒙古文和藏文中，《大藏经》相对应的就是“甘珠尔”和“丹珠尔”，除此之外，无其他解释。

一、书与经的缘起

研究藏族文献学的历史，与研究藏族的历史、史学史、宗教史、文学史、哲学史、思想史、医学史、目录学史等学科史不尽相同。讲史学史，在于透过各个历史时期政治、经济、文化的分析，勾画出某一种学科在各个相应时期发生、发展以及衰亡的历史原因，揭示出学科本身演变的内在规律，以及与其他学科之间的关系。但不管怎么讲，讲学科史，涉及的还多是意识形态，或者说是多指人们的精神产品方面。文献学则不同，文献学所包含的内容十分丰富，牵涉的问题也极为复杂，这是由于文献本身是一种特殊的社会产品所决定的。

文献作为一种社会产品，自身就具有两重性。一是，任何一部书，不管它是关乎社会科学、人文科学、自然科学还是科学技术，一旦被社会生产出来，就既是人们的物质产品，同时也是人们的精神产品。书籍从它的物质形态讲，是社会的物质产品；从它的意识形态讲，是人们的精神产品。因此书籍是一种具有思想内容的特殊产品，其性质决定了书籍作为一种载体，必须从物质生产和精神生产两个方面着手，不但应该讲它物质形态的发生、发展及其演变的历史，还应该讲到各个历史时期的社会形态、经济发展、政治倾向、统治集团。藏族居住地区周边地域政治对其统治者的影响、周边地域文化对藏族社会的影响以及这些影响通过人们的思想折射，又反映到书籍所载内容的客观体现。表面上看来，研究藏族文献的发展历史比较单纯，但实际上，藏族文献的使用，多在寺院教派之间，这有别于汉地文化存在于大众之中，有规律可循。因此研究藏族文献，首先得研究藏族文化，藏族文化是不断发展和变化的，这和我们以前所认知的藏族文化发展变化不大的观点有所区别。藏族社会经历过部落割据、统一、分裂、军队强权下的社会形态、教派统治下的社会形态、政教合一的社会形态。因而，我们不能用研究汉文文献的方法或其他文化的方式去研究藏族文献。如此说来，研究藏族文献的历史，绝非轻而易举。

从书籍生产的自然程序上讲，应该是先有精神产品，后成物质产品。当人们有了著作，才有书籍可言，而著作就是精神产品。

人类所特有的就是精神。人的喜怒哀乐就是思想，通过感知、认知去观察社会、理解人生，并通过自己的思想积累去解释自然现象和社会现象，解决各种问题。这种思想、这种经验不可避免地带上时代的色彩，而这种认知和感知反映在各类著作中，从而使书籍烙上时代、社会的印记，这也就是书籍这种特殊产品与其他产品的不同之处。

在此，没有必要去探讨书和文献的内涵和外延，将书或书籍理解为具有思想内容的载体，文献则泛指有历史价值或参考价值的图书资料。由此看来，大藏经中的“经”就是书，也是一种具有历史价值的文献。

西藏不同历史时期，也各有不同的时代特色。松赞干布统一西藏之前，整个社会处在部落割据的状态，自松赞干布统一西藏后，建立了君主制的社会制度。由于朝代的更迭，又分为若干不同的历史时期。而各个时期由于统治者推行的政治、宗教、经济、文化政策不尽相同，又呈现出许多不同的时代特点。书籍作为精神产品，无论在产品数量还是产品质量上，也就带有不同的时代特色。

研究藏族文献史，首先就应该揭示在不同历史时期各教派、各寺院或各集团之间不同阶层的人们，在不同的社会政治倾向和不同的教义文化风尚下面，将自己的感知、认知形成一种思想，并反映在书籍这种可触及的物质中去。研究藏族文献学，不能单纯地去研究书籍的外部形式，更要研究书籍的内容和历史，在某种情况下，可反推文献所在时代的政治、宗教、文化的发展状态以及历史变迁。

书籍同时也是物质产品，也具备物质形态。从这个层面讲，书籍的外在形式所涉及的内容丰富而复杂。

书籍的物质生产至少要把书籍的制作材料、制作方法、装帧技术以及由于制作材料或制作方法的发展、变化而引起的装帧形式的演变等外部表象理出清晰的发展轨迹，找出它们变化的相互关系和内外原因，从而反映书籍产生时代的社会形态、经济状况和所在时代崇尚文化的风尚，客观地反映那个时代的政治、经济、文化等社会面貌。

古代藏族社会书籍的制作，不是一开始就像今天这样全是以纸为媒介的。纸的制造和运用于书籍经过了漫长的时期。开始以兽皮、桦树皮以及木板、石片、树叶等为书写材料，随着汉地造纸技术传入，藏族工匠运用汉地造纸的原理，就地取材，形成了独特的藏式造纸方法，随着藏式造纸方法的产生，藏族书籍进入了纸质时代。既然书籍的制作材料前后有这么大的变化，书籍制作方法和装帧形式也必然要受到相应的牵制。

藏文书籍从手写形式发展至雕版印刷形式，虽然从内在形式到外观都发生了巨大的变化，但由于受印度书籍梵夹装的装帧形式和藏族特有的阅读习惯影响，一千多年来，藏文书籍的装帧变化并不大，只是在插图、描金、描银、用纸、书籍的前封后衬方面视作者的名望、地位、书籍誊写者或印制者的经济实力来决定书籍装帧的豪华或简朴。

藏文书籍在使用石片、木板、树叶、桦树皮做制作材料时，无论如何也不能想象采用印刷的制作方法去制作书籍。在使用这些当作书籍制作材料的历史时期内，印刷的方法也不可能出现，因为在社会实践上还未对它提出强烈的要求。社会人群对书籍的阅读需求也只限于社会上层和寺院译经等方面。

随着社会生产的不断进步和社会发展的日益需求，藏文书籍的制作材料日益更新。而随着书籍制作材料的不断变化，其制作方法也日渐发展。

从石片、木板、兽皮、树叶、树皮作为书写材料，到纸的出现，将纸作为书写材料是一个质的飞跃。待手写纸书盛行一个时期后，社会更发展了，阅读人群增多了，特别是诵经信徒增多，需求与供给发生了变化，于是雕版印刷术出现了。雕版印刷术较手写有不可比拟的优越性。一种书刻一套版，一套版印一种书。它在部数上可无限增加，可以重复印刷若干次而不损坏雕版。这正好迎合了佛教书籍在佛教传播区域的发展要求，广大佛教信众可迎请自己所要的经进行念诵、供奉或研究。藏文雕版印刷技术的产生，对推动藏族文化的发展、传播佛教文化起到了决定性的作用。

藏文雕版技术的运用，当初只限于有一定社会名望的作者的著述和佛经的刊印，从雕版印刷产生的时代或更早的现存书籍看，明以前藏文雕版印刷技术并没有推行开去。到了明永乐年，随着《大藏经》的刊印，这种新型的印刷技术才大量地推广开来。

这种书籍制作方法的不断改进，不但要求必须用纸，而且还要求造纸工艺不断改进，更重要的是它还直接影响了书籍装帧形式和方法的逐渐演变。

至于藏文书籍的插图，自藏文书籍产生就有的。依现代人的观念，插图亦属书籍装帧艺术的内容，其插图形式、位置以及多寡，也与书籍的制作材料、制作方法和装订形制相关。前面说过藏文书籍的装帧形式主要采用的梵夹装。梵夹装的装订特点就是将书籍内文放在两个木板之间，再在前后木板上系上绳子固定起来，也就是书的初形了。我们今天看到的藏文长条书，叶（页）与叶（页）之间并没有装订，呈散叶状。梵夹装的装订形式是在内文上方空白处打两个或一个孔，并用绳子穿起来，以防散页。细心的读者也许发现了我们所见的藏文长条书虽没有打孔连线，但书的上方空白处仍留下一个圆圈状的记号，以示那个圆圈状的地方是用来打孔连线装订之用的。

西藏历代王朝出于不同的政治需要和文化风尚，对书籍生产和流通都曾有过不同形式和不同程度的管理政策。朗达玛的焚书与秦始皇的“焚书坑儒”，实际是为统一思想，灭佛坑儒都是一种手段，其目的是加强自己的统治，辅之是对书籍流通的一种管理政策。西藏自朗达玛灭佛后的数百年中，无论是哪个朝代的哪一个君王，到后来的教派涉政，形成了政教合一的政权统治，对书籍的管理都是十分严格的。书籍的印制刊布始终掌握在寺院或地方官员手中。在藏地没有出现诸如内地那种民间的刻书坊、藏书楼。私刻书籍刊布流通在西藏是不允许的，那种以许愿或还愿的形式雕版若干经书的行为，大多在寺院完成，在内容上都是佛家经典，旨在弘扬佛法，以积功德。

书籍的内涵承载着人们在生产生活中对自然、对社会、对人生的理解，它阐述的是一种思想；是用文字在一定形式的材料上记录人们经验、表述人们感知、传播某种知识的工具。因此，书籍对于人类社会的文明与进步，有着无法估量的作用。

二、文字的起源与形成

文字是构成书籍的最基本的条件，没有文字就没有书籍。但文字不是人类社会一开始就有的东西，它的产生和发展，一直到成熟定型，经过了相当长的过程。

文字是经过人类社会相当长的劳动积累后产生的。在远古的时候，人们在劳动生活实践中，彼此之间常常需要某些交流，需要交换某种意图，表达某种思想，交流某些经验。在没有文字之前，人们彼此之间要完成的这一系列交流，开初并没有什么特殊的凭借，只有靠某种声音和某种行为来传达自己的意愿。后来在长期生活生产实践中，声音逐渐定型，为这个部落或群体的人们所熟知、所掌握，出现了这个部落或群体的人能够理解的语音，于是出现了能够表达自己意愿的语言。语言形成并在之后的劳动中不断丰富发展，是人类进步的标志。但语言对于记录过去所发生的事件又有很大的局限性，说过了就没了痕迹，或者受到障碍、离得太远又听不到，或者听不清楚。人们要想了解远距离和过去的事情，靠单纯的语言就无法达到目的了。因此，人们在长期的生产与生活实践中，将记忆与语言相结合，口耳相传，把劳动中积累的一些经验、一些技能用简括洗练的语言固定起来，编成歌谣、谚语、口诀、故事等，彼此相告，代代相传，形成了“传说”。

藏族远古时期的这种口耳相传的“传说”方法，对后世影响很深。在有了文字之后，由于书写传播的困难，许多知识也还是靠口传心授。一些宗教教义及仪轨、一些工艺制作、一些医学知识等都是靠师承关系口传心授之后，靠整理记忆形成的。藏族过去和现在的许多行业和技术，就是靠师承关系口传心授继承下来的。让他们说理论，说不清楚，但论技术，手艺高明。他们凭着师父传授的经验，或者说凭着一种感性的直觉完成一种让人不可思议的劳作成果。可见，传说的确是一种人们交换思想、交流经验、传授知识、延续人类进化的好办法。

但传说是基于人的记忆，时间久远就会被遗忘。因此，靠记忆流传的东西就会有很大的出入。不但内容事实会有出入，不同人的叙述，甚至一个人在不同时段的叙述，从语言的运用到肢体语言所渲染的情节，也会有出入，所以一个传说经过若干人之间的口耳相传，所传结果往往离原样越来越远。人们又发现了这种结果是由于记忆的差错或者在相传的过程中造成的，于是就又在记忆上想办法。中国各民族都有过相似的经历，如用各种实物、各种不同的颜色来代替语言符号，以佐记忆。藏族先民同其他民族一样，早期流行结绳记事、刻木记数。随着物质种类的日益增多，藏族先民对“数”的概念有所认识，产生了“数”与物质对应的兴致。远古时代的藏族先民生活在青藏高原，他们用简陋的石器或木棒打猎，有时获得野兽，有时一无所得，于是就产生了“有”与“无”的概念，“有”与“吃饱”“舒服”联系，“无”与“饥饿”“痛苦”相关，“有”与“无”是种具体存在。在猎取野兽时，有时只获得一只，有时获得很多只。这样，在“有”的概念中又产生了“一”与“多”。当只有“一”的猎物时，他们总是将数与具体对象联系在一起，当猎取的猎物多于“一”时，为了平均分配或储存，就要清点被分猎物和受分人的数，开始了以物记数，如一个石子代表一只猎物，这样就建立起了猎物与石子之间的一一对应。为了较长时间地保存和记忆的需要，于是就出现了实物记数的方法。

青海省乐都县柳湾出土的原始社会末期的文物中，带刻口的骨片18件，分单面刻和双面刻两种类型，每个刻口表示了一个数，每片骨片上有几个口，便表示数几。其中有一片骨片有10个刻口，如果将18片骨片累计相加，有93个刻口，表明在原始社会末期，生活在青藏高原的藏族先民的物资相当丰富了。

人们为了记取某种经验，传播某种知识，记录某个事件，就在绳索上打起许多大小不同的结，一结表示一事。这就比单凭记忆要好多了。《旧唐书·吐蕃传》称：吐蕃“无文字，刻木结绳为约”。这种记事记数的遗风，在一些边远农牧区至今有所保留。这与汉民族远古时代伏羲结绳而治的记载相同。《易系辞》说：“上古结绳而治，后世圣人易之以书契。”都指的是这种结绳记事的史实。

事实上，许多民族在其自身的发展历史上，都曾有过结绳记事或类似的时期。像云南的傈僳族、哈尼族等民族在历史上都曾流行过结绳记事或类似结绳记事的办法。

结绳记事之外，很多民族中还流行过刻木记事的办法。在云南省博物馆藏有佤族以前留下来的刻着各种符号的长木板。木板上的每个符号，都代表着一件事情。缺口刻得深的，表示重大事件；刻得浅的，表示事件较小。如果再发生什么事，就根据事件的大小再加刻上去。每年到吃新米的时候，就由一位德高望重的老人讲解一次木板上每个符号所代表的事情。他们就通过这样的木刻，把历年发生的事情一代一代地传下去。

生活在我国云南、贵州等地的一些苗族，他们用一根一尺长短的细木棍，一头劈开，夹上鸡毛、火绳和两只辣椒作为通报紧急事情的书信。人们只要见到这样的书信，就知道发信者发生了十万火急的事，收到这种“书信”的人会立刻赶来相助。这种办法，是把几种实物拼凑在一起，来表达一个比较复杂的思想，比结绳和刻木更复杂、更进步了。

藏族先民除了能掌握刻木记数、结绳记事之外，还能以画痕等符号记录刻木结绳所不能反映的比较复杂的事情。他们用白石头在黑布头上画他们懂得的符号，并让这种符号传给他们所接触的人。在“亚桑的故事”《纺织老人月算》里讲，月算的最初记录法是白石头在黑布头上画一道道痕迹，当人们看不到月亮时画第一条痕迹，当月亮重新出现时画第二条痕迹。从看不见月亮到看到月亮相差 14 天，再到看不到月亮又是 14 天，再画上第三道痕迹。先民们可以根据这种画痕符号的多少来计算一年有多少天，什么时间应该在什么地方去狩猎会获得好的收获。这些都是先民们长期劳作的经验总结，并以这种方式进行记录且一代代传了下去。

结绳、刻木、画痕符号等都能加强记忆，从而加强口耳相传的可信程度。特别是当这些办法被“约定俗成”以后，就能代替传说和语言而传之久远，这在某种意义上讲，似乎具有了后来书籍的作用，而成为文字的先驱了。但结绳、刻木毕竟不是文字，也不能代替文字所能起的作用，它们只是记忆的辅助，还远不是语言的符号，真正能够为人们示情表意、交流思想的还是文字。

结绳、刻木虽不是文字，但经过长期结绳、刻木的实践，它们却为文字的逐渐出现提供了宝贵经验。先民们换结绳为符号，不但比结绳方便，而且也更具体了。这就是文字的前身——图画。生活在青藏高原的藏族先民，在远古时代主要依靠狩猎维持生活，狩猎是随处出现的岩画最主要的内容，尤其以藏北和藏西地区的狩猎岩画更为常见。从其时代来研究，狩猎题材岩画出现较早，且延续的时间十分久远。从狩猎的岩画内容来看，岩画告诉我们这样的信息：藏族先民狩猎的对象有野牦牛、羚羊、岩羊、野山羊、野驴、鹿以及一些鸟类。岩画中出现最多的狩猎对象是野牦牛、鹿、羊、野驴等体型较大的动物。岩画中人物造型非常生动，猎人头戴帽，手执刀、箭、矛或棒，或骑马追猎物，或徒步围猎。图画是远古先民交流思想的一种方法，远古人很早就会用图画把他们生活环境中的食物表达出来。据考古发现，在旧石器时代，藏族先民就已经能够在他们所居住洞穴的墙壁上画画，有些画还很生动逼真，使人一目了然。例如要约同打猎，就画一只羊或一头牛和一个手持弓箭的人作为信件送去，这样就能达到交流思想、相约狩猎的目的了，所以有人就把这种图画称为图画文字。在西藏昌都卡若遗址和拉萨曲贡遗址发掘的文物中，陶制品占相当大的比例，主要有罐类、盆类和碗类。这些陶器的装饰纹样十分丰富，根据制作方法可分为刻画纹、绳纹、抹刷纹、压印纹等，图案有三角形、菱形、涡纹、方格纹等。虽然现在还不能解释这些陶器上刻画符号的真正意义，但可以肯定，它们应该是藏文出现前藏族先民用以传意交流的符号。用图画来表情达意，开始时画得很复杂很细致，为的是能够使人看懂，等到人们对某些画所代表的意义都熟悉了，画的结构和笔画就开始简单化，即用简单的几笔勾勒一个大致的轮廓就行了。于是图画变成了符号。开始，这些符号并不统一，比如一头牛，有的画全身，有的画一头两角。后来经过不断整理、不断统一，这种图画文字便趋于定型了。图画文字的逐渐定型，不但意味着文字的起源，也意味着社会的进步。

1985年，中国考古学家在西藏西部的日土县境内发现了数十幅岩画。其后又在藏南的定日高山牧场、雅鲁藏布江北岸的昌果沟、当雄纳木措湖、革吉、改则、文部、申扎、班戈、那曲、索县、八宿、墨脱等地发现数十处岩画，其分布区域几乎遍及整个西藏高原，题材十分丰富，包括狩猎、畜牧、争战及演武、神灵祭拜、舞蹈、植物、器物、建筑物等。这些岩画大多描绘动物形象，表现人们从事狩猎和畜牧生产的的生活，也有部分表现农业因素，如以日月星辰、植物等图案表现丰收求雨的仪式，这些都记录了那段时间高原的生活的情形。据《岭外代答·蛮俗》卷十记载："瑶人无文字，其要约以木契合二板而刻之，人执其一，守之甚信。若其投牒于州县，亦用木契。余尝摄静江府灵川县有瑶人私争，赴县投木契，乃一片一板，长尺余，左边刻一大痕及数十小痕于其下，又刻一大痕于其上，而于右边刻一大痕，牵一线合于右大痕，又于正面刻为箭形，及火烧为痕，而钻板为十余小窍，各穿以短稻穰而对结绉焉。殊不晓所谓。译者曰：'左下一大痕及数十小痕，指所论仇人，将带徒党数十人以攻我也。左上一大痕，词主也；右上一大痕，县官也；牵一线道者，词主遂投县官也；刻一箭为形，言仇人以箭射我也；火烧为痕，乞官司火急施行也；板十余窍而穿草结绉，欲仇人以牛十余头备尝我也，结绉以喻牛角云。'”上述资料是我国刻木为契方法的最早记载，对刻木记事做了详细的介绍，可以用不同的符号表达较为复杂的事件。孔国安《尚书序》则说：“古有伏羲氏之王天下也，始画八卦，造书契，一代结绳为政，由是文籍生焉。”

那么，藏人在吐蕃之前是否也和其他民族一样有过“结绳记事”的发展史呢？答案是肯定的，他们不仅有过“结绳记事”的阶段，并且在此基础上有了进一步的发展。据意大利东方学家杜齐教授在他的《西藏考古》中提到：“在拉达克、西藏西部、后藏地区及东部地区发现的岩石雕刻，在巨大花岗岩石上的雕刻物一般是动物，经常出现的大角野山羊，还有骑在马背上的人。”[①] 如果说文字具有表意功能的话，那么，杜齐提到的那些地方的岩画已初备了文字的功能，“结绳记事”又拓展了它的内涵。杜氏将这批岩画出现的时间推到了史前时期，因此，我们有理由相信在吞弥·桑布扎之前西藏高原就有文字的存在。

可是，西藏的文字产生并没有按我们熟知的“在历史大河”中诞生，没有瓜熟蒂落的必然问题，“结绳记事”“刻木记物”“画图表意”等文字的初始阶段，并没有在青藏高原完成它的整个进化过程，到了公元 7 世纪时戛然而止。

---

① ［意］G. 杜齐著，向红笳译:《西藏考古》，12 页，拉萨，西藏人民出版社，1987。

藏文的形成并流行，似乎来得太突然。“松赞干布任命大臣吞弥·桑布扎等学习西域和天竺诸国文字。吞弥·桑布扎等人携带重金和奴隶，经西域赴天竺，仿照天竺及于阗诸国文字创制了沿用至今的藏文，从此藏族人民进入文明的新阶段。藏籍称，当时以文字写成文法，翻译佛经，书事纪年，行文发令。”[①]一种文字的形成需经过太长的时间，即使是使用一门成熟的“外文”，也非数年之内自如运用。根据众多的史籍记载或今人记叙，吞弥·桑布扎学成返藏，创制文字、刊布文字、制定文法、颁布法令推至吐蕃全境、翻译佛经、记录历史等千秋功德的大事，好像是一气呵成，一夜之间完成似的。事实上，这是不可能的事情，历史上的图画文字也好，表音文字也罢，抑或是“假借”他族成熟文字，都不可能在一代人或数代人中完成文字的普遍使用。藏文是何时发明创制的，又是怎样运用到了社会实践中来的等一系列问题，耗费了一代又一代学者的智慧，纠结至今仍无定案。藏文何时产生，何时创制，与本书主题似乎关系不大。有密切关系的是，“藏籍称，当时以文字写文法翻译佛经”[②]，这里的“当时”就是指的松赞干布时期。《吐蕃王统明鉴》还说，自松赞干布时期开始，自东方汉土得工艺历算之术，自南方天竺译出佛经，自西方尼婆罗等处启食用宝藏，自北方突厥等处取得法治条规。从吐蕃王朝建政过程及其各项措施来看，当时受周边地区先进社会制度的影响是很明显的。这些地区普遍崇拜佛教，佛教所崇尚的佛、法、僧“三宝”，即神权统治、经律教义和严密组织的具备，极大地影响了吐蕃的建政。松赞干布为了巩固王朝的统治地位，排除各种阻力，首次将佛教引入吐蕃，视为国教，这对藏族的历史发展具有极为重要的意义。

---

① 《藏族简史》编写组：《藏族简史》，12 页，北京，民族出版社，2009。

② 《智者喜筵》第二ཇ，1071 页。

三、书籍的产生

随着吐蕃王朝的建立，文字起到了记录历史、颁布法令、传达思想的作用，日久天长，那些所记录的历史、法令、表达思想的载体便成了书籍。但是藏文典籍形成于何时，至今仍无定论。其雏形最早出现于松赞干布时期已成大家共识。松赞干布统一吐蕃，制定军事、行政制度，划分四茹和千户所，设官管理，推行文字，订立法律，并把佛教的内容写进法律条文，规定吐蕃臣民信奉佛教，用佛教思想来教化属下民众。松赞干布用佛教的思想作为他安邦治国的政治谋略，并将这种“谋略”以法律的形式固定下来。可以推定松赞干布时期订立的系列法律文书是藏文典籍的最早雏形，典籍内容是以法律文书、文件、制度等构成，反映了那个时期社会功能的单一倾向性。

松赞干布时期创立了天竺学者和吐蕃学者合作翻译佛经的方法，即组织精通梵、藏文佛经者解释原文，精通藏文者进行笔译。翻译断断续续，从松赞干布到赤德祖赞时期，翻译为藏文的佛经主要有《宝集咒》《月灯》《宝箧经》《百拜忏悔经》《金光明最胜王经》《密意根本经》《观音菩萨二十一经续》《正法大集宝顶陀罗尼经》《三摩地王经》《宝云经》《白幢经》《十善经》《般若经十万颂》《不空羂索经》《不空羂索经后经》《最胜莲华经》《自在轮经》《密乘仪轨经》、《如意珠陀罗尼经》《大悲及时经》《莲冕经》《六字经》《妙法莲华经》《白莲华经》《无量瀑流经》《光明游戏经》《百八名称经》《极示现名称经》《千手千眼陀罗尼经》等。佛教典籍进入西藏社会，标志着吐蕃社会文化由单一性向多元性发展。

唐代宗大历十四年（779 年），赤松德赞建成桑耶寺，佛教在西藏得到吐蕃王朝的正式承认，并在桑耶寺建立了译经机构，许多佛教经典翻译成了藏文，这是西藏历史上大规模译经活动的开始，使藏文典籍有规模地发展开来。其间，对藏文的译语、词语进行厘定，确定了翻译既要符合声明学原理，又要忠实佛教经典的要义，还要使习经的人能够理解。这些举措从开始就规范了翻译应操守的准则，为后来的译经工作树立了良好的开端。

徐丽华在《藏文〈旁唐目录〉研究》中认为："赤松德赞前半期是开始大规模译经阶段，处于积累佛经数量的过程，还谈不上编目，甚至译经中的重译、名词术语不统一、音译、一书两译等问题也尚未凸显出来。到赤松德赞后期，经过几十年的翻译，译经数量增多，翻译中存在的各种问题也不断增加。因此编纂译本，避免重复翻译和解决翻译疑难问题的准则和工具书工作已属必然。因此，（赤松德赞执政时期）于辰年，整理丹噶寝宫中的佛经。并由班第百则、班第隆益旺波等译师，将吐蕃境内所译佛经，按书名、卷数、颂偈数，经审定后写于目录之中。由此诞生了第一本目录书——《丹噶目录》。"①

藏文典籍的形成是一个漫长的过程，几代赞普多次遣人从唐朝、天竺等地先后延聘高僧入吐蕃译经说法，其中，著名的有天竺僧寂护、莲花生、莲花戒和汉僧摩诃衍说法，吐蕃译经事业迅速发展，经后世的整理与补充，将当时所译经书依所收藏的王宫名字编成《青浦目录》《旁塘目录》《丹噶目录》等目录。

四、藏文典籍发展的社会背景

唐武宗会昌三年（843 年），赞普朗达玛灭佛，拆毁寺院、佛像，强迫僧人还俗，烧毁文献典籍。此后，西藏社会政治动荡，战争不断，吐蕃王朝在与各种反抗势力的战争中于 877 年灭亡。因战争给人民带来深重的灾难，社会生产停止不前，更谈不上文化的发展，当然，文献典籍也不复存在了。直至宋太宗太平兴国三年（978 年），卢梅·喜饶楚臣等人在桑耶寺授徒传法。与此同时，古格王朝的首领益西沃资助僧人

① 徐丽华：《藏文〈旁唐目录〉研究》，12 页，北京，民族出版社，2012。

赴印度学经，其中有仁钦桑布等高僧学成归来，在阿里托丁寺主持翻译显密经典。仁钦桑布曾三次到克什米尔学法，强闻博记，传经授徒，桃李满天下。他显密双修，在显教方面，译经 17 部，论 33 部；在密教方面，翻译典籍 108 部。藏史认为，“从他开始，才把密教提高到和佛家理论相结合的高度。因此，后世佛教史籍中，把他及他以后的其他译师所译的秘笈称为‘新密咒’，尊称仁钦桑布为大译师，把他以前，包括吐蕃时代所译的秘笈称为‘旧密咒’”[①]。自此，佛教才在西藏又一次兴起，中断了百年的藏传佛教文化得到了恢复和发展，被历史上称为藏传佛教后弘期的开始。

1042 年，阿底峡应古格首领延请到达阿里授徒，先后到桑耶、拉萨、叶巴、彭城、聂塘等地开展讲经、译经、著书、传授密法灌顶等活动。藏史上将阿底峡从阿里到达卫藏地区传法的过程，称为“上路弘法”，它标志着复兴的佛教势力从阿里进入卫藏地区。其所著的《菩提道灯论》成为噶当派的教法。

自 9 世纪中叶后，经过一个世纪左右的混乱时期，康区、卫藏、阿里的整个藏族社会秩序逐步稳定，为佛教的复兴和发展提供了条件，各新兴的封建地方势力感到宣传佛教思想有利于统治者的统治，所以都积极发展佛教。到阿底峡进入卫藏时，佛教僧人已达千人之多。但此时全藏社会在政治上仍是分散的，各个地方势力各自为政，反映在佛教复兴势力上也是分散的、自流的。阿底峡到达卫藏后，虽然对教理及修持的系统化和规范化起了很好的作用，并产生了一定的影响，但他仍没有将佛教统一起来。随着藏族封建经济的发展，西藏佛教混乱的局面渐渐发生了变化，开始进入各个教派形成和发展的阶段。

藏传佛教在 11 世纪中叶至 13 世纪后半期，自西向东先后兴起了众多教派，最初兴起的是宁玛派、噶当派，但没有形成地方势力；接着兴

① 周毓华：《简明藏族史教程》，北京，民族出版社，2005。

起的萨迦派和噶举派及其各个大小支派，则是与当地封建割据势力有密切的关系，这些教派的形成同地方封建领主势力范围的确立是亦步亦趋的。直到15世纪初，格鲁派的形成，标志着各教派形成的过程最终完成。这个形成过程延续了三百年的历史。藏传佛教各教派的形成，将单一的译经文化推向了疏论著述的多元文化，从纯粹的意识形态思辨走向了自然科学领域。这一时期形成了西藏历史百花齐放、百家争鸣的局面。仲敦巴、俄·勒贝喜饶、玛尔巴、米拉日巴等大师辈出，他们纷纷著书立说，以阐明自己的观点，主张教派思想，传播教派教义，他们的著述，延续了自吐蕃以来的典籍文化，将西藏文化推向了繁荣。

元、明、清时期，由于西藏社会比较稳定，经济有了较大的发展，科技文化也进入了快速的发展阶段，步入了西藏历史上科技文化最为繁荣的时期。由于藏传佛教的兴盛，各种译经、注疏、著述层出不穷，带动了其他学科诸如天文历算、医学、艺术、历史、文学、雕版印刷等各个领域学术活动的开展，并对后世西藏科技文化产生了很大的影响。

佛经的翻译、注疏和刊行是元、明、清时期藏族文化的重要内容之一。萨迦地方政权在西藏的势力逐渐强盛，忽必烈见萨迦派有统领西藏的实力，便封八思巴为帝师，树立了八思巴在西藏的领袖地位。而八思巴既是学者，又是政治家、佛学家。他在处理西藏与元朝的关系时，既考虑西藏的利益，又兼顾了西藏与元朝的政治关系。八思巴在处理政务之余，大力推进藏、蒙古、汉等文化的发展，著有《彰所知论》。在其影响下，多吉坚赞译有《诗镜论》《龙喜记》等藏文典籍。佛经的翻译与注疏已蔚然成风，八思巴作为全国宗教领袖，注重收集各种典籍经典，并利用元朝皇室对藏传佛教的强大经济支持，组织大规模的撰译佛教典籍活动。与此同时，印度、克什米尔、尼泊尔等地的大德高僧前往藏地讲经辩法，带来不少经籍，丰富了西藏佛教文化的典籍内容和数量，许多以黄金、珍珠、宝石研汁写成的典籍至今仍藏于世。

元世祖至元二十二年（1285年），邬坚林巴在桑耶等地发现伏藏

《五部遗教》《莲花遗教》等佛教典籍。忽必烈命班智达达玛巴拉等人在北京校勘藏、汉文佛教典籍，编撰成《至元法宝勘同总录》，这是藏传佛教和汉传佛教经典的第一次交汇，后世许多对照藏汉佛教典籍异同均以此为蓝本。元成宗大德六年（1302 年），曾刊印藏文《乾陀般若白伞》30 多件、经咒 10 余部，在西藏各地流通诵读。这是元朝雕刻印刷藏文典籍的最早记录，但这些印刷品是否存世，有待进一步发现。在没有发现存世实物前，尚不能妄论这次印刷术的源流，也无法将史书的记载与西夏和明代的藏文印刷技术的应用联系起来。

元、明、清时期，一大批译师、高僧和学者涌现，他们编译的佛经和藏文著述十分丰富，涉及宗教、哲学、历史、传记、天文历算、医药、文学、艺术、法律、地理等。随各教派的先后成立，历史方面的著述极大地丰富起来，包括佛教史、王统史、家族史和人物传记等。布顿仁钦珠的《布敦佛教史》、释迦仁钦德的《雅隆觉沃教史》、班钦索南查巴的《噶当教史》、白玛噶布的《珠巴教史》、达陇·阿旺丹增桑波的《达陇教史》、第巴·桑吉嘉措的《格鲁派教史黄琉璃镜》、蔡巴·贡噶多吉的《红史》、萨迦·索南坚赞的《西藏王统记》、旋努拜的《青史》、达仓宗巴·班觉桑布的《汉藏史集》、班钦索南查巴的《新红史》、巴卧·祖拉陈哇的《贤者喜宴》、八思巴的《萨班传》、仁钦纳杰的《布顿传》、克主杰的《宗喀巴传》、桑结坚赞的《米拉日巴传》、五世达赖喇嘛阿旺嘉措的《西藏王臣记》、夏仲·策仁旺杰的《颇罗鼐传》等大量藏文典籍的出现，将藏族的典籍文化推向了新的繁荣。

明代时期的西藏，各教派走过了初始阶段，无论从寺院建设还是教派主张、理论都有了新的发展，诸家宏论各成典籍。特别是宗喀巴对藏传佛教进行改革后，格鲁派日渐壮大。宗喀巴的《现观庄严狮子贤释注疏——善说金珠》《菩提道次第广论》《密宗道次第广论》等典籍的面世，把藏传佛教的发展推向了一个新的阶段，从而奠定了格鲁派在西藏诸教派中的领袖地位。

五、藏文雕版印刷术的产生

当正规典籍，特别是佛教翻译著作大量出现后，典籍内容、性质、任务较初期典籍不同了，因而从文字长短、篇幅多寡到内容结构也就不尽相同。所以，典籍所要求的制作材料也不同。兽骨、石头、金属、兽皮、木头、树皮、树叶承担不了社会对典籍要求的重任，被一一淘汰，而缣帛和纸则以崭新的姿态充当了藏文典籍的制作材料，为藏文雕版印刷打下了坚实的基础。

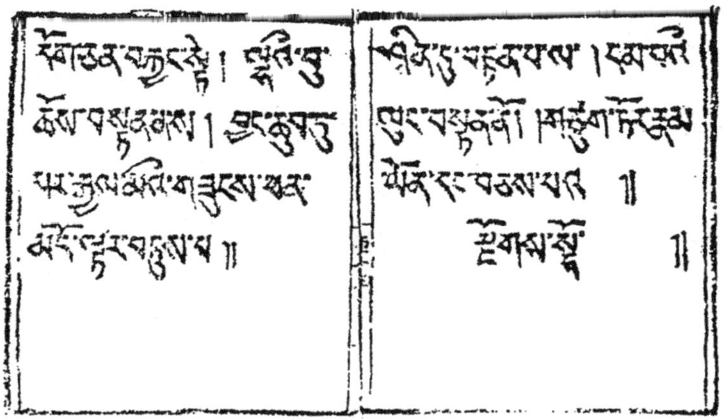

图 1　藏文刻本《顶髻尊胜佛母陀罗尼功德依经摄略》[①]

西夏立朝于北宋时期，当时藏族与西夏的交往十分密切，信仰的都是藏传佛教，在西夏境内有许多藏族人居住。在西夏，除了使用西夏文、汉文外，也使用藏文，西夏发达的雕版印刷和活字印刷技术为藏文的雕版工艺和印刷技术创造了条件。史金波先生在《中国少数民族文字印刷初探》一文中指出："在黑水城文献中发现了多种藏文刻本。如《顶髻尊胜佛母陀罗尼功德依经摄略》等，还有多种单叶'护法轮图'。藏文刻本佛经有梵夹装和蝴蝶装两种，雕刊精细，是很成熟的印

① 摘自史金波:《西夏出版研究》，见黄润华、史金波:《少数民族古籍版本》，南京，江苏古籍出版社，2003。

刷品。"[1] 这是产生于 11 世纪至 13 世纪初的藏文雕版印刷典籍，也是迄今为止发现的最早的藏文雕版图籍。从史金波先生在文中所示图片看来，西夏时期的藏文雕刊无论是版式布局还是刀工技艺都显质朴，与明代永乐版《大藏经》典籍有相当大的区别。

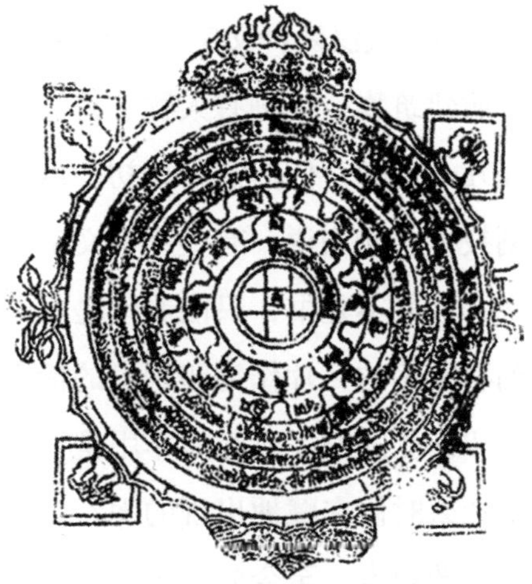

图 2　藏文刻本护法轮图[2]

从目前已有的资料可知，明永乐八年（1410 年）以前，藏族还没有专门从事印刷工艺的机构，但雕刻技术早已被人们所掌握。当然，有了雕刻才有了创造雕版印刷的可能，但并非一有了雕刻就有了雕版印刷术。李致忠先生在《中国古代书籍史》一书中指出："雕版印刷术的发明和将这种技术应用于印刷书籍，应该是这一技术发展的两个不同阶段。发明是发展的前驱，发展是发明的进化。"虽然在西夏时就有了藏文印刷技术，但这种印刷技术并没有传入西藏。真正的印刷工艺是从

① 史金波：《中国少数民族文字印刷初探》，见祁庆富主编：《民族文化遗产》，第 1 辑，北京，民族出版社，2004。

② 摘自史金波：《西夏出版研究》，见黄润华、史金波：《少数民族古籍版本》，南京，江苏古籍出版社，2003。

13世纪由内地开始传入藏地的，[①] 但是，雕刻技艺却在此之前早已在藏地存在。在藏地的一些寺庙里，现存着许多石刻，经过千年风雨，字迹依然清晰。据《西藏佛教对藏区雕版印刷业的影响》一文指出，在青海省甘德县的东吉多卡寺藏有大量的石刻藏文《大藏经》。还有我们熟知的恩兰·达扎路恭纪功碑（763年立于拉萨）和唐蕃会盟碑（823年立于拉萨），在会盟碑上刻上藏汉两种文字，碑形端庄，书体俊秀。

除此之外，在木质建筑物上也刻有人物、兽、禽等，形象逼真、古朴、生动，有的时隔几个世纪，依然清晰如初。由此可见，吐蕃时期藏族就已广泛使用雕刻技术。应当说，有些刻有文字的石片具有了书的作用，但是严格地说来，这并不是书，只能看作是书的初期形态之一，同时，也不能把那些刻有文字的石片作为印刷术的标志，但它对藏文雕版印刷术的形成和雕版印刷业的发展所起的作用是不容忽视的。

那么，印刷术是什么时候在藏地出现的呢？对此，国内外藏学界的专家学者也还没有一致的观点，至今尚无定论。据东噶先生在《西藏文献目录学》[②] 一书中著述称，1312年，元朝仁宗皇帝邀请纳塘寺的格西嘉木格巴到蒙古地区传教，返藏后，嘉木格巴送给自己的老师觉丹热白热智一批从内地带回的笔墨纸张。之后不久，觉丹热白热智率罗色降曲益西等人，收集了当时藏地能找到的所有《大藏经》，完成了《甘珠尔》和《丹珠尔》的汇聚工作，并把《甘珠尔》和《丹珠尔》藏于噶当派的纳塘寺里。由僧伽嘉央于1320年按照甘珠尔、丹珠尔目录抄编了一套完整的《大藏经》，存放于纳塘寺里。这套《大藏经》虽不是刻版，但是后来人们仍然习惯地称之为纳塘古版。纳塘古版是最早最完整的一套《大藏经》典籍。众多藏文史籍认为纳塘古版是后世《甘珠尔》各种刊印版之范本，为后世学者和广大僧众所推崇。

1322—1348年，由于蔡巴·贡嘎多杰（1309—1364年）仿照纳塘

① 《藏族简史》编写组：《藏族简史》，北京，民族出版社，2009。

② 东噶·洛桑赤列：《藏文文献目录学》，北京，中国藏学出版社，2001。

版《甘珠尔》为样本，参照异本，用金银汁写了一套《甘珠尔》经，写成后由布顿大师（1290—1364 年）校正，世称“蔡巴甘珠尔”。它的影响范围也是非常广大的。1410 年，明成祖下诏所刻的《甘珠尔》永乐版就是以蔡巴《甘珠尔》作为样本的，可见蔡巴《甘珠尔》的质量以及书写规范非同一般。

藏文第一版完整的《甘珠尔》木刻印刷版是在内地刊印而成的。它是明永乐八年（1410 年），明成祖为他去世的宠妃徐氏追荐冥福，下诏“遣使藏地访求经典，取其经藏全部翻刻，以资为荐扬之典”。邀请噶玛巴活佛得银协巴（1384—1415 年）赴南京灵谷寺任《甘珠尔》刊印总纂，人们称这套《甘珠尔》版为永乐版。永乐版第一版是用朱砂汁印刷的，德国藏学家艾依玛认为，藏语称这种朱砂汁颜料为“蔡”，发音几乎与蔡巴姓氏中的第一个音节相同，于是称之为“蔡巴”。[①]这种解释显然太牵强，把一个历史上宗教领袖的姓氏和颜料的叫法混为一谈，是没有根据的，也是不科学的。永乐八年在南京刊出藏译佛经两大丛书之一的《甘珠尔》是刊印藏文《大藏经》的开始。印刷后送往藏地，这对于藏地佛教文化和雕版印刷事业的兴起，起了很大的推动作用。永乐版《甘珠尔》的刊印，开了藏文木刻之先河，对后来藏文雕版印刷有着深远的影响。

就《甘珠尔》永乐版的刊印而言，不能说是代表了藏族雕版印刷形成了自己的体系。尽管在永乐版的刻印过程中有不少藏族班智达和能工巧匠参与了这项工作，但他们只是在整个刊印工程中承担了某项工作，而不是整个工程。形成藏族自己的雕版印刷体系要首推 17 世纪在云南丽江由土司木增主持雕刻的《甘珠尔》藏经。后来因战乱，把此版迁运到西康省理塘寺印刷成书，称它为“理塘朱版”。据东噶·洛桑赤列先生介绍说，为数不多的理塘版在锡金王巴涅的私人图书馆里仅存 50 页。

---

① ［德］艾依玛著，熊文彬译:《佛语甘珠尔部历史释》，见王尧主编:《国外藏学研究译文集》，第 5 辑，拉萨，西藏人民出版社，1989。

而杨福泉在《纳西族与藏族历史关系研究》一书中说："现在拉萨大昭寺里还珍藏有木增奉献给该寺的《甘珠尔》朱印版共108卷，包括一千多篇文献，是大昭寺的珍贵文物之一。"① 不过，此版本是否是理塘朱版尚需进一步研究。

可以认定，理塘朱版是藏地刊印《甘珠尔》的最早的版本，标志着藏族本身的雕版印刷事业已发展到了成熟阶段。

六、佛经汉译的典籍文化

佛教传入汉地始于汉代，兴盛于魏晋南北朝，至隋唐达到鼎盛时期。由于佛教影响日隆，佛经数量也逐渐增多，在我国书籍史上留下了辉煌的一页。佛教传世两千五百年间，经典的传布经过了背诵（口耳相传）、书写传抄、印刷刊行三个阶段。印度民众善于记忆传播，佛徒最初结集三藏时，只是凭记忆问答方式，将佛所说的教法（或语录）编成简短的句子，便于记忆和背诵，随后才有书写流传。

我国传世的汉译大藏经大概是从公元1世纪开始从印度传入的写在贝多罗树叶上的各种佛经典籍翻译而来的。9世纪之前都是靠抄本或口耳相传来兴佛建寺，到了宋朝时才有佛经的刻本。佛教信士对佛经的需求，推动了印刷术的产生和传播，促进了中外文化的交流，丰富了典籍文化的类型，完善了目录体制。

佛教经论在中国的流传，经过了历代的翻译、汇集、编修而形成不同的版次、不同文字的大藏经。随着佛经翻译的逐渐增多，所译经典参差有别，译经散乱各地，未见统一成集，编目更不能谈及。到了十六国时期，前秦的著名高僧释道安注重不同译本的搜集，首编《综理众经目录》，该目录确定译经之年代、经名真伪辨别、注明译者，始创体例，为后世编目者所效法，开了大藏经目录编纂之先河。周叔迦先生谈道：

---

① 杨福泉：《纳西族与藏族历史关系研究》，216页，北京，民族出版社，2005。

“据僧祐《出三藏记集》所载《法苑杂缘原始集目录》中有《定林上寺建般若台大云邑造纪藏记》、《建初寺立般若台经藏记》。这便是整理皇家所藏的经典了。”[①] 除此之外，还有魏孝武帝永熙年间（约 532—534 年）李廓撰有《魏世众经目录》，北齐武平年间（约 570—576 年），僧人法上撰有《齐世众经目录》，据这些目录所载经目已到达 2000 余部，近万卷，可谓卷帙浩繁了。自梁武帝之后，抄写经藏成为一种风气，至隋代的不足百年间，译经、抄经数量已经大大超越了之前几百年间的佛经总数。

佛经的翻译、抄写汇集工作在唐代又到了一个盛景。纵观唐一代，信仰自由，佛、道、儒等各派均呈兴盛境况。从民间到官府，从书楼到寺院，写经成为一种风尚。“静泰的《东京大敬爱寺一切经论目录》有 816 部 4066 卷。道宣撰《大唐内典录》中的《历代众经见入藏目》有 800 部 3361 卷。明佺的《大周刊定众经目录》有 860 部 3629 卷。释智升的《开元释教录》中入藏目录增至 1076 部 5048 卷，这个数目成为唐宋藏经的基本书目。”[②] 当时的译抄经文状况可见一斑。

至宋代，时逢雕版印刷兴起，手工抄经少了，而雕版印经则人行其市。据粗略统计，自宋至清凡千余年，《大藏经》先后有 20 多次刻本，可谓印经无数，极大满足了信教者的需求，也使外来文化本土化找到了适合发展的土壤。

13 世纪，蒙古族统治者统一了长期处于分裂状态的国家政权。西藏萨迦派政权在元朝中央政权的支持下，建立了各万户、千户的西藏地方行政管理系统，强化了中央政权对西藏地方的治理。1264 年，忽必烈在中央设立了总制院，与中书省、枢密院、御史台组成元朝的四大政权机构。总制院负责处理佛教事物，管理西藏地方行政、军政、民政、财政、文化等，这使由八思巴建立的西藏的行政体制从一开始就与元朝

---

① 周叔迦：《周叔迦佛学论著全集》，第 3 册，1087 页，北京，中华书局，2006。

② 周叔迦：《周叔迦佛学论著全集》，第 3 册，1087 页，北京，中华书局，2006。

廷的行政体制相联系，成为元朝行政体制的一部分。

从忽必烈至元末的100多年间，每个皇帝都封有帝师，先后有14任帝师。帝师成为元朝廷常设的重要官职，是皇帝在宗教上的导师，王朝的精神支柱，又是全国佛教僧人的领袖和西藏政教合一地方政权的首领。帝师不仅为皇帝讲论佛法、授戒灌顶、禳灾祛难、祈福延寿，而且统领天下僧尼，管理天下佛事。元朝推行帝师制度，优崇西藏佛教领袖，崇尚佛教。在这种背景下，“见西僧经教与汉僧经教音韵不同，疑其有异，命两士明德对辩”[①]。其结果是，两位汉藏高僧对汉藏两经的教程和仪轨的不同产生怀疑，提出双方所依据的大藏教典是否相同，要求对勘考核，从而揭开了元至元年间对藏文大藏经和汉文大藏经对勘的序幕。

在元代有了对勘厘清汉藏大藏经典的壮举是和元统治者崇尚佛教有关，更是与西藏新近纳入版图，西藏百姓的思想、西藏的文化划一归皇权有关联的。释克已在《至元法宝勘同总录》序中说：“唯我世祖薛禅皇帝，智极万善，道冠百王，皎慧日以镜空，扇慈风而被物。特旨宣谕臣佐，大集帝师、总统、名行师德，命三藏义学沙门庆吉祥，以蕃汉本参对，楷定大藏圣教。”遵元世祖诏谕，以顺德府开元寺讲论沙门汉族大师庆吉祥为主要负责人的汉藏两经籍的对勘工作于1285年开始了。

在朝廷的主持下，西藏、印度、北庭、蒙古、汉地官员、名僧贤达耗时3年，在大量的藏文与汉文的译经中寻找二者相对应的典籍，终于查清它们之间的异同有无，编写出一部藏汉对勘的佛教大藏经目录——《至元法宝勘同总录》。

前人有评，这是一部前所未有的佛典目录，也是对后人具有启发性的目录。它是藏汉学者学术交流的成果，也是藏汉两族佛学家文化交流的辉煌成就，当受历代之尊重。

---

① 《佛祖历代通载》，卷二十二引《弘教集》。

七、汉藏经目的差异

藏文大藏经始于7世纪末译出的《百拜忏悔录》，到8世纪末年的近百年译经过程中，出现数百人的藏译师，译出佛教典籍4000余部。始有了《旁塘目录》《青浦目录》《丹噶目录》，后至15世纪有贤德蔡巴和布顿大师各编目录方成大藏经规模。佛法自东汉传入汉地至唐太宗时已600余年，此时另一路法缘刚从印度传入西藏。两地译传时，既有先后时间的差别，亦有经论互缺互异的情况。法缘在印度，传至汉藏两地，定有诸多不同，造就了汉藏大藏经各种特色。藏文大藏经分为《甘珠尔》和《丹珠尔》两大部分，共收录典籍4500余种（以德格版计）。其中《甘珠尔》为佛部，也称正藏，主要以佛教的原始经典为主，包括显宗、密宗方面的经律；《丹珠尔》为祖部，也称续藏，为释经论、中观瑜伽诸论传记及班智达的重要著述。而汉文大藏经则分为正藏、续藏、其他三部分。正藏包括经藏、律藏、论藏等，续藏包括内原续藏、新续入等，其他类主要指目录、经签等方面的内容。周叔迦先生这样评价汉藏大藏经的分类："以编订言，汉文藏经杂乱无论次，藏文大藏经则分类排比井然有条。"① 周先生的评价是公允的，汉文大藏经的零乱与藏文藏经的整齐划一是由汉藏两种大藏经形成的历史背景决定的。

汉文大藏经的译经活动始终在官府或民间进行，互不隶属，经典辑录者重于收集，疏于分类，佛学贤达者则专攻某一经籍的研究而不为大藏经整体类分操心。这种习俗形成惯例，终究难改。

藏文大藏经与汉文大藏经的形成有较大的区别。藏文译经始终在寺院或官府控制的机构中进行，有规律、有章法，且译经时间集中，贤达学者见经典宏丰，如按译经时间顺序或按地域译经排序的话，所集经籍显得杂乱，于是，按内容分类，再在每类经典上辅以数码（藏文字母排序）则清晰可辨、井然有序、纵横通达，内容的增减调整不影响目录的

① 周叔迦：《周叔迦佛学论著全集》，第4册，1875页，北京，中华书局，2006。

整体结构，便于检索。这种分类方法在今天看来也是十分科学的。

八、报之以琼瑶

《诗经·国风》云："投我木桃，报之琼瑶。匪报也，永以为好也。"20世纪80年代初，黄明信先生在做汉藏大藏经目录异同研究时，笔者有幸跟随其下，并承担了该项目的汉文目录工作，收入黄先生的《汉藏大藏经目录异同研究——〈至元法宝勘同总录〉及其藏译本笺证》一书里。黄先生做这项工作耗时十年，将北京版大藏经与德格版大藏经互为蓝本进行对勘研究，笺证核实原书所记著本有无，其有者记明《丹噶目录》、藏文大藏经德格版和北京版三处编号；其无者注明著本未查得；其有特殊情况者，交代清楚。

解题。凡遇经题与汉字两难解者，加以解释；凡遇梵语，给出藏文写法、藏文意义、汉文意义，为准确地翻译作准备。

新意。凡工查布所译与藏文大藏经原文相同或相近者，采用之，称以"工译"。凡工查布所译很不准确，甚至错误者，以及漏译者，"我"自己译出之，称以"自译"。[①]其实黄先生所做工作远不止这些。其突出的一点就是，不迷信前人。他对德格版、北京版藏文大藏经和《至元法宝勘同总录》逐条对比检查，进行比较，发现了诸如同一种经的集中译本分散数处，查阅不便，有些译经前后标注错误，有些译经翻译错误等问题，不一而足。发现并解决这些问题，没有深厚的佛学功力、藏汉文造诣也是难以做到的。

自1285年，"大元天子……万几暇余讨论教典，与帝师语，诏诸讲主，以西番大教目录，对勘东土经藏部帙之有无，卷轴之多寡。然文词少异而义理攸同"[②]。于是，朝廷召集诸贤德集于北京，"各秉方言，精

① 黄明信：《汉藏大藏经目录异同研究——〈至元法宝勘同总录〉及其藏译本笺证》，14页，北京，中国藏学出版社，2003。

② 《至元法宝勘同总录·序》。

加辩质。自至元顶踵三龄诠释雠乃毕。虽同澜共派，并策分镳，究本穷源，若合符契，莫不一乘之性海湛湛波澄，三藏之义天辉辉星布，重光法宝，大启群迷。然晋宋之弘兴，汉唐之恢阐，未有盛于此也。”① 这可以说是一项浩繁的国家工程，也是汉藏经藏的第一次“会师”。其意义、其功绩自不待言。五百年后的清乾隆年间，有一位通晓蒙古、藏、汉、梵等多种文字的佛学家工查布（贡布嘉），著译有《汉区佛教源流记》，“工查布（贡布嘉）所译的是汉文大藏经目录，汉文大藏经目录有许多种，他所译出的就是这部对勘出藏文本有无的《至元法宝勘同总录》”②。

日本有《昭和法宝总目录》本，这种日本版本为《至元法宝勘同总录》经名次序编了号码，黄先生和笔者在汉藏大藏经目录异同研究中均采用了日版编码。20世纪开始，日本佛学家先后编写了德格版、北京版两种版本的藏文大藏经目录。目录著录项目包括经名的梵文原文、汉文译文、著译者校订者及索引、编码。黄先生以工查布的《汉区佛教源流》及日编德格版、北京版藏文大藏经目录为蓝本，进行大藏经目录异同勘证研究，纠正了历来之谬误，厘清了流布间的讹传，功莫大焉。

黄先生做汉藏大藏经目录异同研究课题时，笔者承担德格版、北京版大藏经目录勘对比较工作，现在做《大藏经目录备考》时，仍采用日本佛学家给《昭和法宝总目录》、德格版藏文大藏经、北京版藏文大藏经编写的序号，如ZY0631，指《至元法宝勘同总录》编号；སྡེ，指德格版；0676，指德格版目录第0676号；པེ，指北京版；0363，指北京版目录第0363号。

例如：阿弥陀鼓音声王陀罗尼经　ZY0631　སྡེ 0676　པེ 0363

晚了近二十年的勘对工作得以完成，但仍不敢下德格版的某一译经就是北京版的某一译经或是《至元法宝勘同总录》中的某一部经籍的定

① 《至元法宝勘同总录·序》。

② 黄明信：《汉藏大藏经目录异同研究》，2页，北京，中国藏学出版社，2003。

论。笔者在借助前人研究的基础上，将三种经籍中相同或有或无进行考证排列，这种不能完全下定论的研究，冠之以“备考”，也许对使用者更具参考之用。

至元法宝勘同总录索引*

代号：

zy，《至元法宝勘同总录》编号

〔 〕，另一名无括号内之字

〈〉，另一名为括号内之字

A

a

阿差摩经　法护译　zy0141

阿飚摩纳经　支谦译　zy0897

阿含口解经　zy1478

阿含口解十二困缘经　zy1478

阿含正行〈意〉经　zy1051

阿鸠留经　zy1065

阿利多罗阿鲁力　zy0658

阿罗汉具德经　zy1140

阿弥陀经　鸠摩罗什译　zy0271

阿弥陀经　支谦译　zy0093

阿弥陀经通赞疏　zy1598

阿弥陀三耶三佛萨楼佛檀过度人道经　zy0093

阿弥陀鼓音声王陀罗尼经　zy0631

* 原载黄明信：《汉藏大藏经目录异同研究——〈至元法宝勘同总录〉及其藏译本笺证》，中国藏学出版社，2003年。

阿难分别经	zy1007
阿难七梦经	zy1078
阿难四事经	zy1058
阿难同学经	zy0981
阿难陀目佉尼呵离陀经	zy0589
阿难陀目佉尼诃离邻尼经	zy0591
阿难问事佛吉凶经	zy1005
阿速达经	zy1012
阿那邠邸化七子经	zy0976
阿那律八念经	zy0917
阿耨风经	zy0928
阿耨达龙王经	zy0412
阿毗达磨发智论	zy1394
阿毗达磨法蕴足论	zy1395
阿毗达磨大毗婆沙论	zy1402
阿毗达磨集论	zy1302
阿毗达磨集异门足论	zy1396
阿毗达磨界身足论	zy1398
阿毗达磨品类足论	zy1400
阿毗达磨识身足论	zy1397
阿毗达磨杂集论	zy1303
阿毗昙八犍度论	zy1393
阿毗昙甘露味论	zy1411
阿毗昙苦惠经	zy1477
阿毗昙毗婆沙论	zy1401
阿毗昙五法〔行〕经	zy1477
阿毗昙心〔论〕	zy1408

阿阇世王女术达菩萨经 zy0108
阿阇世王授决经 zy0329
阿阇世王问五逆经 zy1028
阿阇世王子会第三十七 zy0078
阿閦佛刹诸菩萨学成品经 zy0095
阿閦佛国经 zy0095
阿閦如来念诵法 zy0831
阿世王经 zy0258
阿惟越致遮经 zy0214
阿育王经 zy1468
阿育王传 zy1469
阿育王譬喻经 zy1467
阿育王息坏目因缘经 zy1470
阿吒婆拘鬼神大将上佛陀罗尼经 zy0630

an

安忍波罗蜜多分 zy0001-13
安宅神咒经 zy0634

B

ba

八部佛名经 zy0454
八大灵塔梵赞 zy1512
八大灵塔名号经 zy1511
八大曼拿罗经 zy0668
八大菩萨曼荼罗经 zy0667
八大菩萨经 zy0508
八大人觉经 zy0469
八佛经 zy0454

八佛名号经 zy0357

八关斋经 zy1064

八吉祥经 zy0356

八吉祥咒经 zy0354

八吉祥神咒经 zy0354

八名普密陀罗尼经 zy0640

八曼荼罗经 zy0438

八千颂般若 zy0001-4-5

八千颂般若波罗蜜多一百八名真实圆义陀罗尼经 zy0036

八正道经 zy0992

八师经 zy1025

八无暇有暇经 zy1122

八阳经 zy0355

八阳神咒经 zy0355

八种长养功德经 zy1191

拔济苦难陀罗尼经 zy0639

拔除罪障咒王经 zy0652

拔除过罪生死得度经 zy254-12

拔陂菩萨经 zy0139

颰陀三昧经 zy0397

bai

白伞盖大佛顶陀罗尼经 zy0790

白衣金幢二婆罗门缘起经 zy1171

百论 zy1308

百喻经 zy1439

百字论 zy1369

百法论疏 zy1594

百法明门论 zy1368
百法明门论诀颂 zy1591
百福佛名经 zy0380
百福相经 zy0321
百福庄严相经 zy0322
百千颂大集地藏菩萨请问法身赞 zy0884
百千印陀罗尼经 zy0647
〔撰集〕百缘经 zy1433
bang
谤佛经 zy0316
bao
胞胎经 zy0098
胞胎受身经 zy0098
宝幢分大集经 zy0126–8
宝带陀罗尼 zy0719
宝网经 zy0372
宝网童子经 zy0372
宝积三昧文殊问法身经 zy00317
宝髻菩萨品大集经 zy0126–10
宝髻菩萨四法经论 zy1280
宝髻菩萨会说第四十七 zy0088
宝梁聚会说第四十四 zy0085
宝林传 zy1640
宝女品大集经 zy0126–2
宝女问惠经 zy0145
宝女所问经 zy0145
宝要义论 zy1387

宝如来三昧经	zy0251
宝授菩萨菩提行经	zy0519
宝生陀罗尼经	zy0751
宝田慧印三昧经	zy0252
〔旧华严经〕宝王如来性起品	zy0175
宝星陀罗尼经	zy0149
宝贤陀罗尼经	zy0770
宝行王正论	zy1347
宝雨经	zy0212
宝月童子问法经	zy0509
宝云经	zy0213
宝藏经	zy0228
宝藏疏	zy1643
宝藏神仪轨	zy0859
宝藏神大明曼拿罗仪轨经	zy0860
报恩奉盆经	zy0359
bei	
悲华经	zy0205
贝多树下思维十二因缘经	zy0342
被甲庄严会说第七	zy0048
孛经〔钞〕	zy0385
ben	
本行赞传	zy1432
本业经	zy0167
本生心地观经	zy0491
本事经	zy1042
本相倚致经	zy0910

bi

鼻奈耶律 zy1254

比丘避女恶名欲自杀经 zy1118

比丘尼传 zy1562

比丘尼波罗提木叉僧戒本 zy1216

比丘师经 zy1109

比丘听施经 zy1119

苾刍迦尸迦十法经 zy1268

苾刍五法经 zy1269

弊魔试目连经　支谦译 zy0934

弊魔试目连经　失译人名 zy0933

bian

辩正论 zy1554

辩中边论　世亲造 zy1327

辩中边论颂 zy1325

辩意长者子经 zy1095

遍照般若波罗蜜多经 zy0035

bie

别说罪要行法 zy1563

别译杂阿含经 zy0891

bin

宾头突罗阇为优陀延王说法经 zy1492

bing

鞞婆沙论 zy1421

鞞摩肃经 zy0951

bo

般若波罗蜜多分 zy0001–16

般若波罗蜜多心经　玄奘译 zy0021
般若波罗蜜多心经　共利言等译 zy0024
般若波罗蜜多理趣经大乐不空三昧真实金刚萨埵菩萨等
　大曼荼罗义述 zy0840
般若灯论释 zy1305
般若理趣分 zy0001-10
般若道行品 zy0006
般若心经幽赞疏 zy1597
般泥洹经 zy0894
般泥洹后灌腊经 zy0453
般舟三昧经 zy0138
钵兰那赊缚哩大陀罗尼经 zy0743
波斯匿王太后崩尘土坌身经 zy0960
bu
不必定入定入印经 zy0217
不动如来会说第六 zy0047
不动使者陀罗尼秘密法 zy0800
不净观禅经 zy1456
不空羂索陀罗尼经 zy0541
不空羂索自在王咒陀罗尼经 zy0540
不空羂索咒经 zy0538
不空羂索神咒心经 zy0539
不空羂索神变真言经 zy0537
不空羂索毗卢遮那佛大灌顶光真言经 zy0675
不可思议解脱 zy0198
不可言菩萨品大集经 zy0126-7
不兰迦叶经 zy1022

不思议神通境界经 zy0697

不思议功德诸佛所护念经 zy0401

不思议光菩萨所问经 zy0391

不退转法轮经 zy0215

不眴菩萨品大集经 zy0126-3

不自守意经 zy0988

不增不减经 zy0444

不庄校女经 zy0310

布施经 zy0516

布施波罗蜜多分 zy0001-11

部异执论 zy1427

C

cai

采莲华王经 zy0330

采莲华王上佛授决号妙华经 zy0330

cha

差摩竭经 zy0368

差摩婆帝授记经 zy0443

chan

禅经 zy1443

禅法要解经 zy1457

禅秘要法经 zy1023

禅要经 zy1457

禅要诃欲经 zy1458

禅行法想经 zy1054

禅行敛意经 zy0917

禅行三十七〔品〕经 zy1117

chang

长阿含经 zy0887

长阿含十报经 zy0903

长安品 zy0005

长寿王经 zy0476

长爪梵志请问经 zy1123

chao

超日明〔三昧〕经 zy0396

cheng

称扬诸佛功德经 zy0381

称赞大乘功德经 zy0333

称赞佛净土摄受经 zy0272

称赞净土佛摄受经 zy0272

称赞净土经 zy0272

称赞如来功德神咒经 zy0557

成实论 zy1416

成具光明〔定意〕经 zy0371

成具光明三昧经 zy0371

成就妙法莲华经王瑜伽观智仪轨 zy0843

成业论 zy1330

成唯识论 zy1341

成唯识宝生论 zy1340

成唯识论述记 zy1587

成唯识枢要 zy1588

chi

持句神咒经 zy0607

持明藏八大总持王经 zy0754

持明藏瑜伽大教尊那菩萨大明成就仪轨经 zy0864
持世陀罗尼经　玄奘译 zy0641
持世陀罗尼经　施护译 zy0726
持世经 zy0225
持人菩萨经 zy0224
持心梵天经 zy0221
chu
出家缘经 zy1050
出家因缘 zy1050
出家功德经 zy1105
出生无边门陀罗尼经　不空译 zy0595
出生无边门陀罗尼经　智严译 zy0594
出生无量门持经 zy0588
出生一切如来法眼遍照大力明王经 zy0717
出三藏记集 zy1532
出无量门持经 zy0589
出曜经 zy1434
出现光明会说第十一 zy0052
初分说经 zy1144
除一切疾病陀罗尼经 zy0665
除恐灾患经 zy0384
除盖障菩萨所问经 zy0525
处处经 zy1047
chuan
传灯玉英集 zy1634
chun
纯真陀罗所问经 zy0208

ci

慈悲道场忏法 zy1641

慈氏菩萨陀罗尼经 zy0767

慈氏菩萨誓愿陀罗尼经 zy0745

慈氏菩萨所说大乘缘生稻秆喻经 zy0480

D

da

达经 zy0108

达磨多罗禅经 zy1456

大阿育王经 zy1469

大阿罗汉难提密多罗所说法住偈 zy1496

大哀经 zy0144

大爱道般泥洹经 zy0977

大爱道〔受试〕经 zy1243

大爱道比丘尼经 zy1243

大爱陀罗尼经 zy0729

大宝积经 zy0041

大宝广博楼阁善住秘密陀罗尼经 zy0663

大比丘三千威仪经 zy1258

大般泥洹经　法护译 zy0187

大般泥洹经　共觉贤译 zy0186

大般泥洹经　支谦译 zy0892

大般若波罗蜜多经 zy0001

大般涅〔槃〕经 zy0184

大般涅〔槃〕经玄义 zy1612

大般涅〔槃〕经疏 zy1611

大摧碎陀罗尼经 zy0793

大乘阿毗达磨集论 zy1302
大乘阿毗达磨杂集论 zy1303
大乘八大曼拏罗经 zy0668
大乘百法明门论 zy1368
大乘百福相经　第一译 zy0321
大乘百福庄严相经　第二译 zy0322
大乘不思议神通境界经 zy0697
大乘宝月童子问法经 zy0509
大乘宝积经论 zy1279
大乘宝要义论 zy1387
大乘本生心地观经 zy0491
大乘悲经 zy0204
大乘成业论 zy1330
大乘大方广佛冠经 zy0524
大乘地藏十轮经 zy0129
大乘顶王经 zy0202
大乘二十颂论 zy1380
大乘法界无差别论 zy1366
大乘方便会第三十八 zy0079
大乘方等要慧经 zy0118
大乘方广总持经 zy0227
大乘广百论释论 zy1310
大乘广五蕴论 zy1346
大乘观想曼拏罗净诸恶趣经 zy0716
大乘金刚髻珠菩萨修行分 zy0161
大乘戒经 zy1184
大乘伽耶山顶经 zy0303

大乘集菩萨学论 zy1389
大乘流转诸有经 zy0449
大乘密严经　不空译 zy0483
大乘密严经　地诃婆罗译 zy0422
大乘日子王所问经 zy0520
大乘离文字普光明藏经 zy0292
大乘理趣六波罗蜜多经 zy0025
大乘菩萨藏正法经 zy0527
大乘破有论 zy1384
大乘遍照光明藏无字法门经 zy0293
大乘起信论　真谛译 zy1348
大乘起信论　实叉难陀译 zy1349
大乘入诸佛境界智光明庄严经 zy0528
大乘入楞伽经 zy0240
大乘四法经　地婆诃罗译 zy0323
大乘四法经　实叉难陀译 zy0447
大乘圣妙吉祥持世陀罗尼经 zy0772
大乘圣无量寿决定光明王如来陀罗尼经 zy0708
大乘三聚忏悔经 zy1197
大乘随转宣说诸法经 zy0533
大乘十法经 zy0096
大乘十法会说第九 zy0050
大乘智印经 zy0529
大乘善见变化文殊师利问法经 zy0503
大乘舍黎娑担摩经 zy0506
大乘僧伽吒法义经 zy0531
大乘同性经 zy0230

大乘五蕴论 zy1345

大乘无量寿庄严经 zy0493

大乘须弥藏经 zy0131

大乘显识经 zy0117

大乘修行菩萨行门诸经要集 zy1441

大乘瑜伽劫章颂 zy1592

大乘瑜伽金刚性海曼殊师利千臂千钵大教王经 zy0784

大乘缘生论 =1358 zy1374

大乘掌珍论 zy1344

大乘中观论 zy1388

大乘庄严宝王经 zy0702

大乘庄严经论 zy1313

大意经 zy0434

大方便佛报恩经 zy0407

大方等大集经 zy0126

大方等大集菩萨念佛三昧经 zy0137

大方等大集日藏经 zy0127

大方等大集贤护经 zy0140

大方等大云经 zy0243

大方等大云请雨经 zy0246

大方等顶王经 zy0201

大方等陀罗尼经 zy0615

大方等如来藏经 zy0376

大方等无相经 zy0243

大方等修多罗王经 zy0338

大方等檀持陀罗尼经 zy0615

大方广宝箧经 zy0229

大方广佛冠经	zy0524
大方广佛华严经八十卷本	zy0154
大方广佛华严经六十卷本	zy0153
大方广佛华严经四十卷本	zy0179
大方广佛华严经论	zy1575
大方广佛华严经修慈分	zy0162
大方广佛华严经随疏演义钞	zy1585
大方广佛华严经清凉疏	zy1583
大方广佛华严经清凉疏科	zy1584
大方广佛华严经随品赞	zy1574
大方广佛华严经不思议佛境界分	zy0159
大方广佛华严经续入法界品	zy0178
大方广未曾有经善巧方便品	zy0512
大方广曼殊师利经观自在菩萨授记品第三十一	zy0478
大方广菩萨十地经	zy0165
大方广菩萨藏文殊师利根本仪轨经	zy0682
大方广普贤菩萨所说经	zy0163
大方广如来藏经	zy0485
大方广如来不思议境界经	zy0160
大方广如来秘密藏	zy0421
大方广入如来智德不思议经	zy0158
大方广十轮经	zy0130
大方广三戒经	zy0091
大方广善巧方便经	zy0490
大方广狮子吼经	zy0320
大方广圆觉修多罗了义经	zy0405
大方广总持宝光明经	zy0685

大灌顶经 zy0254
大护明大陀罗尼经 zy0722
大寒林圣难拿陀罗尼 zy0720
大悲经 zy0189
大悲分陀利经 zy0204
大悲空智金刚大教王仪轨 zy0881
大悲心陀罗尼经　不空译 zy0552
大悲心陀罗尼经　慈贤译 zy0553
大悲心陀罗尼修行念诵略仪 zy0869
大佛顶陀罗尼经 zy0791
大佛顶如来密因修证了义诸菩萨万行首楞严经 zy0621
大佛名经 zy0536
大法鼓经 zy0418
大法炬陀罗尼经 zy0616
大华严长者问那罗延力经 zy0489
大坚固婆罗门缘起经 zy1153
大金刚妙高山楼阁陀罗尼 zy0775
大金刚香陀罗尼经 zy0755
大金色孔雀王经 zy0558
大金色孔雀王咒经　第五译 zy0559
大金色孔雀王咒经　第六译 zy0560
大净法门经 zy0265
大吉义神咒经 zy0627
大吉祥陀罗尼经 zy0769
大吉祥天女十二契一百八名无垢大乘经 zy0679
大吉祥天女十二契名号经 zy0680
大教王经略出护摩仪 zy0871

大迦叶品 zy0121
大迦叶本经 zy1068
大迦叶问大宝积正法经 zy0125
大集譬喻王经 zy0143
大集法门经 zy1128
大集会正法经 zy0152
大集月藏经 zy0128
大孔雀明王画像坛场仪轨 zy0855
大孔雀咒王经 zy0563
大药叉女欢喜母并爱子成就法 zy0844
大乐金刚不空真实三昧耶经般若波罗蜜多理趣释 zy0825
大乐金刚萨埵修行成就仪轨 zy0842
大摩里支菩萨经 zy0695
大明咒般若心经 zy0024
大明度无极经 zy0008
大明观想仪轨 zy0039
大安般〔守意〕经 zy1045
大涅槃经后译荼毗分 zy0185
大毗卢遮那成佛神变加持经 zy0622
大毗卢遮那成佛神变加持经略示七支念诵随行法 zy0877
大普贤陀罗尼经 zy0632
大七宝陀罗尼经 zy0633
大日经略摄念诵随行法 zy0876
大生义经 zy1129
大三摩惹经 zy1132
大沙门百一羯磨法 zy1233
大正勾王经 zy1152

大智度论 zy1276
大树紧那罗王所问经 zy0209
大神变会说第二十二 zy0063
大圣曼殊师利童子五字瑜伽法 zy0878
大圣文殊师利菩萨赞佛法身经 zy0794
大圣文殊师利菩萨佛刹功德庄严经 zy0124
大圣天欢喜双身毗那夜迦法 zy0856
大随求陀罗尼经 zy0792
大陀罗尼末法中一字心咒经 zy0620
大唐慈恩寺三藏法师传 zy1549
大唐内典录 zy1536
大唐南海寄归内法传 zy1561
大唐西域记 zy1544
大唐西域求法高僧传 zy1550
大威灯光仙人问疑经 zy0281
大威德陀罗尼经 zy0617
大威德金轮佛顶炽盛光如来消除一切灾难陀罗尼经 zy0728
大威力乌枢瑟摩明王经 zy0656
大威怒乌枢瑟摩仪轨 zy0874
大虚空藏菩萨念诵法 zy0829
大虚空藏菩萨所问经 zy0150
〔大小〕谏王经 zy0335
大相 zy0910
大鱼事经 zy1077
大云轮请雨经　不空译 zy0247
大云轮请雨经　那连提耶舍译 zy0245
大云轮请雨经　阇那耶舍译 zy0244

大云祈雨坛法 zy0823
大忠心经 zy1075
大宗地玄文本论 zy1391
大丈夫论 zy1342
大周刊定众经目录 zy1540
大庄严经论 zy1314
大庄严法门经 zy0266
大庄严三昧经 zy0404
大遮尼乾子所说经 zy0242
大自在天子因地经 zy0498
大总持王经 zy0732
dang
当来变〔识〕经 zy0472
dao
道地经 zy1436
道神足无极变化经 zy0211
道树三昧经 zy0367
道行般若经 zy0006
稻秆经 zy0344
稻秆喻经 zy0480
de
德光太子经 zy0433
德护长者经 zy0299
得道梯磴锡杖经 zy1033
得无垢女经 zy0110
deng
灯指因缘经 zy1080

等集众德三昧经 zy0219

等目菩萨所问三昧经 zy0173

等御诸法经 zy0221

di

底哩三昧耶不动使者念诵品 zy0822

地藏菩萨请问法身赞经百千颂大集 zy0151

帝释所问经 zy1148

帝释岩成就仪轨经 zy0879

帝释般若波罗蜜多心经 zy0034

弟子死复生经 zy1093

弟子学有三辈经 zy0470

第一义法胜经 zy0280

ding

顶生王故事经 zy0912

顶生王因缘经 zy0523

dong

东方最胜灯王如来经 zy0609

东夏三宝感通录 zy1547

dou

兜调经　失译人名 zy0945

兜调经　求那跋陀罗译 zy0944

兜沙经 zy0166

du

都部陀罗尼目 zy0837

犊子经 zy0307

度诸佛境界智光严经 zy0156

度世品经 zy0176

duan

断十二因缘经 zy1478

断肉经 zy0452

duo

多增道章经 zy0903

多利心经 zy0578

多罗菩萨经 zy0709

多罗菩萨梵赞 zy1507

多罗菩萨一百八名陀罗尼经 zy0710

E

e

频多和多耆经 zy1107

饿鬼报应经 zy1004

er

二十颂论 zy1380

二十唯识顺释论 zy1340

二万五千颂般若 zy0001-2

二千一百颂般若 zy0001-16

F

fa

发觉净心经 zy0104

发菩提心经〈论〉 zy1350

发菩提心破诸魔经 zy0692

发胜志乐会说第二十五 zy0066

法常住经 zy0477

法大乘义决定经 zy0535

法观经 zy1460

法海经 zy1016
法华经 zy0196
法华经论 zy1289
法华三昧经 zy0192
法华三昧仪勘定元本序 zy1632
法集经　维祇难等译 zy1472
法集经　菩提留支译 zy0409
法集名数经 zy1501
法集要颂经 zy1500
法镜经 zy0100
法句经 zy1472
法句本末经 zy1473
法句譬喻经 zy1473
法界体性经 zy0318
法界体性无分别会说第八 zy0049
法界无差别论　失译人名 zy1367
法界无差别论　提云般若译 zy1366
法界次第初门 zy1625
法律经 zy1204
法律三昧经 zy1204
法灭尽经 zy0465
法胜阿毗昙心论 zy1409
法受尘经 zy1053
法身经 zy0499
法显传 zy1551
法苑义林西翫记 zy1593
法苑珠林 zy1570

法印经＝持世经　鸠摩罗什译　zy0225
法印经　法护译　zy0984
法印经　施护译　zy0511

fan

梵本般若波罗蜜多心经　慈贤译　zy0028
梵本般若波罗蜜多心经　不空译　zy0029
梵摩难国王经　zy1111
梵摩喻经　zy0942
梵女首意经　zy0370
梵天咒策经　zy0254-10
梵网经〔卢舍那佛说菩萨心地戒品〕鸠摩罗什译　大乘　zy1182
梵网六十二见经　支谦译　小乘　zy0898
梵志阿飐经　zy0897
梵志頞罗延问种尊经　zy0938
梵志计水净经　zy0922
梵志孙多邪致经　zy1113
犯戒报应轻重经　zy1245

fang

方便心论　zy1352
方等般泥洹经　zy0187
方等本起经　zy0191
方等正法华经　zy0196
方等三昧行法　zy1627
方广大庄严经　zy0190
方广总持经　zy0227
放钵经　zy0260
放光般若波罗蜜多经　zy0002

放牛经 zy0972

fen

分别经 zy1063

分别布施经 zy0510

分别善恶所起经 zy1049

分别善恶报应经 zy1138

分别功德论 zy1423

分别业报略〔集〕 zy1494

分别缘起初胜法门经 zy0237

分别缘生经 zy1130

奋迅王问经 zy0148

fo

佛阿毗昙经 zy1256

佛般泥洹经 zy0893

佛般泥洹摩诃迦叶赴佛经 zy1446

佛本行 zy1431

佛本行经 zy1432

佛本行集经 zy1041

佛大僧大经 zy1087

佛顶放无垢光明入普门观察一切如来心陀罗尼经 zy0715

佛顶最胜陀罗尼经 zy0581

佛顶尊胜陀罗尼经　杜行顗译 zy0580

佛顶尊胜陀罗尼经　波离译 zy0582

佛顶尊胜陀罗尼经　义净译 zy0584

佛顶尊胜陀罗尼念诵仪轨 zy0830

佛地经论 zy1281

佛临般涅槃记法住经 zy0441

佛冠经	zy0524
佛华严入如来德智不思议境界经	zy0157
佛吉祥德赞	zy1503
佛母宝德藏般若波罗蜜多经	zy0027
佛母般泥洹经	zy0978
佛母般若波罗蜜多经	zy0030
佛母般若波罗蜜多圆集要义论	zy1376
佛母般若波罗蜜多圆集要义论释	zy1377
佛母般若波罗蜜多大明观想仪轨	zy0039
佛母大金曜孔雀明王经	zy0561
佛母出生三法藏般若波罗蜜多经	zy0026
佛母小字般若波罗蜜多经	zy0037
佛名经	zy0398
佛灭度后棺敛葬送经	zy1109

凡是以“佛说”二字开头者，都请查从该条第三个字开头的条目

佛入涅槃密迹金刚力士哀恋经	zy1449
佛十力经	zy1174
佛升忉利天为母说法经	zy0210
佛治身经	zy1451
佛治意经	zy1452
佛所赞经传	zy1431
佛三身赞	zy1505
佛土严净经	zy0099
佛为海龙王说法印经	zy0451
佛为黄竹园老婆罗门说学经	zy0941
佛为胜光天子说王法经	zy0337

佛为娑伽罗龙王所说大乘经 zy0513
佛为优填王说王法政论经 zy0484
佛性论 zy1323
佛医〔王〕经 zy1444
佛一百八名赞 zy1506
佛遗日摩尼宝经 zy0120
佛语经 zy0377
佛印三昧经 zy0423
佛藏经 zy1186
fu
弗沙迦王经 zy1036
伏淫经 zy0932
福德经 zy0963
福田经 zy0375
福盖正形所集经 zy1520
福力太子因缘经 zy0521
妇遇对经 zy1081
妇人遇辜经 zy1081
付法藏因缘经 zy1442
腹中女听经 zy0310
父子合集经 zy0530
父母恩难报经 zy1112
富楼那会说第十七 zy0058

G

gan
甘露军吒利菩萨供养念诵成就仪轨 zy0838

gang

刚鬘菩萨加行 zy0161

gao

高僧传 zy1552

gen

根本说一切有部戒经 zy1219

根本说一切有部毗奈耶 zy1209

根本说一切有部百一羯磨 zy1232

根本说一切有部苾刍戒本 zy1275

根本说一切有部苾刍尼戒经 zy1220

根本说一切有部苾刍尼毗奈耶 zy1210

根本说一切有部毗奈耶颂 zy1248

根本说一切有部毗奈耶杂事 zy1211

根本说一切有部毗奈耶药事 zy1261

根本说一切有部毗奈耶杂事摄颂 zy1249

根本说一切有部毗奈耶破僧事 zy1262

根本说一切有部毗奈耶尼陀那目特迦 zy1212

根本说一切有部毗奈耶尼陀那目特迦摄颂 zy1250

根本说一切有部毗奈耶出家事 zy1263

根本说一切有部毗奈耶皮革事 zy1264

根本说一切有部毗奈耶安居事 zy1265

根本说一切有部毗奈耶随意事 zy1266

根本说一切有部毗奈耶羯耻那衣事 zy1267

根本说一切有部出家授近圆羯磨仪范 zy1274

根本萨婆多部律摄 zy1252

gong

功德论 zy1286

功德宝华敷菩萨会第三十四 zy0075

gu

古今译经图记 zy1538

古来世时经 zy0916

古品日遗日说般若经 zy0120

guan

观察诸法经 zy0410

观佛三昧〔海〕经 zy0406

观普贤菩萨行法经 zy0389

观普勒菩萨上生兜率天经 zy0273

观世音普门品经疏 zy1631

观世音菩萨受〈授〉记经 zy0386

观世音菩萨如意摩尼陀罗尼经 zy0548

观世音菩萨秘密藏神咒经 zy0547

观所缘论 zy1355

观所缘论释 zy1356

观无量寿佛经 zy0270

观无量寿佛经疏 zy1616

观心论 zy1622

观心论疏 zy1619

观想佛母般若波罗蜜多菩萨经 zy0033

观想曼拿罗净诸恶趣经 zy0716

观虚空藏菩萨经 zy0135

观音经玄义 zy1615

观音受决经 zy0386

观药王乐上二菩萨经 zy0390

观总相论颂 zy1362

观自在大悲成就瑜伽莲华部念诵法门	zy0849
观自在多罗瑜伽念诵法	zy0834
观自在菩萨不空王秘密心陀罗尼经	zy0694
观自在菩萨梵赞	zy1509
观自在菩萨功德赞	zy1504
观自在菩萨母陀罗尼经	zy0781
观自在菩萨如意轮瑜伽	zy0852
观自在如意轮菩萨瑜伽法要	zy0655
观自在如意轮菩萨念诵法	zy0836
观自在菩萨如意心陀罗尼咒经	zy0549
观自在菩萨随心咒经	zy578
观自在菩萨授记	zy0478
观自在菩萨说普贤陀罗尼经	zy0671
观自在菩萨心真言瑜伽行仪轨	zy0839
观自在菩萨一百八名经	zy0712
灌顶百结神王护身咒经	zy254–4
灌顶伏魔封印大神咒经	zy254–7
灌顶宫宅神王守镇左右咒经	zy254–5
灌顶王喻经	zy1154
灌顶冢墓因缘四方神王咒经	zy254–6
灌佛形象经	zy0349
灌腊经	zy0453
灌洗佛形象经	zy0348
guang	
光赞般若波罗蜜多经	zy0004
光明童子因缘经	zy1150
广大宝楼阁善住秘密陀罗尼经	zy0618

广大发愿颂 zy1516

广大莲华庄严曼拿罗灭一切罪陀罗尼经 zy0705

广博严净〔不退转轮〕经 zy0216

广博仙人会说第四十九 zy0090

广百论本 zy1309

广弘明集 zy1559

广释菩提心论 zy1378

广品历章 zy1576

广五蕴论 zy1346

广义法门经 zy0957

gui

鬼子母经 zy1110

鬼问目连经 zy1002

guo

国清百录 zy1624

国王不犁先泥十梦经 zy0979

过去佛分卫经 zy0473

过去现在因果经 zy1015

H

hai

海八德经 zy1017

海惠菩萨品大集经 zy126-4

海龙王经 zy0387

海意菩萨所问净印法门经 zy0526

he

呵雕阿那含经 zy1079

诃利帝母真言法经 zy0670

合道神足经 zy0211
合部金光明经 zy0207
河中大聚沫 zy0987
河沙上优婆会第三十一 zy0072
hei
黑氏梵志经 zy1061
heng
恒河喻经 zy0909
hong
弘道广显三昧经 zy0412
弘明集 zy1558
hou
后出阿弥陀佛偈经 zy0269
后毗尼序 zy1208
hu
护法沙门法林别传 zy1568
护国经 zy1163
护国菩萨会说第十八 zy0059
护国尊者所问大乘经 zy0495
护净经 zy1100
护命法门神咒经 zy0612
护命放生轨仪 zy1565
护诸童子陀罗尼咒经 zy0637
hua
华积陀罗尼神咒经 zy0604
华积楼阁陀罗尼经 zy0734
华聚陀罗尼咒经 zy0603

华严经 zy0153，0154
华严经修慈分 zy0162
华严入法界品四十二字观门 zy0183
华手经 zy0402
huan
洹水经 zy0909
幻化网大瑜伽教十忿怒明王大明观想仪轨经 zy0863
幻士仁贤经 zy0102
hui
回诤论 zy1357
回向轮经 zy0181
悔过经 zy1203
慧上菩萨问大善权经 zy0116
慧印经 = 圣法印经 zy0984
〔宝田〕慧印三昧经 zy0252

J

ji
集大乘相论 zy1383
集古今佛道论衡 zy1545
集菩萨学论 zy1389
集沙门不拜俗仪 zy1548
集一切福德三昧经 zy0220
集诸佛华 zy0381
集诸法宝最上义论 zy1382
集诸经礼忏仪 zy1560
给孤〔独〕长者女得度因缘经 zy1137
济诸方等〈学〉经 zy0226

寂调音所问经 zy1196

寂志果经 zy0899

寂照神变三摩地经 zy0442

jia

迦丁比丘说当来变经 zy1495

迦尸罗越六向拜经 zy0896

迦叶结经 zy1474

迦叶禁戒经 zy1244

迦叶赴佛般涅槃经 zy1446

迦叶仙人说医女人经 zy1167

迦耶顶经 zy0301

迦耶山顶经　唐菩提流志译（大乘） zy0303

迦耶山顶经　元魏菩提留支译 zy0301

迦耶山顶经论 zy1287

迦旃延说法没尽偈经 zy1450

jian

坚固女经 zy0435

坚意经 zy1030

坚心〔正意〕经 zy1030

犍陀国王经 zy1056

犍稚梵赞 zy1510

箭喻经 zy0955

渐备一切智德经 zy0171

见正经 zy1076

谏王经 zy0335

jiao

较量寿命经 zy1164

较量数珠功德经 zy0362

较量一切佛刹功德经 zy0502

jie

嗟韈曩法天子受三皈依获免恶道经 zy1149

解脱戒本 zy1226

解脱了义 zy0235

解脱道论 zy1418

解卷论 zy1370

解节经 zy0234

解深密经 zy0233

解忧经　法天译 zy1170

解夏经　法贤译 zy1271

戎德香经 zy0958

戒〔伏〕消灾经 zy1246

戒因缘经 zy1254

戒香经 zy1159

jin

金刚般若论 zy1282

金刚般若经论 zy1284

金刚般若波罗蜜多经　真谛译 zy0015

金刚般若波罗蜜多经　菩提留支译 zy0014

金刚般若波罗蜜多经　鸠摩罗什译 zy0013

金刚般若破取著不坏假名论 zy1286

金刚顶胜初瑜伽普贤念诵法 zy0808

金刚顶胜初瑜伽经中略出大乐金刚萨埵念诵仪轨 zy0812

金刚顶超胜三界经说文殊五字真言胜相 zy0813

金刚顶经观自在如来修行法 zy0818

金刚顶经一字顶轮王瑜伽一切时处念诵成佛仪轨	zy0810
金刚顶经曼殊师利五字心陀罗尼品	zy0654
金刚顶经瑜伽修习毗卢遮那三摩地法	zy0799
金刚顶经瑜伽文殊师利菩萨法一品	zy0801
金刚顶经瑜伽观自在王如来修行法	zy0802
金刚顶经瑜伽般若理趣	zy0803
金刚顶莲华部心念诵仪轨	zy0806
金刚顶瑜伽金刚萨埵五秘修行念诵仪轨	zy0809
金刚顶瑜伽般若理趣	zy0817
金刚顶瑜伽经文殊师利菩萨仪轨供养法一品	zy0819
金刚顶瑜伽现证大教王经	zy0795
金刚顶瑜伽十八会指归	zy0805
金刚顶瑜伽千手千眼观自在菩萨修行仪轨经	zy0807
金刚顶瑜伽三十七尊礼忏文	zy0820
金刚顶瑜伽护摩仪轨	zy0811
金刚顶瑜伽真实摄大乘现证大教王经	zy0657
金刚顶瑜伽他化自在天理趣会普贤修行念诵仪轨	zy0814
金刚顶瑜伽降三世成就极深密门	zy0816
金刚顶瑜伽中略出念诵法	zy0798
金刚顶瑜伽中发阿耨多罗三藐三菩提心论	zy1375
金刚场庄严般若波罗蜜多教中一分	zy0038
金刚场陀罗尼经	zy0601
金刚峰楼阁瑜祇经	zy0789
金刚光焰陀罗尼经	zy0629
金刚髻珠菩萨修行分	zy0161
金刚恐怖集会方广轨仪观自在三世最胜心明王经	zy0674
金刚秘密善门陀罗尼经	zy0611

金刚錍 zy1623

金刚萨埵说频那夜迦天成就仪轨经 zy0862

金刚三昧经 zy0464

金刚三昧本性清净不坏不灭经 zy0457

金刚上昧陀罗尼经 zy0600

金刚寿命陀罗尼念诵法 zy0841

金刚手菩萨降伏一切部多大教王经 zy0699

金刚手光明灌顶经最立印圣无动尊大威怒王念诵仪轨法品 zy0851

金刚王菩萨秘密念诵仪轨 zy0835

金刚香菩萨大明成就仪轨 zy0861

金刚宣演疏 zy1586

金刚针论 zy1386

金光明经 zy0207

金光明经文句 zy1613

金光明经玄义 zy1614

金光明最胜王经 zy0206

金光王童子经 zy1142

金轮王佛顶要略念诵法 zy0854

金身陀罗尼 zy0721

金七十论 zy1497

金色王经 zy0378

金色童子因缘经 zy1177

进学经 zy1032

jing

经律异相 zy1529

精进波罗蜜多分 zy0001-14

景祐法宝录 zy1639

景祐天竺字源	zy1635
景德传灯录	zy1642
静虑波罗蜜多分	zy0001-15
净戒波罗蜜多分	zy0001-12
净饭王涅槃经	zy1031
净居天子会说第四	zy0045
净律经	zy1194
净业障经	zy1180
净行经	zy0468
净行品经	zy0167
净信童女会第四十	zy0081
净意优婆塞所问经	zy1147
jiu	
究竟一乘宝性论	zy1328
九横经	zy1116
九色鹿经	zy0290
救拔焰口饿鬼陀罗尼经	zy0649
救面然饿鬼陀罗尼神咒经	zy0648
旧城喻经	zy1160
旧杂譬喻经	zy1463
ju	
俱舍论	zy1405
俱舍论本颂	zy1404
俱舍释论	zy1403
俱枳罗陀罗尼经	zy0739
具法经	zy0956
聚沫喻经	zy0987

巨力长者所问大乘经 zy0534

jue

决定藏论 zy1324

决定总〔持〕经 zy0315

决定义经 zy1133

决定毗尼经 zy0103

决定诸法如幻化三昧经 zy0012

K

kai

开皇宝录 zy1534

开觉自性般若波罗蜜多经 zy0040

开元释教录 zy1541

kong

孔雀王咒经　鸠摩罗什译 zy0558

孔雀王咒经　僧伽婆罗译 zy0562

ku

苦阴经 zy0923

苦阴因事经 zy0925

L

lai

赖吒和罗经 zy0935

籁吒和罗所问光德太子经 zy0433

lao

牢固女经 zy0435

老母经　求那跋陀罗译 zy0296

老母经　僧祐作失译人名 zy0295

老母经　支谦译 zy0294

老母女六英经　zy0296
老女经　支谦译　zy0294
老女人经　zy0294
le
乐想经　zy0926
乐璎珞庄严方便品经　zy0283
leng
楞伽阿跋多罗宝经　zy0238
li
离垢施女经　zy0109
离垢惠菩萨所问礼佛法经　zy0439
离睡经　zy0918
离世间品华严经第四十四　zy0176
离文字普光明藏经　zy0292
理趣六波罗蜜多经　zy0025
力庄严三昧经　zy0404
力士移山经　zy0968
立世阿毗昙〔论〕　zy1417
历游天竺记传　zy1551
lian
莲华眼陀罗尼经　zy0752
liao
疗痔病经　zy1126
了本生死经　zy0345
了义般若波罗蜜多经　zy0031
liu
琉璃王经　zy1037

流转诸有经 zy0449
六道伽陀经 zy1519
六度集经 zy0284
六度无极经 zy0284
六门陀罗尼经 zy0642
六门教授习定论 zy1365
六妙禅门法 zy1633
六菩萨名 zy1481
六趣轮回经 zy1523
六十颂如理论 zy1381
六字大陀罗尼咒经 zy0574
六字咒法 zy0571
六字咒王经 zy0572
六字神咒经 zy0571
六字神咒王经 zy0573
六字增寿大明陀罗尼品 zy0736
long
龙施经 zy0352
龙施本经 zy0353
龙施女经　支谦译 zy0352
龙施女经　法护译 zy0353
龙施菩萨本起经 zy0353
龙树菩萨传 zy1486
龙树菩萨劝诫王颂 zy1491
龙树菩萨为禅陀迦王说法要传偈 zy1489
龙王兄弟经 zy1021

lou

楼炭经 zy0902

楼阁正法甘露鼓经 zy0730

漏分布经 zy0927

lu

卢志长者因缘经 zy1103

鹿母经 zy0431

lü

律二十二明了论 zy1260

lüe

略教诫经 zy1125

略述金刚顶瑜伽分别圣位修证法门 zy0804

lun

轮转五道罪福报应经 zy1085

轮王七宝经 zy1155

论议辩才法门 zy0110

luo

罗摩伽经 zy0177

罗缚拿说救疗小儿疾病经 zy0706

罗汉赖吒和罗经 zy0935

罗云忍辱经 zy1070

落叉陀罗尼经 zy0749

M

ma

马鸣菩萨传 zy1485

马有八态譬人经 zy0995

马有三相经 zy0994

骂意经 zy1048

man

满愿子经 zy0989

曼殊师利分 zy0001-7

曼殊师利菩萨咒藏中一字咒王经 zy0555

曼殊师利菩萨阎曼德迦忿怒真言仪轨 zy0847

慢法经 zy1006

mi

弥勒成佛经 zy0274

弥勒来时经 zy0275

弥勒受决经 zy0276

弥勒上生经 zy0273

弥勒下生经 zy0276

弥勒下生成佛经 zy0277

弥勒下生成佛经疏 zy1600

弥勒菩萨所问经论 zy1278

弥勒菩萨所问本愿经 zy0119

弥勒菩萨所问会第四十二 zy0083

弥勒菩萨问八法会第四十一 zy0082

弥沙塞律 zy1213

密迹力士会说第三 zy0044

密严经　不空译 zy0483

密严经　地婆诃罗译 zy0422

秘密八名陀罗尼经 zy0774

秘密三昧大教王经 zy0690

秘密相经 zy0686

miao

妙臂菩萨所问经 zy0703

妙臂印幢陀罗尼经 zy0597

妙法莲华经 zy0195

妙法莲华经论 zy1288

妙法莲华经文句 zy1607

妙法莲华经文句记 zy1608

妙法莲华经玄义 zy1605

妙法莲华经玄义释笺 zy1606

妙法莲华经玄赞疏 zy1601

妙法圣念处经 zy0496

妙吉祥持世陀罗尼经 zy0772

妙吉祥菩萨陀罗尼经 zy0764

妙吉祥菩萨所问大乘法螺经 zy0504

妙吉祥平等观门大教王经 zy0796

妙吉祥平等观身成佛仪轨 zy0872

妙吉祥瑜伽大教金刚倍罗缚轮观想仪轨成就经 zy0865

妙吉祥最胜根本大教王经 zy0700

妙慧童女会第三十 zy0071

妙色陀罗尼经 zy0741

妙色王因缘经 zy0450

mie

灭除五逆罪大陀罗尼经 zy0746

灭十方冥经 zy0430

ming

明度五十校计经 zy0417

mo
摩达国王经 zy1090
摩登女经 zy0998
摩登女解形中六事经 zy0999
摩登伽经 zy1000
摩诃般若钞经 zy0005
摩诃般若波罗蜜多经 zy0003
摩诃般若波罗蜜大明咒经 zy0020
摩诃比丘经 zy1244
摩诃僧祇戒本 zy1215
摩诃僧祇律 zy1206
摩诃止观 zy1609
摩诃止观辅行传弘诀 zy1610
摩诃迦叶会说第二十三 zy0064
摩诃迦叶度贫母经 zy1084
摩诃摩耶经 zy0383
摩诃刹头经 zy0349
摩诃衍宝严经 zy0121
摩利支天经　不空译 zy0696
〔小〕摩里支天经 zy0568
摩逆经 zy0432
摩尼罗亶经 zy0635
摩尼罗檀大神咒经 zy254-8
摩娆乱经 zy0933
摩娆乱经　支谦译 zy0934
摩王入目连兰腹经 zy0933
摩耶经 zy0383

末罗王经 zy1089

末利支提婆华鬘经 zy0488

mu

牟利曼陀罗咒经 zy0625

目连所问经 zy1270

目连说地狱饿鬼因缘经 zy1004

牧牛经 zy0972

木欤经 zy0486

木欤子经 zy1101

N

na

那伽师利分 zy0001-8

那先比丘经 zy1454

nai

奈女耆域因缘经 zy1019

nan

难〔长者〕经 zy1026

难提释经 zy0993

难国王经 zy1035

难儞计湿缚罗天说支轮经 zy1166

nei

内藏百宝〈品〉经 zy0364

内身观章句经 zy1459

内六波罗蜜经〔出方等部〕 zy0455

neng

能断金刚分 zy0001-9

能断金刚般若波罗蜜多经　玄奘译 zy0016

能断金刚般若波罗蜜多经　义净译 zy0017

能断金刚般若波罗蜜多经论颂 zy1283

能断金刚般若波罗蜜多经论 zy1285

能净一切眼疾病陀罗尼经 zy0666

ni

尼乾子问无我义经 zy1521

尼拘陀梵志经 zy1151

泥犁经 zy0948

泥洹经 zy0893

nian

年少比丘说正事经 zy1071

念佛三昧经 zy0136

nie

涅槃论 zy1291

涅槃经本有今无偈论 zy1292

nu

怒和檀王经 zy1035

P

pi

毗尼母经 zy1257

毗尼摩得勒伽 zy1253

毗沙门天王经　不空译 zy0681

毗沙门天王经　法天译 zy0714

毗俱胝菩萨一百八名经 zy0713

毗婆沙律 zy1255

毗婆尸佛经 zy1145

毗耶娑问经 zy0123

譬喻经 zy1124
譬喻王经大集 zy0143
辟支佛因缘论 zy1425
辟除诸恶陀罗尼经 zy0750
pin
频婆罗王经 zy1143
频毗娑罗王诣佛供养经 zy0964
贫穷老翁经 zy1034
ping
萍沙王五愿经 zy1036
po
婆罗〔门〕避死经 zy0962
婆罗门子命终爱念不离经 zy0952
婆薮盘豆法师传 zy1488
破坏一切心识 zy0103
破色心论 zy1336
破魔陀罗尼 zy0590
破外道小乘四宗论 zy1372
破外道小乘涅槃论 zy1373
破邪论 zy1555
pu
菩萨本行经 zy0408
菩萨本业经 zy0167
菩萨本生鬘论 zy1390
菩萨本缘经 zy1440
菩萨处胎经 zy0411
菩萨禅法经 zy1443

菩萨道树经 zy0367
菩萨度人经 zy1465
菩萨地 zy1179
菩萨地持经 zy1178
菩萨见实会说第十六 zy0057
菩萨戒本　昙无忏译 zy1187
菩萨戒本　玄奘译 zy1188
菩萨戒羯磨文 zy1189
菩萨戒义疏 zy1620
菩萨诃色欲法〔经〕 zy1447
菩萨内戒经 zy1192
菩萨内习六波罗蜜经 zy0455
菩萨念佛三昧经 zy0136
菩萨念佛三昧经（大方等大集） zy0137
菩萨睒子经 zy0286
菩萨善戒经　九卷 zy1179
菩萨善戒经　一卷 zy1190
菩萨生地经 zy0368
菩萨受斋经 zy1201
菩萨十地经 zy0165
菩萨十住经　法护译 zy0169
菩萨十住经　祇多密译 zy0170
菩萨十住行道品 zy0169
善萨逝经 zy0305
菩萨求佛本业经 zy0168
菩萨投身饿虎起塔因缘经 zy0456
菩萨五法忏悔经〔文〕 zy1198

菩萨修行经 zy0374
菩萨修行四法经 zy0324
菩萨行五十缘经 zy0373
菩萨行方便境界神通变化经 zy0241
菩萨璎珞经 zy0395
菩萨璎珞本业经 zy1185
菩萨藏经 zy1199
菩萨藏会说第十二 zy0053
菩褆经 zy0300
菩提场庄严陀罗尼经 zy0664
菩提场所说一字顶轮王经 zy0659
菩提心观释 zy1502
菩提心离相论 zy1379
菩提无行 zy0300
菩提行经 zy1499
菩提资粮论 zy1312
普遍光明清净炽盛如意宝印心无能胜大明王随求陀罗尼经 zy0673
普遍智藏般若波罗蜜多心经 zy0023
普达王经 zy1108
普法义经 zy0956
普门〔品〕经 zy0097
普明菩萨会说第四十三 zy0084
普义经 zy0956
普劝僧俗发菩提心文 zy1582
普超三昧经 zy0259
普贤金刚萨埵念诵仪轨 zy0827
普贤曼拿罗经 zy0704

普贤菩萨定意经 zy0173
普贤菩萨所说经 zy0163
普贤菩萨陀罗尼经 zy0723
普贤菩萨行愿赞 zy0883
普曜经 zy0191

Q

qi
七本经 zy1024
七百颂般若 zy0001-7
七处三观经 zy0983
七佛经 zy1141
七佛姓字 zy0971
七佛赞呗伽陀 zy1514
七佛所说神咒经 zy0626
七佛父母姓字经 zy0971
七俱胝佛大心准提陀罗尼经　地婆诃罗　第一译 zy0575
七俱胝佛母准泥大明陀罗尼经　金刚智　第二译 zy0576
七俱胝佛母准提大明陀罗尼经　多罗句钵多　第三译 zy0577
七女经 zy1024
七知经 zy0905
七万二千神王护比丘咒经 zy0254-2
起世经 zy0900
起世因本经 zy0901
起信论　真谛译 zy1348
起信论　实叉难陀译 zy1349
qian
千佛因缘经 zy0426

千手千眼观自在菩萨大身咒经 zy0544
千手千眼观世音菩萨姥陀罗尼身经 zy0542
千手千眼观世音菩萨广大圆满无碍大悲心陀罗尼经
伽梵达磨译 zy0545
千手千眼观自在菩萨广大圆满无碍大悲心陀罗尼经
不空译 zy0546
千眼千臂观世音菩萨陀罗尼神咒经 zy0543
千转大明陀罗尼经 zy0737
千转陀罗尼观世音菩萨咒经 zy0570
前三世转经 zy0327

qin

勤授长者会说第二十八 zy0069

qing

清净毗奈耶方广经 zy1195
清净毗奈耶最上大乘经 zy0532
清净观世音普贤陀罗尼经 zy0643
清净心经 zy1172
请宾头法经 zy1493
请观世音经 zy0614
请观世音菩萨销伏毒害陀罗尼咒经 zy0614

qiu

求那摩谛随相 zy1412
求欲经 zy0920

qu

瞿昙弥记果经 zy0930
取因假设论 zy1361

quan

劝发诸王要偈 zy1490

劝进学道 zy1032

qun

群牛譬喻经 zy1115

R

ran

燃灯经 zy0413

rang

穰虞梨童女经 zy0479

rao

绕塔功德经 zy0446

ren

人本欲生经 zy0895

人仙经 zy1165

仁王念诵仪 zy0868

仁王般若念诵法 zy0832

仁王般若陀罗尼释 zy0857

仁王护国般若经 zy0019

仁王护国般若波罗蜜多经 zy0022

仁王护国经道场念诵仪轨 zy0873

仁贤经幻士经 zy0102

忍辱经 zy1070

ri

日密分大集经 zy0126-11

ru

濡首菩萨无上清净分卫经 zy0012

如幻三昧经 zy0112
如幻三摩地无量印法门经 zy0494
如来不思议秘密大乘经 zy0786
如来大哀经 zy0144
如来独证自誓三昧经 zy0347
加来方便善巧咒经 zy0606
如来名号品（华严经） zy0166
如来智印经 zy0253
如来庄严智慧光明入一切佛境界经　法贤译 zy0268
如来庄严智慧光明入一切佛境界经　昙摩流支译 zy0267
如来所说清净调伏经 zy1196
如来狮子吼经 zy0319
如来示教胜军王经 zy0336
如来兴显经 zy0175
如实论 zy1353
如意宝总持王经 zy0507
如意轮莲华心观门仪 zy0870
如意轮陀罗尼经 zy0550
如意摩尼陀罗尼经 zy0551
乳光〔佛〕经 zy0308
入阿毗达磨论 zy1415
入大乘论 zy1343
入对法论集胜义疏 zy1430
入定不定印经 zy0218
入法界品四十二字观门 zy0183
入金刚问定意经 zy0412
入楞伽经　实叉难陀译 zy0240

入楞伽经　菩提流支译 zy0239
入无分别法门经 zy0518

S

sa
萨钵多酥哩俞奈野经 zy1169
萨婆多毗尼毗婆沙 zy1259
萨罗国〔王〕经 zy0460
萨昙分陀利经 zy0194

san
三百颂般若 zy0001-9
三法度论 zy1414
三归五戒带佩护身咒经 zy254-1
三归五戒慈心厌离功德经 zy0939
三慧经 zy1476
三具足经论 zy1295
三律仪会说经第一 zy0042
三曼陀飏陀罗菩萨经 zy1200
三摩竭经 zy1035
三弥底〔部〕论 zy1422
三品弟子经 zy0470
三劫三千佛名经 zy0399
三身梵赞 zy1513
三十五佛名经 zy0481
三无性论 zy1351
三转法轮经 zy0991

seng
僧护经 zy1099

僧祇比丘戒本 zy1215
僧祇比丘尼戒本 zy1216
僧法论 zy1497
僧伽吒经 zy0403
僧伽吒法义经 zy0531
僧伽罗刹所集经 zy1438
sha
沙曷比丘功德经 zy1072
沙门头陀经 zy0474
沙弥罗经 zy1009
沙弥尼戒经 zy1230
沙弥塞戒本 zy1221
沙弥十戒仪则经 zy1272
沙弥十戒法并威仪 zy1227
沙弥威仪 zy1228
沙弥威仪戒本 zy1227
沙弥杂戒文 zy1229
shan
睒子经 zy0287
善臂菩萨会说第二十六 zy0067
善德天子会第三十五 zy0076
善法方便陀罗尼经 zy0610
善见律毗婆沙 zy1255
善见变化文殊师利问法经 zy0503
善〔恭〕敬经 zy0332
善恭敬师经 zy0332
善乐长者经 zy0731

善顺菩萨会说第二十七 zy0068
善生子经 zy0936
善思童子经　阇那崛多译 zy0203
善思童子经　法护译 zy0201
善住意天子会说第三十六 zy0077
善住意天子所问经 zy0113
shang
商主天子〔所问〕经 zy0436
上生兜率天经疏 zy1589
she
舍头谏经 zy1001
舍利弗问经 zy1231
舍利弗悔过经 zy1203
舍利弗阿毗昙论 zy1419
舍利弗陀罗尼经 zy0592
舍利弗摩诃目犍连游四衢经 zy0970
舍卫国王梦见十事经 zy0980
舍黎娑担摩经 zy0506
摄大乘论　佛驮扇多译 zy1317
摄大乘论　真谛译 zy1316
摄大乘论本 zy1318
摄大乘论释　世亲释　真谛译 zy1319
摄大乘论释　无性造　玄奘译 zy1322
摄大乘论释论　达摩笈多译 zy1320
摄大乘释论　世亲造　玄奘译 zy1321
摄诸善根经 zy0402

shen

身观经 zy1120

身毛喜竖经 zy1176

申日经 zy0297

申日儿本经 zy0298

深密解脱经 zy0232

甚希有经 zy0314

甚深大回向经 zy0466

sheng

生经 zy1038

圣宝藏神仪轨〔经〕 zy0859

圣八千颂般若波罗蜜多一百八名真实圆义陀罗尼经 zy0036

圣大总持王经 zy0732

圣多罗菩萨经 zy0709

圣多罗菩萨梵赞 zy1507

圣多罗菩萨一百八名陀罗尼经 zy0710

圣法印经 zy0984

圣佛母小字般若波罗蜜多经 zy0037

圣佛母般若波罗蜜多经 zy0030

圣观自在菩萨梵赞 zy1509

圣观自在菩萨功德赞 zy1504

圣观自在菩萨不空王秘密心陀罗尼经 zy0694

圣观自在菩萨一百八名经 zy0712

圣观自在菩萨心真言瑜伽观行仪轨 zy0839

圣金刚手菩萨一百八名梵赞 zy0886

圣迦尼忿怒金刚童子菩萨成就仪轨 zy0845

圣六字增寿大明陀罗尼经 zy0736

圣持世陀罗尼经 zy0726
圣善住意天子所问经 zy0113
圣阎曼德迦威怒王立成大神验念诵法 zy0846
圣曜母陀罗尼经 zy0779
圣无能胜金刚火陀罗尼经 zy0762
圣印经 zy0984
圣虚空藏菩萨陀罗尼经 zy0725
圣最胜陀罗尼经 zy0771
圣最上灯明如来陀罗尼经 zy0777
圣庄严陀罗尼经 zy0718
胜幢臂印陀罗尼经 zy0596
胜军王经 zy0336
胜军王所问经 zy1139
胜军化世百喻伽陀经 zy1517
胜光天子经 zy0337
胜鬘经 zy0122
胜鬘狮子吼一乘大方便方广经 zy0122
胜鬘夫人会说第四十八 zy0089
胜义空经 zy1173
胜思维梵天所问经 zy0223
胜思维梵天所问经论 zy1290
胜宗十句义论 zy1498
胜天王般若经 zy0009
胜幡璎珞陀罗尼 zy0735

shi

施灯功德经 zy0413
施饿鬼食咒经 zy0648

施色力经	zy0963
施设论	zy1429
施一切无畏陀罗尼经	zy0776
狮子奋迅菩萨所问经	zy0602
师比丘经	zy1109
师子素驮娑王断肉经	zy0452
师子月佛本生经	zy0458
师子庄严王菩萨请问经	zy0438
尸利崛多长者经	zy0299
十不善业道经	zy1524
十八臂陀罗尼经	zy0748
十八部论	zy1426
十八地狱	zy1052
十八空论	zy1307
十八泥犁经	zy1052
十报经	zy0903
十二品生死经	zy1083
十二游经	zy1462
十定品第三十三华严经	zy0173
十地经	zy0182
十地经论	zy1277
十地品第三十一华严经	zy0172
十地断结经	zy0392
十二头陀经	zy0474
十二佛名神咒经	zy0556
十二门论	zy1306
十二缘起经	zy0973

十二缘生祥瑞经 zy1162
十二因缘论 zy1359
十二万神王护比丘尼咒经 zy0254-3
十方灭冥经 zy0430
十号经 zy0501
十吉祥经 zy0461
十力经 zy0180
十门辨惑论 zy1557
〔地藏〕十轮经　玄奘译 zy0129
〔大方广〕十轮经　失译 zy0130
十善业道经 zy1205
十诵律 zy1207
十诵比丘戒本　鸠摩罗什译 zy1217
十诵比丘尼戒本　鸠摩罗什共佛若多罗译 zy1218
十诵比丘尼波罗提木义戒本 zy1218
十诵波罗提木叉戒 zy1217
十诵羯磨比丘要用 zy1234
十万颂般若 zy0001-1
十一面观世音神咒经 zy0566
十一面观自在菩萨仪轨 zy0821
十一面神咒心经 zy0567
十一想思念如来经 zy0974
十缘经 zy1043
十支〔居士八城人〕经 zy0953
十住经 zy0172
十住断结经 zy0392
十住毗婆沙论 zy1311

食施获五福报经 zy0963

拾遗经 zy0966

实相般若波罗蜜多经 zy0018

时〔非时〕经 zy1073

释迦谱 zy1526

释迦氏略谱 zy1527

释迦方志 zy1528

释教最上乘秘密藏陀罗尼集 zy1571

释禅波罗蜜次第法门 zy1628

释摩诃衍论 zy1392

释摩男本经 zy0924

是法非法经 zy0919

逝经 zy0305

逝童子经 zy0306

事佛吉凶 zy1005

事师法五十颂 zy1522

shou

守护大千国土经 zy0707

守护国主陀罗尼经 zy0797

首楞严〔三昧〕经 zy0388

首意女经 zy0370

手杖论 zy1364

受持七佛名号所生功德经 zy0440

受菩提心戒仪轨 zy0824

受十善戒经 zy1183

受岁经 zy0921

受用三水要法 zy1564

授幻师拔陀罗记会说第二十一 zy0062

shu

数经 zy0937

数珠功德经 zy0363

树提伽经 zy0475

shuang

双双经 zy0403

shui

水沫可漂　安世高译 zy0986

水沫所漂经　昙无兰译 zy0987

shun

顺权方便经 zy0282

顺正理论 zy1406

顺中论 zy1315

shuo

说不可思议品经 zy0209

说妙法决定业障经 zy0334

说入胎藏会第十四 zy0055

说无垢称经 zy0200

si

思益义二十四品 zy0222

思益梵天所问经 zy0222

思惟要略法 zy1461

私诃昧经 zy0367

死更生经 zy1093

四阿含暮抄解 zv1471

四辈〔弟子〕经 zy0471

四辈灌腊经	zy0453
四不可得经	zy0369
四童子〔三昧〕经	zy0188
四人出现世间经	zy0959
四法经　实叉难陀译	zy0447
四法经　地婆诃罗译	zy0323
四分〔比丘〕戒本	zy1223
四分比丘尼戒本	zy1224
四分比丘尼羯磨法	zy1239
四分律	zy1214
四分律〔僧〕戒本	zy1225
四分律删补随机羯磨	zy1240
四分尼羯磨	zy1242
四分僧羯磨	zy1241
四分杂羯磨	zy1237
四教义	zy1617
四泥犁经	zy0975
四念处	zy1618
四品法门经	zy1135
四品学法〔经〕	zy1448
四十二章经	zy1018
四天王经	zy1082
四谛经	zy0908
四谛论	zy1424
四无所畏经	zy0497
四月八日经	zy0348
四愿经	zy1060

四自侵经 zy1069

su

苏婆呼童子经 zy0623

苏悉帝羯罗经 zy0624

苏悉帝羯罗供养法 zy0882

速疾立验魔醯首罗天说阿尾奢法 zy0875

宿命智陀罗尼经 zy0744

宿命智陀罗尼经　法贤译 zy0766

sui

随求即得大自在陀罗尼神咒经 zy0646

随相论 zy1412

随愿往生十方净土经 zy0254-11

随勇尊者经 zy1175

随转宣说诸法经 zy0533

sun

孙多邪致经 zy1113

suo

所欲致患经 zy1027

T

tai

胎经 zy0411

胎藏经 zy0309

太子二十八宿 zy1001

太子和休经 zy0115

太子瑞应本起经 zy1014

太子刷护经 zy0114

太子沐魄经 zy0289

太子墓魄经 zy0288
太子须大拿经 zy0285
太子中本起经 zy0904
tan
昙无德戒本 zy1225
昙无德羯磨 zy1238
tang
唐梵相对孔雀经 zy0564
ti
提婆菩萨传 zy1487
tian
天请问经 zy1098
天圣广灯录 zy1637
天王太子辟罗经 zy0467
添品妙法莲华经 zy0197
tie
铁城泥犁经　惠拣译 zy0914
铁城泥犁经　昙无兰译 zy0915
tong
同性经 zy0230
tuo
陀罗尼句 zy0607
陀罗尼集经 zy0565
陀罗尼杂集 zy1530
陀罗尼自在王菩萨品大集经第一 zy0126-1
陀邻尼钵经 zy0608
陀邻钵咒 zy0608

W

wai

外道问圣大乘法无我义经 zy0505

wan

万善同归集 zy1595

wang

王子法益坏目因缘经 zy1470

王法正理论 zy1301

wei

威德长者问观身行经 zy0374

唯识论　真谛译 zy1337

唯识论　流支译 zy1336

唯识二十论 zy1338

唯识三十论 zy1339

维摩儿经＝顶王经 zy0202

维摩诘经 zy0199

维摩诘〔所说〕经 zy0198

维摩诰经疏 zy1629

维摩诘经疏记 zy1630

维摩诘子问经 zy0201

惟日杂难经 zy1445

为阿难说处胎会第十三 zy0054

未生怨经 zy1059

未曾有〔法〕经 zy0969

未曾有经 zy0313

未曾有〔因缘〕经　昙景译 zy0394

未曾有正法经 zy0492

wen

温室洗浴众僧经 zy0365

文陀竭王经 zy0913

文殊悔过经 zy1202

文殊说般若会第四十六 zy0087

文殊所说般若经 zy0011

文殊所说最胜名义经 zy0688

文殊所说摩诃般若经 zy0010

文殊师利般涅槃经 zy0424

文殊师利宝藏陀罗尼经 zy0628

文殊师利佛土严净经 zy0099

文殊师利发愿经 zy1480

文殊师利法宝藏陀罗尼经 zy0787

文殊师利净律经 zy1194

文殊师利根本一字陀罗尼经 zy0554

文殊师利一百八名梵赞 zy1508

文殊师利授记会说第十五 zy0056

文殊师利普门会说第十 zy0051

文殊师利菩萨十事行经 zy0262

文殊师利菩萨根本大教王金翅鸟王品 zy0848

文殊师利菩萨及诸仙所说吉凶时日善恶宿曜经 zy0487

文殊师利所说不思议佛境界经 zy0111

文殊师利现宝藏经 zy0228

文殊师利行经 zy0341

文殊师利巡行经 zy0340

文殊师利问经 zy0419

文殊师利问菩提经 zy0300

文殊师利问菩提经论 zy1287
文殊问字母品经 zy0482
文殊五体悔过经 zy1202
问四事经 zy0382

wu

乌枢瑟摩明王经 zy0656
无边庄严会说大宝积经第二 zy0043
无常经 zy1121
无二平等最上瑜伽大教王经 zy0689
无垢净光大陀罗尼经 zy0613
〔得〕无垢女经 zy0110
无垢贤女经 = 胎藏经 zy0309
无垢优婆夷问经 zy1096
无垢施菩萨应辩会说第三十三 zy0074
无尽伏藏会说第二十 zy0061
无尽慧菩萨会第四十五 zy0086
无尽意菩萨经 zy0142
无际经 zy0598
无极宝经 zy0250
无极宝三昧经　法护译 zy0250
无极宝三昧经　祇多密译 zy0251
无能胜大明心陀罗尼经 zy0759
无能胜大明王陀罗尼经 zy0760
无能胜大明陀罗尼经 zy0761
无能胜金刚火陀罗尼经 zy0762
无能胜幢王如来庄严陀罗尼经 zy0763
无量功德陀罗尼经 zy0747

无量清净平等觉经	zy0092
无量门微密持经	zy0587
无量门破魔陀罗尼经	zy0590
无量寿经　鸠摩罗什译	zy0271
无量寿经　僧铠译　（吕澄认为应为刘宋宝丢译）	zy0094
无量寿经论	zy1294
无量寿观经	zy0270
无量寿大智陀罗尼经	zy0765
无量寿如来会说第五	zy0046
无量寿如来念诵修行观行仪轨	zy0826
无量寿决定光明王如来陀罗尼经	zy0708
无量寿庄严经	zy0493
无量义经	zy0193
无所有菩萨经	zy0416
无所希望经	zy0263
无上处经	zy1102
无上依经	zy0312
无明罗刹集	zy1484
无畏德菩萨会说第三十二	zy0073
无畏授所问大乘经	zy0522
无畏陀罗尼经	zy0757
无相论	zy1351
无相经	zy0243
无相思尘论	zy1354
无崖际总持法门经	zy0598
无言童子经	zy0146
无言菩萨品大集经	zy126-6

无字宝箧经 zy0291

五百问事经 zy1251

五百弟子自说本起经 zy1067

五大施经 zy1273

五道章经 zy1029

五分比丘尼戒本 zy1222

五分比丘戒本 zy1221

五分律 zy1213

五分羯磨 zy1236

五佛顶经 zy0619

五恐怖〔世〕经 zy1092

五苦章句经 zy1029

五门禅经要用法 zy1455

五千五百佛名经 zy0400

五十颂圣般若波罗蜜多经 zy0032

五事毗婆沙论 zy1420

五王经 zy1104

五无反复〔本义〕经 zy1086

五蕴论 zy1345

五蕴皆空论 zy0982

五阴譬喻经 zy0986

五子母经 zy1008

五字陀罗尼颂 zy0850

X

xi

希有较量功德经 zy0325

息除贼难陀罗尼经 zy0780

息除中天陀罗尼经 zy0783

息诤因缘经 zy1146

xian

贤护经 zy0140

贤护长者会说第三十九 zy0080

贤劫经 zy0397

贤圣集伽陀一百颂 zy1515

贤首〔夫人〕经 zy0427

贤愚经 zy1435

贤者五福经 zy1097

咸水喻经 zy0906

显识论 zy1334

显无边佛土功德经 zy0174

显扬圣教论 zy1298

显扬圣教论颂 zy1300

显宗论 zy1407

xiang

相续解脱经 zy0235

相续解脱地波罗蜜了义经 zy0235

相应相可经 zy0996

香王菩萨陀罗尼咒经 zy0651

祥符法宝录 zy1638

象步经 zy0263

象头精舍经 zy0302

象腋经 zy0264

象力大经 zy0264

xiao

消除一切灾障宝髻陀罗尼经 zy0740

消除一切闪电障难随求如意陀罗尼经 zy0758

小道地经 zy1479

小品般若波罗蜜多经 zy0007

小中心经 zy1075

孝子〔报恩〕经 zy1066

孝子睒经 zy0286

xie

邪祇经 zy1088

邪见经 zy0954

懈怠耕者经 zy1094

xin

心明经 zy0429

心明女梵志饭汁施经 zy0429

心咒王经 zy0540

新编随愿往生集 zy1573

新微密持经 zy0588

新岁经 zy1114

新译华严经音义 zy1543

信佛功德经 zy1131

信解智力经 zy1136

信力入印法门经 zy0155

xing

兴显如幻经 zy0175

兴起行经 zy1043

xiu

修行本起经 zy1013

修行〔道地〕经 zy1437

修行菩萨行门诸经要集 zy1441

修习般若波罗蜜菩萨观行念诵仪轨 zy0853

xu

虚空目分大集经 zy0126-9

虚空藏菩萨经 zy0132

虚空藏菩萨陀罗尼经　法贤译 zy0768

虚空藏菩萨陀罗尼经　法天译 zy0725

虚空藏菩萨神咒经 zy0133

虚空藏菩萨问佛经 zy0605

虚空藏菩萨问七佛陀罗尼咒经 zy0605

虚空藏菩萨品大集经 zy126-5

虚空藏菩萨能满诸愿最胜心陀罗尼求闻持法 zy0653

虚空孕菩萨经 zy0134

须达经 zy0940

须达拿 zy0285

须达长者经 zy0940

须真天子经 zy0382

须摩提经 zy0106

须摩提菩萨经 zy0107

须摩提女经 = 增一阿含第二十二须陀品　支谦译 zy0961

须摩提长者经 zy1057

须赖经 zy0366

须菩提品 zy0005

续大唐录 zy1537

续高僧传 zy1553
续古今译经图记 zy1539
续集古今佛道论衡 zy1546
续一切经音义 zy1567
xuan
玄师拔陀〔所说〕神咒经 zy0636
选择诸法经 zy1186

Y

yan
严诫宿缘经 zy1043
严净佛土经 zy0099
阎罗王五天使者经 zy0914
阎曼德迦威怒王立成大神验念诵法 zy0846
延寿妙门陀罗尼经 zy0773
演道俗业经 zy0379
演玄集 zy1644
yang
鸯崛髻经 zy0967
央崛魔罗 zy0414
央崛摩罗经 zy0966
yao
要集经 zy0393
药师如来本愿经 zy0255
药师如来本愿功德经 zy0256
药师琉璃光如来本愿功德经 zy0256
药师琉璃光七佛本愿功德经 zy0257
耀童子经 zy0515

曜母陀罗尼经 zy0779

ye

业报差别经 zy1044

业成就论 zy1329

叶衣观自在菩萨陀罗尼经 zy0669

yi

壹输卢迦论 zy1360

一百五十赞佛颂 zy1482

一百五十颂般若 zy0001-10

一髻尊陀罗尼经 zy0676

一切法义经 zy0279

一切法高王经 zy0279

一切佛菩萨名集 zy1572

一切佛行入智毗卢遮那藏说经 = 大乘同性经 zy0230

一切佛摄相应大教王经圣观自在菩萨念诵仪轨 zy0866

一切经音义　玄应撰 zy1542

一切经音义　慧琳撰 zy1566

一切流摄守因缘经 zy0907

一切秘密大教王仪轨 zy0880

一切智光明仙人慈心因缘不食肉经 zy0463

一切如来大秘密王未曾最上微妙大曼那罗经 zy0698

一切如来金刚三业最上秘密大教王经 zy0683

一切如来金刚寿命陀罗尼经 zy0661

一切如来佛顶轮王一百八名赞 zy0885

一切如来名号陀罗尼经 zy0778

一切如来安像三昧仪轨 zy0858

一切如来正法秘密箧印心陀罗尼经 zy0724

一切如来真实摄大乘现证三昧大教王经 zy0785
一切如来乌瑟腻沙最胜总持经 zy0753
一切如来心秘密全身舍利宝箧印陀罗尼经 zy0660
一千八百颂般若 zy0001-11-15
一万八千颂般若 zy0001-3
一向出生菩萨经 zy0593
一字顶轮王念诵仪轨 zy0828
一字顶轮王瑜伽经 zy0672
一字佛顶轮王经 zy0619
一字奇特佛顶经 zy0678
医喻经 zy1161
遗教经论 zy1293
移山经 zy0968
以身施饿虎经 zy0456
蚁喻经 zy1156
异部宗轮论 zy1428
异部宗轮论疏 zy1599
异出菩萨本〔起〕经 zy0425
意经 zy0946
义足经 zy1039
yin
阴持入经 zy1046
因明正理门论 zy1332
因明正理门论本 zy1331
因明入正理论 zy1333
因明入正理论疏 zy1596
因明正理论过类疏 zy1590

银色女经 zy0328
印经 zy0984
ying
应法经 zy0947
鹦鹉经 zy0944
璎珞品古大集经 zy126-1
you
优婆塞戒经 zy1181
优婆塞五戒威仪经 zy1193
优婆塞五戒婆略论 zy1247
优婆塞五戒相经 zy1247
优婆离律 zy1235
优婆离会说第二十四 zy0065
优婆离问佛经 zy1235
优婆夷堕舍迦经 zy0949
优婆夷净行法门经 zy0468
忧陀延王会说第二十九 zy0070
优填王经 zy0105
优填王作佛形象经 zy0351
有德女所问大乘经 zy0448
右绕佛塔功德经 zy0446
yu
盂兰〔盆〕经 zy0358
瑜伽大教王经 zy0691
瑜伽金刚顶经释字母品 zy0815
瑜伽念珠经 zy0677
瑜伽性海曼殊师利千臂千钵大教王经 zy0784

瑜伽师地论　zy1297

瑜伽师地论记　zy1604

瑜伽师地论释　zy1299

瑜伽师地论义演　zy1603

瑜伽莲华部念诵法　zy0833

瑜伽劫章颂　zy1592

瑜伽论略纂　zy1602

雨宝陀罗尼经　zy0662

郁伽长者经　zy0101

郁伽长者会说第十九　zy0060

郁伽罗越问菩萨行经　zy0101

浴像功德经　宝思维译　zy0360

浴像功德经　义净译　zy0361

玉耶经　zy1011

玉耶女经　zy1010

yuan

缘本致经　zy0911

缘生论　不空译　zy1374

缘生论　郁楞伽造　达摩笈多译　zy1358

缘生初胜分法本经　zy0236

缘起经　zy0973

缘起圣道经　zy0343

园生树经　zy1157

圆觉道场修证仪　zy1636

yue

月童男经　zy0428

月灯三昧经　那连提耶舍译　zy0261

月灯三昧经　先公译　zy0262

月光童子经　zy0297

月光菩萨经　zy0514

月明童子经　zy0428

月明菩萨经　zy0428

月上女经　zy0420

月喻经　zy1158

越难经　zy1026

Z

za

杂宝藏经　zy1453

杂阿含经　一卷　zy0985

杂阿含经　五十卷　zy0890

杂阿毗昙心论　zy1410

杂譬喻经　支娄迦谶译　zy1464

杂譬喻经　失译人名　zy1465

杂譬喻集经　zy1463

杂藏经　zy1003

zan

赞法界颂　zy1518

赞观世音菩萨颂　zy1483

赞扬圣德多罗菩铲一百八名经　zy0711

zao

造立形象福报经　zy0350

造塔功德经　地婆诃罗译　zy0445

造塔功德经　实叉难陀译　zy0446

zeng

增慧陀罗尼经 zy0738

增一阿含经 zy0889

zhai

斋经 zy0950

zhan

旃檀树经 zy1106

旃檀香身陀罗尼经 zy0742

旃陀越〔国王〕经 zy1091

瞻波比丘经 zy0931

zhang

长者法志妻经 zy0459

长者女庵提遮狮子吼了义经 zy0462

长者诣佛说了如无教经 zy1011

长者子懊恼三处经 zy1055

长者子六过出家经 zy0965

长者子制经 zy0304

长者施报经 zy1134

长者音悦经 zy1022

掌珍论 zy1344

掌中论 zy1371

zhao

召五方龙摄疫毒神咒经 zy0254-9

zhen

真伪沙门经 zy1244

贞元续开元释教录 zy1569

甄正论 zy1556

zheng
正〔法〕恭敬经 zy0331
正法华经 zy0196
正法念处经 zy1040
证契大乘经 zy0231
zhi
支轮经 zy1166
止观大意 zy1621
止观门论颂 zy1363
止观义例 zy1626
制经 zy0304
猘狗经 zy1062
治禅病秘要经 zy0997
治意经 zy1452
智光灭一切业障陀罗尼经 zy0733
智炬陀罗尼经 zy0644
智印经 zy0529
zhong
中阿含经 zy0888
中本起经 zy0904
中边分别论 zy1326
中观论 zy1388
中论 zy1304
中阴经 zy0415
中心〔正行〕经 zy1075
种种杂咒〔经〕 zy0579
〔开皇〕众经目录　法经撰 zy1533

〔仁寿〕众经目录 zy1535
众经撰出杂譬喻经 zy1466
众事分阿毗昙论 zy1399
众许摩诃帝经 zy1127
zhou
咒五首经 zy0569
zhu
诸德福田经 zy0375
诸佛经 zy0500
诸佛法身 zy0253
诸佛要集经 zy0393
诸佛心陀罗尼经 zy0638
诸佛心印陀罗尼经 zy0782
诸佛集会陀罗尼经 zy0645
诸法本经 zy0929
诸法本无经 zy0249
诸法集要经 zy1525
诸法最上土经 zy0437
诸法无行经 zy0248
诸法勇王经 zy0278
诸福田经 zy0375
诸行有为经 zy1168
诸经要集 zy1531
诸教决定名义论 zy1385
诸菩萨求佛本业经 zy0168
注仁寿慈圣发愿文 zy1581
注四十二章经 zy1580

注三宝赞 zy1579

注维摩诘经 zy1577

注遗教经 zy1578

zhuan

转法轮经 zy0990

转法轮经论 zy1296

转识论 zy1335

转女身经 zy0311

转女身菩萨经 zy0282

转女身菩萨问答经 zy0283

转有经 zy0339

撰集百缘经 zy1433

撰集三藏及杂藏传 zy1475

zhuang

庄严宝王经 zy0702

庄严佛法经 zy0221

庄严经论 zy1313

庄严菩提心经 zy0164

庄严陀罗尼经 zy0718

庄严王陀罗尼咒经 zy0650

zi

自爱〔不自爱〕经 zy1074

自誓三昧经 zy0346

自在王菩萨经 zy0147

zui

最胜佛顶陀罗尼经 zy0585

最胜佛顶陀罗尼净除业障经 zy0583

最胜妙吉祥根本智最上秘密一切名义三摩地分 zy0687
最胜陀罗尼经 zy0771
最胜无比大威德金轮佛顶炽盛光消灾吉祥陀罗尼经 zy0727
最上灯明如来陀罗尼经 zy0777
最上大乘金刚大教宝王经 zy0693
最上根本大乐金刚不空三昧大教王经 zy0684
最上秘密那拏天经 zy0701
最上意陀罗尼经 zy0756
最无比经 zy0326
罪福报应经 zy1085
罪业报应教化地狱经 zy1020
zun
尊婆须密所集论 zy1413
尊那经 zy0517
尊胜大明王经 zy0788
尊胜佛顶真言修瑜伽法 zy0867
尊胜菩萨所问一切诸法入无量法门陀罗尼经 zy0599
尊胜陀罗尼 zy0586
尊上经 zy0943
zuo
坐禅三昧经 zy1443
作佛形象经 zy0351

中华字库

“中华字库”项目的源起

由中华人民共和国新闻出版总署领衔的“中华字库”工程，列入《国家“十一五”时期文化发展规划纲要》《文化产业振兴规划》及《国家“十二五”时期文化发展规则纲要》的重大建设项目，由国家新闻出版总署归口管理，于2010年正式启动。“中华字库”工程总体组建方案由新闻出版总署拟定。

依据新闻出版总署重大科技工程项目领导小组决定，中国出版集团公司作为牵头单位，在总署“重大办”指导下，本着自愿原则，邀约若干有关单位，包括相关学术研究单位、技术优势单位、示范应用单位、标准制定单位等，共同组建“中华字库”工程项目总体组。

“中华字库”是一项具有战略性、引导性和带动性的重大文化科技创新工程，在项目实施过程中需要涉及以下四大领域：

一是学术领域。汉字及少数民族文字原始资源的调研取样、文献选择、字符收集、字形考订与整理等。

二是技术领域。工作平台和各类系统的研发，字库设计与制作，超大规模的字符输入、输出、存储、传输等研发。

三是标准领域。文字整理和编码的标准体系，标准制订的规范性和权威性，与国际标准和国家标准的接轨、兼容及等同转换等。

四是工程管理领域。超大型工程的组织和管理，对新闻出版等资源的掌控使用能力，对工程需求目标的把握能力等。

因此，确定了以下筛选标准。必须具备其中多项条件的国有或国有控股企事业单位，才可成为总体组的成员单位。这些条件是：

（1）在汉字或少数民族文字学术研究上具有权威性；

（2）有丰富的汉字或少数民族文字学术研究成果；

（3）有丰富的汉字或少数民族文字、文献资源；

（4）拥有汉字或少数民族文字信息处理的领先技术；

（5）有研制文字信息标准的长期积累和权威地位；

（6）有新闻出版科技创新的基础资源和组织研发能力；

（7）有与上述业务相关的学术带头人和工作骨干；

（8）有与上述业务相关的良好的项目支撑条件和组织协调管理经验；

（9）有与上述业务相关的良好的国际交流基础。

中国社会科学院民族学与人类学研究所发挥在少数民族语言文字研究方面的优势，承担少数民族语言文字的收集整理以及相关规范标准研究方面的组织协调和质量监督工作。根据“中华字库”工程第19包“少数民族现行文字的搜集与整理”的承担单位中国社会科学院民族学与人类学研究所的提议，由笔者负责“古藏文（无头字）的搜集整理与字库制作”子课题的研发工作。藏文无头字研发小组的研究人员由笔者、德庆央珍、罗杰、安才旦、扎西次仁组成。根据“中华字库”工程的总体要求，社科院民族学与人类学研究所承担的第19包总负责人孙伯君先生对第19包各文种的研发工作做了具体布置。

一、藏文无头字典籍的收集与文献资源著录

藏文是一种古老的拼音文字。据藏学家土登彭措先生在《藏史纲要》[①] 中介绍，在公元前2900多年前，青藏高原就有文字流布。藏学家徐丽华先生在其《藏文古籍概览》一书中也采用了此观点，认为松赞干布派大臣吞弥·桑布扎赴印度留学返藏后，以玛尔钦体为蓝本，并参照印度古巴达文创制了现行的乌坚体，并确定了乌美体。[②] 可以这样认为，

① 土登彭措：《藏史纲要》（藏文），北京，民族出版社，2006。

② 徐丽华：《藏文古籍概览》，第11页，北京，民族出版社，2013。

现行藏文的产生，两大手书方式同时在松赞干布时期完成，这在文字发展史来说，它没有经历像汉文那样漫长的行程，仿佛经历一代人的努力就完成了从诞生、流布应用到规范书写的文字功能，这不能不说是文字史上的奇迹。

现行藏文自创制起就有两大书写方式，即乌坚体和乌美体。各体之间又有若干体式，丰富了藏文化发展中的文字美学内涵。乌坚体藏文，意为有冠体，也有人称之为藏文楷书体，每个字母最上一笔自左向右横写，字母排列的上端第一笔必须在一条直线上；乌美体意为无冠体，即无头字，也有人称为藏文草书体，所写的字母像没有帽子一样，书写者随自己的书写习惯而书写。本课题就是承担这种藏文无头字的搜集、整理与字库制作的研发工作。

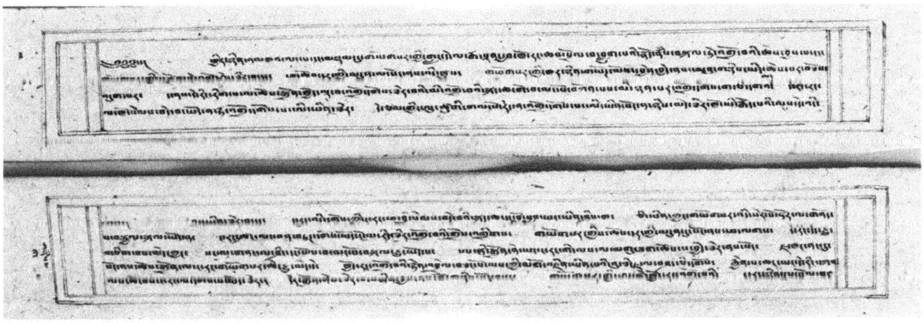

图 1 《格萨尔土克敌制胜记》（19 世纪抄本，西藏图书馆藏）

藏文无头字底本的搜集与比较是该课题的基础，对于底本的选择甚为重要。首先，对无头字藏本的分布要有基本的了解。其次，对无头字藏本的字型、字节是否适合字库制作的需要有一个初步的摸底。好在那时有王尧先生、黄明信先生这些藏学大家的帮助，无数次上门求教，先生们都悉心指导，使资料搜集中少走了许多弯路，求教过的先生大多驾鹤西去，行笔于此，仍存感怀。之后就在去国家图书馆、中央民族大学图书馆、西南民族大学图书馆、西藏自治区图书馆的路上奔波。各图书馆的藏本各异，但都属善本或孤本级别，很难一窥全貌，若要整本书复制是不可能的。好在在搜集各家图书馆无头字的过程中，见识了平时难得一见的精美古籍善本，这对于从事版本学和目录学研究的人来说，是一种美的享受和自身阅历的充实。资源调研耗费大量时间和精力，同时要建立《字符采集资源文献目录》，制定项目文字排版规则初稿；制作无头字文献电子图档6000余幅，完成无头字文字属性数字属性5000余字。

经过文字考订与整理，发现所选底本包括藏文《大藏经》也不足以支撑项目要求的字符数量，且无头字书写的不稳定性，会为之后的工作带来困难。对此，在孙伯君先生的指导下，建议选择《西番译语》作底本。经各环节专家的多次论证，该古籍资料词量充沛，书写稳定，能够满足项目的要求。

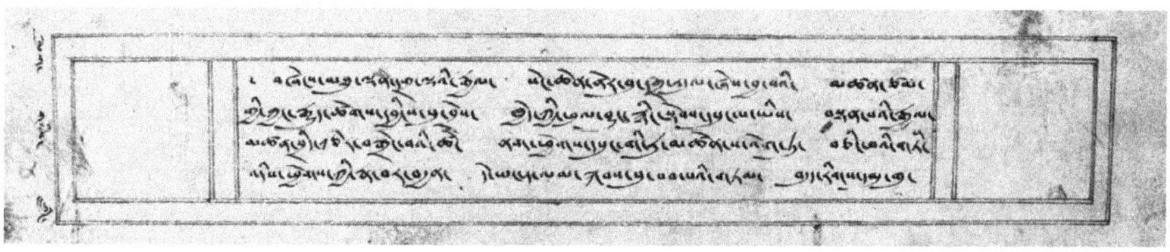

图2 《格萨尔传之打败骡子宗》（19世纪抄本，西藏图书馆藏）

选定了底本，之前的一些工作还得从头再来，比如藏文有头字与无头字的对照及转换规则，无头字与梵文对照及转换规则，无头字与拉丁转写对照表等。当这一切都完成之后，该项目研发工作进入下一个阶段。

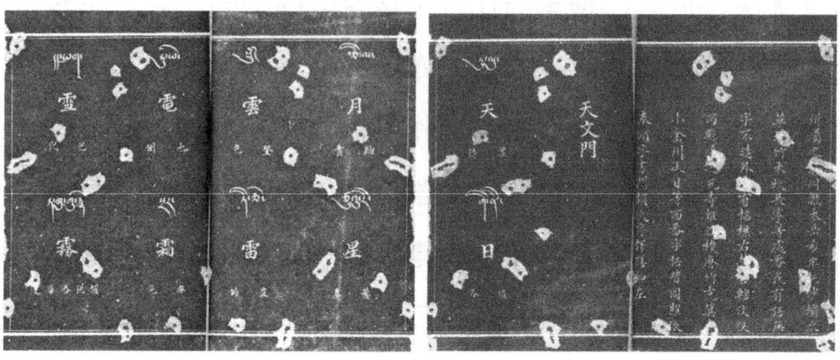

图3 《西番译语》（晒蓝本，国家图书馆藏）

二、提取无头字单字原形图是“中华字库”工程研发的重要工作

在完成第一阶段工作之后，立即开始提取无头字单字原形图队，根据本项目组工作分工，该阶段工作主要由中国藏学研究中心研究员安才旦、扎西次仁同志施行。即将已确定的底本《西番译语》（1—9册）作为提取无头字单字原形图的字符收集范围。在提取无头字原形图字符后，制定出完整的字表。该项工作与前期工作一样繁杂，应对提取无头字单字工作所采用的底本有相当程度的熟知，掌握底本字体的变化规律、书写习惯、字母间的搭配关系等。由于《西番译语》晒蓝本纸面虚影多，字里行间污迹不少，增加了提取单字辨认的难度。

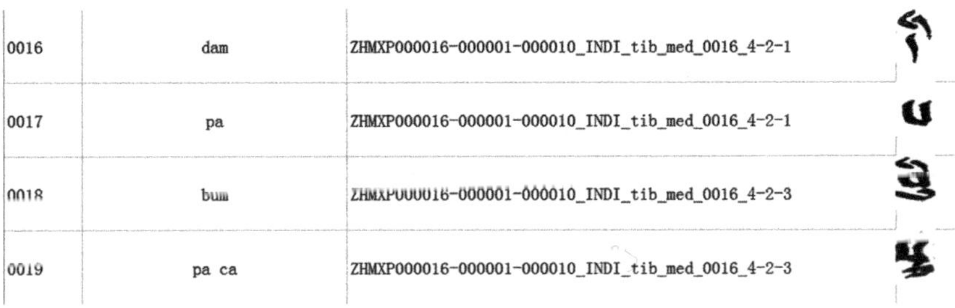

图 4 《西番译语》原形图

提取无头字单字原形图与制定字符表、字符属性数据相关联，为最后形成输入法方案提供数据支持。这一段工作内容涉及计算机理论、数据、编程等领域，好在扎西次仁同志是这方面的资深专家，遇到的困难都能解决，为项目的顺利进行做出了努力。

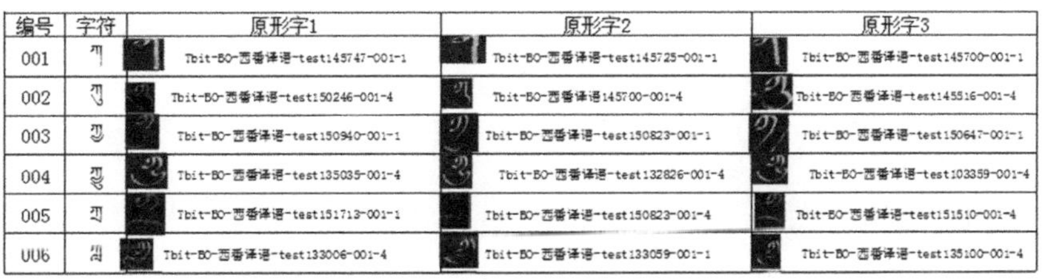

图 5 《西番译语》切字图

“中华字库”工程是一个庞大的文字数字化工程，汉字、各少数民族文字均含其中。藏文乌坚体（楷书）和乌美体（草书）都是项目研发的一部分，而对藏文乌美体的研发是第一次，研发工作比较困难，好在我们的团队是一个积极努力、不惧困难的团队。尤其是德庆央珍、罗杰同志对整个研发工作付出很多，为项目的最终完成做出了贡献。

在阶段性工作完成后，“中华字库”总体组特邀藏文书法家次勒降泽先生为“少数民族古文字的搜集整理与字库制作”书写了藏文无头字字库的基础字稿。这为该项目的完成增光添彩，在此表示谢意。

图 6　藏文书法家次勒降泽先生的作品及证书

“中华字库”项目启动后的调查报告

一、关于藏文的文字性质

藏文的30个基本辅音字母都能表达语言的声音，从功能和结构上看，辅音字母大多能独立成字，或独立成词，这意味着辅音字母蕴含了元音要素，这是辅音文字的表现。另一方面，藏文中的元音符号通常不成为字母，这是因为元音符号结构上不独立书写，不能独立成字或成词。所有元音符号必须附着在辅音字母上发声。

从现代语言文字关系观点来看，随着藏语的发展，当今藏语各地方言读音与文字读音差别极大。除了9世纪后期第三次文字厘定曾依据口语读音，对文字拼写做过少量的规范，其后，文字拼写逐步固定化，相当程度上失去了音素拼写口语的功能。

传统上，藏文30个字母即吞弥·桑布扎撰写的《三十颂》制定的字母。这30个字母内涵意义与其他语言不一样，不包括元音字母。由于辅音字母蕴含了元音要素，所以都具有独立使用的性质。反之，元音字母都不叫作字母，而称之为符号。藏语的音节与汉语的音节比较接近，汉语一个音节往往可以用声母和韵母来表示，藏语也是这样。汉语一个音节基本相当于一个汉字，藏语一个音节也相当于一个藏文音节字，所以，可以仿照此法称一个藏文音节为一个藏字或一个藏文音节字。

从现代书面语中收集的藏文辅音字母有41个，这些字母的共同特点是都能代表藏语中的单一语音音素，或者代表外来语文中的单一语音音素。另一个特点是这些字母是在长久书面语实践中逐步获得认可、具有规范性质的字母。就数量来说，这些字母数已经超越了传统 30 个字母，应用范围大幅扩展，不仅包括日常文本，也包括典型经书文本，还可以用于梵文、汉语、蒙古语等借词。

其一，藏文字形：元音。

藏文的元音符号并不如我们想象的那么少，这其中包括了藏文本体元音符号，古藏语元音以及梵文借词音译元音，共计 15 个。

其二，藏文的结构。

藏文的书写方向：藏文书写是从左至右横行书写。

字母方向：藏文字母可以逐个横向书写，也可以在基字上、下方纵向叠置书写。

藏字结构的形状与构字的字符位置相关，每个字最多可以有 7 个字符构成，形成 7 个字符位置。其中最核心的位置是基字位，基字位前面是前加字位，基字上方是上加字位或元音位，基字下方是下加字位或元音位，出现下加字时，元音在下，基字后面是后加字位和重后加字位。

其三，藏文文本符号的分类。

目前所使用的 41 个辅音字母和 15 个元音符号是藏文在历史发展过程中逐步创制和采纳的。除了表达语言的字母符号之外，藏文文本中还存在其他大量的文本符号，这些符号有些具有表达语言功能的作用，有些则只是文本的装饰性图案。从各类文献中搜集的藏文符号和图形分析，藏文文本中的字符可以分化为两大类，即文字符号与非文字符号。所谓文字符号是指能够书写语言声音的符号，还包括描写声音连接、停顿和结束的符号。非文字符号可以表示某种事物或观念意义，但与语言声音无关。文字符号包括藏文基本字符和梵源文字符等，非文字符号包括篇章符、敬重符。

其四，文字符号分类及功能。

一是辅音字母。从来源上看，藏文文字符号包括藏文字符和梵源藏文字符。藏文字符最核心部分是藏文初始时期的 30 个辅音字母，这些符号从古至今一直沿用，都能表达语言的声音，称之为基本字符。从功能上看，辅音字母大多能独立成字或者独立成词，含有辅音字母的内涵。

二是元音符号。元音符号不称为字母，意味着把元音符号看作辅音符号，但更主要的功能是完成藏语言的发音作用。

三是数字符号。藏文数字符号也属于基本字符，通常可分为两组：基本数字符号与半数值符号。前者使用广泛，后者仅用于早期货币等特定领域。数字符号的功能是表示时间、顺序、年代、长幼，并用于计量。

四是藏文标点符号。藏文标点符号来源混杂，有些可能来源于早期象雄文字，有些属于自创符号，来自对佛教图案和法器图形的改造，还有些出自于不同外来语言文本，特别是印度梵文系列文本。即使是外界的符号，由于时间长久，大多数符号在名称、形式和功能上已相当程度藏文化了。

五是梵源字符。梵源字符分为梵源辅音字母、梵源元音符号和变音符号。梵源辅音字母是藏族译经师们根据梵文新创的10个藏文字母，这些字母的形成是利用藏文已有的字符进行自行改造或组合产生的。尽管从功能上看，这些新创字母主要用于对译梵文经书，但也出现了本地化趋势。

其五，非文字符号的情况。

藏文各类文本，特别是经文、历算等传统文本中包含相当数量的非文字型符号，这些符号主要可分为准文字符号与图形符号。准文字符号有两层含义，一是不表达语言声音，二是缺乏各语言文本符号所具有的共性，藏文准文字符号仅表达某种文本形式意义或者以图形方式指示事物的意义。

二、藏文目前编码的情况

我国藏文信息处理研究开始于20世纪80年代初期。长期以来，藏文编码及相应的计算机处理系统的开发与应用一直是各自为政，编码不统一。1997 年，国际标准化组织接受了我国提交的藏文编码字符集方案，我国也于 1998 年 1 月发布了藏文小字符集国家标准，使藏文成为 ISO/IEC 10646 通用多 8 位编码字符集的重要组成部分。藏文小字符集字符数量达到 195 个，包括辅音字符、元音字符、数字、标点、其他符号、藏文转写梵文来源的辅音符号、藏文转写梵文来源元音符号等。然而，由于藏文字符集存在复杂的叠置字符问题，解决叠置字符引擎技术（UniScribe）困难，使得藏文软件系统一直处在编码不统一状态。

目前，美国微软公司研发的藏文字处理系统已向社会发布，为社会提供了国际标准编码的藏文系统。而国内由于前期的开发投入和已有资源的制约，希望另走一条编码道路，并积极制定藏文国家标准。2008 年，《信息技术 信息交换用藏文编码字符集 扩充集 A》和《信息技术 信息交换用藏文编码字符集 扩充集 B》通过了专家鉴定，前者包括藏文垂直预组合字符 962 个，后者包括 5702 个字符。

2008 年 3 月发布的 Unicode 5.1 版本在 4.1 的基础上又增加了 6 个字符编码，至此，藏文小字符集数量达到了 201 个。

藏文小字符标准颁布后，字符叠置技术得到发展。微软公司等针对藏文编码的复杂性以及基本字符集技术在应用中动态组合所存在的问题，以叠置引擎技术和 OpenType 字库技术来解决。所谓 OpenType 字库，即在编码字符之外建立 OpenType 字体文件，用来存放所有可能的藏文字符字形，然后通过字符编码与字形特征之间的映射关系来显现藏文 OpenType 字体。

据笔者所知，国家图书馆馆藏藏文典籍中古代无头字文献尚不能满足项目底本的全部要求。其他馆藏中是否有无头字文献存世不得而知，尚需继续调研。

译源论*

——文化交融视野下中国古代翻译源流略论

一、译的缘起

译，指把一种语言文字依照原义转写表达成另一种语言文字。《礼记·王制》载："五方之民，言语不通，嗜欲不同。达其志，通其欲，东方曰寄，南尔曰象，西方曰狄鞮，北方曰译。"从文献记载可知，早在商周时代就设置了译官，称为"象胥"。《周礼》载象胥的职责是"通夷狄之言"，是具有特别才能的人。这种有才能的人除了具备两种或两种以上的语言表达能力，还必须是受过专门训练，懂得邦交，能够胜任接待四方来宾包括少数民族使者的人。《周礼·秋官》曰："象胥每翟上士一人，中士二人，下士八人……掌蛮夷闽貉戎狄之国使，掌传王之言而谕说焉，以和亲之。若以时入宾，则协其礼与其辞言传之。凡其出入送逆之礼节、币帛、辞令而宾相之。"商周时译官的官阶待遇、工作职责都有明确规定。可以看出，翻译机构是商周时代国家的职能部门之一，是随着国家政治、经济和文化的发展需求而设。

秦汉以降，设大鸿胪典客，为九卿之一，掌管诸侯及藩属国事务。汉武帝太初元年（前 104 年）改名大鸿胪，将典属国所辖职务并入。因诸王上朝议事、郡国献策、封侯拜相等有涉朝廷大事，多与礼仪相关，后遂变为赞襄礼乐之官，东汉官称大鸿胪卿。机构、官名的更改，并未改变象胥初设时的职能，只是加强了司外事和礼宾的职责。

---

* 原载《出版与印刷》2020 年第 4 期。《国家"十一五"时期文化发展规划纲要》"中华字库工程"第 19 包"少数民族现行文字的搜集与整理"建设项目。

翻译作为一种职业，始于商周时期，由朝廷设置机构履行翻译职能，进行行业管理，其后历代相沿。汉之后，佛教盛兴，西域来华僧人渐多，据《高僧传》载，自天竺人维祇难于吴黄武三年（224 年）来到武昌传教开始，至北周初年达摩流支到达长安的三百多年间，就有 40 多人来华弘法译经，皆位列高僧，其他不列入《高僧传》者不计其数。又据《隋书 · 经籍志》称："姚苌时 (384—393 年在位)，鸠摩罗什至长安，大译经论。时胡僧至长安者数十辈，惟鸠摩罗什才德最优。"因其才学，十六国时期前秦君主苻坚派兵攻打龟兹，抢得鸠摩罗什，至武威，因前秦变故，苻坚死，于是罗什在武威居留 16 年。其间，罗什专研汉学，为其后来的翻译生涯做好了准备。最终，鸠摩罗什在一路战火的裹挟下，于 5 世纪初到达长安，开始了他辉煌的佛经翻译历程，他绝美的译笔至今仍载于《大藏经》中。

就在鸠摩罗什到达长安的前两年，一位汉地僧人法显循着鸠摩罗什早年的足迹，逆向向印度进发。这两串脚印在 4 世纪末 5 世纪初的逆向重叠，正是中国翻译史上的重要时期。《大藏经》第 50 册中的《高僧传》载：

> 释法显，姓龚，平阳武阳人。三岁便为沙弥。及受大戒，志行明敏，常慨经律舛阙，誓志寻求。以晋隆安三年，与同学慧景、道整、慧应、慧嵬等发自长安，西度流沙，凡所经历三十余国。后至中天竺，于摩竭提波连弗邑阿育王塔南天王寺，得《摩诃僧祇律》，又得《萨婆多律》，抄《杂阿毗昙心线经》《方等泥洹经》等。显留三年，学梵经、梵书，方躬自书写。于是持经像寄附商客到师子国，同旅十余，或留或亡。停二年，复得《弥沙塞律》《长杂二含》及《杂藏》，并汉土所无。既而附商人大舶，循海而还。经十余日，达耶婆提国。停五月，复随他商东适广州。举帆二十余日，夜忽大风，合舶

震惧，任风随流，忽至青州长广郡牢山南岸，遂南造京师。就外国禅师佛驮跋陀于道场寺，译出《摩诃僧祇律》《方等泥洹经》《杂阿毗昙心论》，垂有百余万言。后至荆州，卒于辛寺。春秋八十有六。

翻译在五代十国间达到了相当的水准，翻译的底本主要依据印度僧人来华所带梵本和中土僧人自印度带回的梵文佛经。也有人考究《大藏经》后认为，当初的译经并无底本，只凭译人背诵而译。纵观《大藏经》，背诵而译只是个别而非主流，绝大多数是依梵文而译成汉文的。

佛经的翻译，为佛教传播做出了极大的贡献。僧伽制度的建立，急需寺庙的建设。而以寺作为弘法的基地和翻译佛经的地方，则来源于印度佛教的传承方式。在我国，东汉始有浮图，历朝壮大，到南朝时，已成规模。杜牧诗云："南朝四百八十寺，多少楼台烟雨中。"金陵一处，即有"四百八十座"寺庙，南朝的佛法兴盛可见一斑。

二、译的管理

自秦汉起，边疆的少数民族、部落、方国以及藩属国的朝贡以及与中原王朝的交往事宜均由大鸿胪行使管理与领导职能。到元朝时，因疆域扩展，原大鸿胪已不适应时代的需求而在礼部下设会同馆，统领原属大鸿胪事务。据《元史·百官志》记载："会同馆，秩从四品。掌接伴引见诸番蛮夷峒官之来朝贡者。至元十三年始置。二十五年罢之。二十九年复置。元贞元年，以礼部尚书领馆事，遂为定制。"明初礼部复设鸿胪部，但其职能完全改变，专管皇家之朝庙礼仪。明永乐五年（1407年）专门设置翻译边疆少数民族及邻国语言文字的机构——四夷馆。设置之初，隶属翰林院，后又以太常寺少卿提督馆事。

《明史》卷七十四《职官志》载：

太常寺提督四夷馆。少卿一人，正四品，掌译书之事。自永乐五年，外国朝贡，特设蒙古、女直、西番、西天、回回、百夷、高昌、缅甸八馆，置译字生、通事，通事初隶通政使司通译语言文字。正德中，增设八百馆。八百国蓝者哥进贡。万历中，又增设暹罗馆。

初设四夷馆隶翰林院，选国子监生习译。宣德元年（1426 年），兼选官民子弟，委官教肄，学士稽考程课。弘治七年（1494 年），始增设太常寺卿、少卿各一员为提督，遂改隶太常。嘉靖中，裁卿，止少卿一人。[①]

明朝初年的南京国子监是明太祖朱元璋下令设立的全国最高学府。国子监除了本国学生外，还有高丽、日本、琉球、暹罗等国留学生。明成祖朱棣继位后，迁都北京，把国子监学生教师一同带往北京，并建国子监，南京国子监的功能被北京国子监取代。永乐五年（1407 年），成祖朱棣下令在南京国子监基础上开设了我国历史上第一所“外国语学校”——四夷馆。四夷馆创设的主要原因是明承元统，疆土辽阔，在其统属下的藩国、方国、边疆少数民族部落众多，朝廷对其管理的政令通达、与附属藩国的国书往来都需要专门人才翻译。鉴于此，明朝为培养外交翻译人才而设立四夷馆，专门负责往来外交藩国、少数民族文书的翻译，并在此教习诸藩之语言文字。

关于为什么要设立四夷馆，明代学者丘濬在其《大学衍义补》中有进一步的说明：

译言之官，自古有之，然惟译其言语而已也。彼时外夷，犹未有字书。自佛教入中国，始有天竺字。其后回回、女直、蒙古、缅甸，其国之人黠慧者，各因其国俗而自为一种字书。

① 《明史》卷七十四《职官志三》，北京，中华书局，1974。

其来朝贡，及其陈说辨诉求索，各用其国书，必加翻译，然知其意向所在。[①]

四夷馆是我国历史上最早培养翻译人才并由官方设立隶属翰林院的专门机构，具有教学和为朝廷提供翻译服务的职能。最初是从国子监中选生员，设立专门馆舍教习，同时由各边疆镇防机构寻求生员保举入学。

《礼部志稿》卷九十二“选四夷馆教师”条对教师的聘用有详细记载：

大学士李东阳等言，四夷馆教师必番字番语与汉字文义俱通，方能称职。故于本馆推选或于各边访保，务在得人。顷来教师多缺，宜令本馆提督官从公考试，优等送内阁覆试，照缺委用。仍乞敕陕西云南镇守等官，访取精晓鞑靼、西番、高昌、西天、百夷言语文字，兼通汉字文义之人，照例起送，赴部奏请，量授官职，与本馆教师相兼教习。务使译学有传，不致临期误事。诏是。[②]

四夷馆初创时，只设鞑靼、女真、西番、西天、回回、百夷、高昌、缅甸八种语言。明正德六年（1511 年）增设八百馆，万历七年（1579 年）又设暹罗馆。

语种译馆的增设与明代中前期的政治、经济、贸易、文化发展是分不开的。概括起来就是：资本主义萌芽、社会生产力在明代社会的发展促进了中外交流的广度和深度；商品经济的发展催生了语言文字翻译的必要；明朝作为东方大国，是政治经济文化高度发达的国家，为世界瞩目；明朝的文学艺术空前繁荣，宋明理学达到完善，农学、医药学、金属冶炼等科学技术具有世界领先地位。大批传教士竞相来华，带来了西

① 丘濬：《大学衍义补》卷一四五，见《四库全书》，第 713 册，677 页。

② 林尧俞等：《礼部志稿》，见《四库全书》，第 598 册，685 页。

方文化，在西学注入中国文化系统的同时，中国文化也经西方传教士的宣传介绍，在欧洲传播开来。文化的交流与传播，离不开语言文字的翻译，明代文化的厚重地位，为中外语言文字翻译机构的成立提供了契机。

据清黄伯禄所撰《正教奉褒》称：

> 统计明季奉教者，有数千人。其中宗室百有十四人，内官四十，显宦四，贡士十，举子十一，秀士三百有奇。其文定公徐光启、少京兆杨廷筠、太仆卿李之藻、大学士叶益藩、左参议瞿汝说、忠宣公瞿式耜，为奉教中尤著者。[①]

大量外国传教士来到中国传教的同时，也带来一些宗教之外的医学、文学、地理、天文、历算等学科的著作，为明王朝的统治阶级包括知识分子带来了新的知识，拓宽了他们的眼界。

据《明史·历志》载：

> 黄帝迄秦，历凡六改。汉凡四改，魏迄隋十五改，唐迄五代十五改，宋十七改，金迄元五改。惟明之《大统历》，实即元之《授时》，承用二百七十余年，未尝改宪。成化以后，交食往往不验，议改历者纷纷。……崇祯中，议用西洋新法，命阁臣徐光启、光禄卿李天经，先后董其事，成历书一百三十余卷，多发古人所未发。时布衣魏文魁上疏排之，诏立两局推验。累年校测，新法独密，然亦未及颁行。……万历三十八年，（钦天）监推十一月壬寅朔日食分秒及亏圆之候，职方郎范守己疏驳其误。礼官因请博求知历学者，令与监官昼夜推测，庶几历法靡差。于是五官正周子愚言："大西洋归化远臣庞迪峨、熊三拔等，携有彼国历法，多中国典籍所未备者。乞视洪武中

① 柳诒徵：《中国文化史》，下册，1138页，北京，中华书局，2015。

> 译西域历法例，取知历儒臣率同监官，将诸书尽译，以补典籍之缺。”先是，大西洋人利玛窦进贡土物，而迪峨、三拔及龙华民、邓玉函、汤若望等先后至，俱精究天文历法。礼部因奏：“精通历法，如邢云路、范守己为时所推，请改授京卿，共理历事。翰林院检讨徐光启、南京工部员外郎李之藻，亦皆精心历理，可与迪峨、三拔等同译西洋法，俾云路等参订修改。然历法疏密，莫显于交食，欲议修历，必重测验。乞敕所司修治仪器，以便从事。”疏入，留中。未几云路、之藻皆召至京，参预历事。云路据其所学，之藻则以西法为宗。四十一年，之藻已改衔南京太仆少卿，奏上西洋历法，略言台监推算日月交食时刻亏分之谬。而力荐迪峨、三拔及华民、阳玛诺等，言：其所论天文历数，有中国昔贤所未及者，不徒论其度数，又能明其所以然之理。其所制窥天、窥日之器，种种精绝。……乞敕礼部开局，取其历法，译出成书。[①]

徐光启、李之藻等科学家的出现与意大利传教士利玛窦大有关系。他们跟随利玛窦学习西方科学，接受天主教教义，专注于天文历算。他们孜孜不倦，对西学东渐有不可磨灭的贡献。

三、译的延伸

明朝沿袭元代旧制治理国家，但在经济贸易、文化科技、外部交往等方面则与元代大不相同，特别是资本主义在经济领域的萌芽、西方科学技术的传入，使翻译行业成为国家间、属国间、商品贸易过程中不可或缺的沟通环节。

明王朝初年，管理周边属国的译文机构仍是会同馆。明代礼部复设鸿胪，但其职责由翻译管理机构变为专事皇家朝庙礼仪的部门。翻译之

① 《历志一》见《明史》，卷三十一，515~516页，北京，中华书局，1974。

职能由新设置的四夷馆所代替。四夷馆隶属礼部，司其外交事务、科举考试、文教礼仪、边疆部落来往函件的翻译管理；会同馆隶属兵部，兵部在明代各部机构中是最为重要的权力部门，司其武卫官军选授简练、掌管国家军队的重要职责。四夷馆主要负责诸国朝贡使团的接待迎送及各使团的翻译工作。朝鲜、日本、琉球、安南、占城、暹罗、满剌加、百夷、西番、回回、高昌、鞑靼、女真等十三馆均由四夷馆负责，除十三馆外，四夷馆还承担真腊、爪哇、苏门答腊、缅甸、河西等地的语言翻译。

清代仍沿明制，与属国的交往仍设置会同、四夷两馆，各司其事。清顺治元年（1644 年）改四夷馆为四译馆，隶属翰林院，主要翻译各藩属国朝贡文字；会同馆仍属兵部，设置主客司管理边疆事务。乾隆十三年（1748 年）会同馆、四夷馆合并为一家，称会同四译馆，隶属礼部，改八馆为西域、百夷两馆。据《钦定皇制通典》载：

> 初制，会同、四译分设两馆。会同馆自顺治初置，即隶礼部，以主客司满洲汉人各一人提督馆事……国初沿明制置隶于翰林院，设太常寺汉少卿一人提督馆事，立回回、缅甸、百夷、西番、高昌、西天、八百、暹罗八馆以译远方朝贡文字。乾隆十三年，以四译馆闲冗无事，诏下大学士礼部定议，省提督馆事太常寺少卿员额，并入礼部，为会同四译馆。改八馆为二，曰西域馆、百夷馆，以礼部郎中一人兼鸿胪寺少卿衔兼摄之。①

会同四译馆成立之后，继续各文种的翻译和译语的修订与编写。如《朝鲜馆译语》，记录朝鲜半岛语；《暹罗馆译语》，记录泰国语；《缅甸馆译语》，记录缅甸语；《高昌馆杂字》，记录回鹘语；《百译馆译语》，

---

① 《钦定皇制通典》，见《四库全书》，第 642 册，642 页。

记录倴语；《回回馆译语》，记录波斯语；《西天语译语》，记录梵语悉昙字；《西番语译语》，记录藏语；《女真语译语》，记录女真语；《韃靼馆译语》，记录蒙古语。聂鸿音、孙伯君先生在其著《〈西番译语〉校录及汇编》中，从版本学的角度，对各种译语的藏本做了详细的考证，认为“于乾隆十五年（1750年）编订了十一种译语”[①]。

清代中后期，随着沿海口岸的开放，同英国、法国、意大利、德国、美国等西方国家通商贸易的增多，会同四译馆储备了大量翻译人才，并增设了西洋馆，着手编译了诸国语言与汉语对译的词汇集，并在此基础上逐渐形成了中外对译的权威工具类词典。

四、译的丰富

语言与文化相互依赖、相互影响。语言是文化的重要载体，反之，文化对语言有着制约作用。象胥、大鸿胪、会同馆、四夷馆、会同四译馆的设置除了国家管理机构的需要外，同时也反映了民间的需求，或者说民间翻译的成熟促进了国家翻译事业的发展。

从翻译的形式上讲，有口语翻译和文字翻译两种。口语翻译源于何时已无从考究，但口语翻译肯定早于文字翻译。两个语言不同的部族间的以物易物、部族间矛盾冲突的解决等，涉及的沟通协调居间人，可能就是最早的口语翻译人员。而文字翻译则不同，它必须有译和被译两方面的文字存在，这是文字翻译的前提。

中国古代翻译作品的代表作《大藏经》是佛教经典的总集。按文种分汉文、藏文、巴利文三大体系。东汉以降，佛教盛兴，西域僧人来华者，前后相望。佛教的传播与佛经的翻译几乎同时存在。仅姚苌时，西方来华传法僧人就已数十辈，遍布全国各地。弘法之事，以佛经翻译为重。按《高僧传》记载：“汉灵之时，天竺沙门竺佛朔赍《道行经》来

① 聂鸿音、孙伯君:《〈西番译语〉校录及汇编》，21页，北京，社会科学文献出版社，2010。

适雒阳，即转梵为汉”，“沙门昙果，于迦维罗卫国得梵本，康孟详与竺大力译为汉文”，“支谦以大教虽行，而经多梵文，未尽翻译。己妙善方言，乃以集众本，译为汉语”。

佛经翻译，开端于东汉，盛于晋代十六国，有朱士行、法显、鸠摩罗什、竺昙摩罗刹等中外高僧大德弘法译业，方有《大藏经》之雏形，成为中华文化重要的组成部分。藏文的翻译与汉文的翻译一样，也是从佛经开始的。松赞干布统一西藏高原，建立了强大的吐蕃王朝，而对辖区内不同语言和部落之间的联系，怎样制定并推行律法，实施管理职能，如何与周边区域的国家交往，文字的创制就成为最迫切的需要。于是，文字创制的重任落到了吞弥·桑布扎的身上。他肩负国王的重托，率队前往天竺，遍访名师，历尽艰险，九死一生，学成返回，以梵文字母为基础，创制了使用至今的藏文。“藏文的创制确实为后世将梵文和其他文字佛经翻译成藏文，并对藏文的迅速发展产生了根本性的影响。”①

大约在7世纪末的赤松德赞时期，来自汉地、天竺、尼婆罗、于阗等地的佛教经论陆续被译成藏文，成为藏文《甘珠尔》和《丹珠尔》的雏形，也是藏文《大藏经》的重要组成部分，其中，翻译工作有着决定性作用。从事藏文翻译的人，称之为译师，藏语称“罗匝瓦”，其意为“世间眼”。在藏传佛教里，“译师”是一个很受尊敬的称谓，有时本人自称“翻经沙门”者也有自豪的意味。印度佛教传到吐蕃，其教典义理深奥、内容复杂，要做好翻译工作很不容易。此外，译师的工作不限于翻译，很多人在修证上也有很高的成就。他们还收徒讲授，指导其修证，达到很高的境界。如噶举派的祖师玛尔巴译师，他以修证成就著称，但仍以“译师”见称于世，因为“罗匝瓦”本身已经是很高的称呼，不必再用其他的尊称。“罗匝瓦”这个称呼不能与其他尊称混为一

① 张云、林冠群：《西藏通史》，吐蕃卷，上册，29页，北京，中国藏学出版社，2016。

谈而等闲视之。不少藏文史籍里列有长长一串“班智达”与“罗匝瓦”的名单，二者含义大同小异。大体上是前弘时期有罗匝瓦50余人，后弘时期有罗匝瓦137或168人，总共200人左右。早期的译师多与班智达合作，后来独立工作者渐多。吐蕃时期最著名的九大译师，前期、中期、后期各三位，其中尤以后期三位的译品为最多。三人的翻译各有重点，粗略地说，来尚·慧军以经为重点，属卢·龙幢以律和中观为重点，噶瓦·吉祥积以论为重点。译师不仅限于译，他们既译又著，终成贤德，为一代宗师。

藏文的翻译主要是佛教经典，寺院集中了大批的高僧大德、精英人才，寺院自然就成了翻译基地，既契合了寺院弘法的功能，又赋予寺院以翻译出版的职能。纳塘版、理塘版、卓尼版、德格版、塔尔寺版、拉卜楞寺版等寺院印制的《大藏经》及其他书籍，对藏文化的传播发展有着重要的作用。

汉文化、藏文化、蒙古文化、满文化以及其他民族文化，从现存的典籍看，并非单一民族文化，而是存在着许多其他民族文化的元素，吸纳并蓄，丰富发展，最终形成海纳百川之势，翻译成为文化互通的手段和桥梁。寺院、会馆、藏书楼等既是翻译的场所，又拥有图书印刷、收藏等管理机构的职能。

五、结　语

翻译，从最初的语言表达技术到后来的多文字表达的技艺，最终形成一门独特的社会学科，与中华文化一起走过了从初始到辉煌的路程。翻译，一直是文化与文化间的桥梁。梳理翻译的源流，可以清晰地发现，中华文化的厚实与博大，与其他文化的进入和汇集分不开，博采众长，海纳百川，铸就了中华文化的延绵不绝。翻译，功莫大焉。

众里寻她千百度*
——“中华字库”藏文无头字底本的选定

自吞弥·桑布扎创制藏文至今的一千多年时间里，吐蕃王朝的衰亡，萨迦政权、帕木竹巴政权的更替，各教派的兴起与参政，斗转星移，沧海桑田。政权的变迁并未改变藏文的一路前行。从历史语言学的角度去考察吐蕃时期的藏语读音和现代藏语各地方言的读音状况，两端对比，读音变化明显。进一步深究，何时开始变化，为什么而变时，则众说不一，难以验证。但藏文的拼写并没有因读音的变化而改变，这一点是肯定的。“书同文，车同轨”的文字规则，在藏文初创时就定下，避免了早期其他文字初兴时的变化无序之弊。

藏语方言的形成，除了语音在历史不同时期的演化外，更主要的是语音是社会的一部分，语言的变化并不是一种孤立的现象，它是社会发展变化的客观反映。语言在历史发展中总是随着社会的变化而变化的。藏文虽是由 30 个辅音字母和 4 个元音字母组成的表音文字，但人们并没有按照语音的变化去拼读藏语口语，藏语口语的读音与书面藏文之间有了很大的差距，形成了各地的方言。当然，方言的形成除了因口语与文字拼读不一致外，地域政治、经济、文化发展不平衡也是方言形成的因素。人们一般认可因自然地理的阻隔和路途的遥远与艰难，语言有可能分化出方言或演化出一种新的语言。在语言区域划分上，我们把吐蕃社会分为城市中心区域、农区社会和牧区社会。城市中心区域对周边地

* 原载拙著《方音词记——〈西番译语〉校雠》，民族出版社，2021 年。标题有改动。

区语言影响力的强弱，取决于城市中心区域的政治文化地位。该区域语言向其四周的传播是渐进而缓慢的。一般说来，农区社会和牧区社会的语言相对比较稳定。随着政治、经济、宗教、文化的变化，城市中心区域的语言演化肯定要快于农牧区社会，但差别不会太大。如果说远古社会人们所操的语言是统一的，那么随着城市社会、农区社会、牧区社会语言发展演化差别的存在，自然就形成了地方方言。

语言学研究中，有人认为方言区的形成是造成吐蕃解体的重要原因，本书仍按这种观点进行梳理。一般说来，以拉萨为中心的卫藏方言区，经历了多次较大的社会政权变更，因有政权、经济、宗教、文化中心地位的存在，在语言方面仍起着引领的作用。安多方言区与汉地接壤的众多部族大多归属于中原王朝统辖，接受外来语较多，形成了独特的方言区域。康方言区是一个典型的多民族区域，地处藏彝走廊的大部分区域，操藏语康方言的藏族诸部落群体也恰好分布在这一区域之中。《西番译语》中的四川松潘镇、松茂道、茂州汶川县、保县、静州、陇木、岳希、牟托、沙坝、水草坪、竹木坎、杂谷、梭磨、竹克箕、大小金川、沃日、清溪县、木坪、淖斯甲、巴底、巴旺、冕宁、打箭炉、木里等近百处操不同方言的地方均属四川管辖，所操方言与卫藏方言有着渊源关系。

语言的差别为统治者和被统治者都带来了诸多的不便，政令难以通达、民意不畅、贸易纠纷等都会造成社会的不稳定。特别是四川西部的嘉绒藏族、白马藏族、木里藏族等诸部族的方言差别相当大，使得统治者的统治相当棘手。

“川省三面环番，往往有胥役、兵目、通事擅入滋扰……川省营伍废弛，急需整顿。”[①] 乾隆十五年（1750 年）三月，四川总督策楞、提督岳钟琪的奏章中提到了四川与藏族居住地的特殊地理位置和所发生的事由。

① 西藏研究编辑部编辑:《清实录藏族史料》(三)，拉萨，西藏人民出版社，1982。

同年八月，策楞又上奏：

> 遵旨采集番书，除土番内或有音无字，或字不全备，无凭采录外，所有龙安、松潘、茂州、保县、汶川、雅州、宁远、打箭炉、冕宁、盐源、叙永等厅、州、县所辖西番、倮㑩字语，遵四译馆西番书例注明音义，就其同者合之，异者分之。统辖之道、府、厅、州、县并部落土司，载明卷首，以备稽考。计共十一本，仅缮写进呈。[①]

这套奉旨编写的《西番译语》，成书于乾隆十五年，是由四译馆组织编写的一套少数民族语言教材，借以培养生员，以保证官府与川西诸部族的沟通交流。聂鸿音、孙伯君先生在《〈西番译语〉校录及汇编》[②]中也认为《西番译语》的功用是教材，“以备在与川西地方政权交往时充任笔译和口译”。当然，对一种文字的学习都有一套规范的方式，藏文是从字母入门拼读，渐次有书写有文法，再入文本解读。《西番译语》每册载字 740 条，没有文法例句，很难起到笔译或口译的字典作用。从译语的藏文相对应的汉字对音、汉义排列看，很可能是初学者的启蒙教材。这与传统的汉藏蒙童的训蒙教育有所不同，在当时的社会环境下制定这种藏汉对译教材，对学习藏汉或汉藏语言的人，的确起到了“入门”的作用。这个“入门”的学员不一定是传统意义上的“蒙童”，有可能是涉及藏汉事务的相关人员，这与汉藏两地传统的训蒙教育不一样。

《西番译语》包括《嘉绒译语》《松潘译语》《象鼻高山译语》《白马译语》《多续译语》《木里译语》《栗苏译语》《打箭炉译语》《木坪译语》，各册在编写时遵循地方政府统一规定的体例，每册卷首标明该语音使用的地理范围，正文收录有藏汉文对译的各方言词语，以词义分

① 西藏研究编辑部编辑:《清实录藏族史料》(三)，拉萨，西藏人民出版社，1982。

② 聂鸿音、孙伯君:《〈西番译语〉校录及汇编》，北京，社会科学文献出版社，2010。

类，共20门，每卷收词740条。以词为单位，分三个部分，即汉、藏文语义及对应藏文的汉字译音。

据学者研究，《西番译语》作为民汉双语注音类辞书，具有很高的版本价值：[①]

权威性——明清官方语料文献。《西番译语》是明清两代朝廷编写的汉藏对照词典，以为朝廷公文翻译及译员培养之需而作，由官方在语言调查的基础上，筛选出公文常用词、日常交流常用词、具有民族地区特点的特殊词等，多数为高频词，以统一的汉语单词作为源语，收集不同地区方言填注藏语单词，并用汉文标注藏语发音，是两朝官方使用的语料工具书，具有很高的权威性。

典范性——钦定译语范例。古代民族语文与汉语的双语注音类辞书，以明朝洪武本《华夷译语》为典范，清代传习并完善了明朝这一审音传统，继续各类民文及外文译语的编写与修订。又遵乾隆谕旨，以《西番译语》为体例，勘校及编写其他译书："如海外诸夷，并苗疆等处……照西番体例，将字音与字义，用汉文注于本字之下，缮写进呈，交馆勘校，以昭同文圣治。"[②]"既有成编，宜广为搜辑，加之核正，悉准西番书例，分门别类，汇为全书。"[③]即编写的译书以及四译馆所存各类译语，均须以《西番译语》为范例，可见其对清代官修译语版本所起的重大作用。它不仅在汉藏对译辞书编纂史上，同时也在民汉双语对译辞书编纂史上具有重要地位。

---

① 参见德庆央珍：《藏文古籍数字化出版探索——〈西番译语〉在线词典构想》，载《辞书研究》，2021（4）。

② 《清实录》一三，卷三二四"乾隆十三年九月上"，转引自聂鸿音、孙伯君编著：《〈西番译语〉校录及汇编》，20页，北京，社会科学文献出版社，2010。

③ 转引自任小波：《明清〈西番译语〉传本寻踪》，载《中国藏学》，2009（3）。

独特性——从语料的角度，为多种学科提供珍贵的研究素材。明代《西番译语》各本中，收录词条最多者为 942 条。[①] 故宫所藏清抄本《西番译语》，收词 2103 条。[②] 本文所用底本国家图书馆的 9 种晒蓝本，是清乾隆年间四译馆编写，以义聚类，分 20 门 740 个单词（也有学者提出此版本为明代刻本之误断[③]），是诸多译语中门类完善、语料最丰富的品种之一。这些内容对明清历史、两朝汉语，藏语的语言史、方言及两种语言的比较、双语辞书等研究，都具有重要的文献价值。

2011 年，国家图书馆馆藏的《西番译语》晒蓝本，入选我国第一个文化产业专项规划“文化产业振兴规划”中的“中华字库”工程，也体现出《西番译语》在少数民族古籍文献，乃至浩繁的中国古籍文献中的重要性。

《西番译语》的分布使用区域，大致在今天四川成都西南、西北、正西，大渡河、岷江流域一带。该区域地处藏族聚居区的东部边缘，受以拉萨为中心的藏文化和以成都为中心的汉文化的双重辐射，又因距离遥远而处于两种文化影响的末梢地域，于是，该区域既保留了藏文化和汉文化元素，又保留了自身的区域文化元素。在对《西番译语》校雠过程中发现，因木里、打箭炉相对距拉萨较近，《木里译语》《打箭炉译语》所载文献语料与拉萨藏语对照，相同或相似的比例十分高，而白马、嘉绒地区距成都较近，《白马译语》《嘉绒译语》中的汉语借代词较多。受不同文化的影响而引发的语言的变化，必将在语音发展史中留下印迹，这对研究语言的历史音变、区域文化发展，留下了难得

① 聂鸿音、孙伯君编著:《〈西番译语〉校录及汇编》，7 页，北京，社会科学文献出版社，2010。

② 施向东:《清朝本〈西番译语〉藏汉对音译例研究》，载《民族语文》，2019（4）。

③ 任小波:《明清〈西番译语〉传本寻踪》，载《中国藏学》，2009（3）。

的语料佐证。

《西番译语》的每种正文之前都有文字多少不一的序言，详细说明了译语的行政区划归属。聂鸿音、孙伯君先生在《〈西番译语〉校录及汇编》中对译语序言所载的地名、道、营、土司做了细致的考证。《西番译语》序言中所指的方言流布的行政区划，随着行政设置的更替、方言的变化传播，已不能和今天的行政区划相对应。依据西田龙雄、孙宏开先生确立的九种《西番译语》所属语支与现代语音的对应关系，这九种译语对应的语言情况如下：嘉绒译语—嘉绒藏语，松潘译语—藏语安多方言中的农区话，象鼻高山译语—藏语安多方言中的农区话，白马译语—白马藏语，多续译语—尔苏藏语中部方言，木里译语—藏语康方言，栗苏译语—尔苏藏语西部方言，打箭炉译语—藏语康方言，木坪译语—藏语康方言。

本书《方音词记——〈西番译语〉校雠》的编著，缘于《国家“十一五”时期文化发展规划纲要》中的“中华字库”工程，孙伯君先生主持该工程中的“少数民族现行文字的搜集与整理”，笔者承担“古藏文（无头字）的搜集整理与字库制作”子课题的研发工作。因课题需要，确定用国家图书馆馆藏《西番译语》晒蓝本为藏文无头字选取字符。国家图书馆藏晒蓝本《西番译语》制作和保存都很好，除个别字迹模糊外，其余字迹清楚，表达完整。

本书以国家图书馆藏晒蓝本《西番译语》九册为底本，按《西番译语》统一的义类编次20门为类别设置，增加现代藏语为题头词，打乱九种译语原有的行政区划为方言单位的固有排序，在原有义类编次的框架下，将九种译语中相同词汇集在一起，这样可以直观地看出各方言相同词间的异同，同时可以与现代藏语进行比较。重组后的译语，使读者看到的已不是原来单一的方言词汇，而是以俯视的视角，九种方言间的差异变化、各方言与现代藏语的远近疏离一览无余，让语言研究者在历史语言学、比较语言学领域有一个直观便捷的观察路径。

晒蓝本《西番译语》九册中，除《多续译语》外，其余八册的藏文用无头字书写。每册均按词汇属性分类，以“天文门”开始，到“通用门”结束，共二十门。从九种译语书写规律看，应该是由多人完成的，可以看出汉藏文书写者，并不一定同时通晓两种文字，按汉文的基本词，写出与之对应的藏文及标音。从译语中也能发现个别有趣的现象，可能因为序号出错，出现藏汉表意和藏汉对音错位的现象，但错位的位置不远，由此推测是汉藏对译时序号出现了差错。

在校雠过程中，遇到的最大难题是对藏文无头字的辨识和对《多续译语》的有头字加点断开。译语中是否保留了当时、当地的习惯拼写法，现在不得而知。如 ཧྲིད། ཨུརྡོ། ཀིནརལི། ཏངམ། ནསོ། ཏཧྲེས། ，为了保持语料的原貌，将这些现在看起来不规范的词全部保留。

在《西番译语》晒蓝本中，有个别字、词在晒制过程中变得模糊不清，不能识别，用“□”来表示。个别字迹难以准确辨认的，以括注的办法，尽可能反映字迹的真实性，如 བུ(སྦུ)། ཟ(ཅ)། ཤེད(ཤྲིད་།) ཚོས(ཚོས) ，这样一来就能比较真实地反映文献的原貌。

从文献所载的语料可以看出语言的变迁，包括词汇音变、构词规律等。它们记载了当时的语言概况，成为方言发展过程中的历史印迹。《西番译语》存世三百余年，从历史语言学的角度，记录了汉藏民族间的交往交流交融情况。在悠久的历史长河中，各民族共同创造了灿烂的中华文化，构筑了休戚与共的中华民族命运共同体。包括《西番译语》在内的语言类、方志类、历史类、医学类等少数民族古籍，作为中华文化的重要承载者与中华民族命运共同体的重要物证者，记录着各民族在不同时期的社会制度、生产情况、语言和文化状况以及各种生活的历史轨迹。“二十四史”、《西南彝志》、《西藏王臣记》、《青史》、《蒙古黄金史》、“满文老档”、各民族流传的“创世纪”等，共同书写了中华民族的辉煌壮丽。

丹庐听雨

随风潜入夜，润物细无声*

——庆贺黄明信先生九十九华诞

借诗人杜甫的“随风潜入夜，润物细无声”的诗句来表达我对曾经工作过的北京图书馆以及有幸投在黄明信先生门下学习工作机缘的感恩。三十多年的时间流逝并没有消磨掉我对先生的记怀，至今仍历历在目。先生乐期颐之年，思维清晰，精神矍铄，潜心学问，笔耕不辍，为我辈楷模，乃学界之幸事。

一、好嘛，我们在一起工作了

1986年初夏，我和丹珍卓玛等四位毕业于中央民族学院学习藏、维吾尔、哈萨克语言的学生到北京图书馆报到。之前，我对将要去的单位——北京图书馆善本部少数民族语文典籍组作了一些了解，对北图的久远、善本的厚重、民语的独特已熟于心。但对于工作人员，除了敬仰以外没有多少了解。

当时的北京图书馆坐落在北海西沿的文津街，与中南海隔路相望。大门朱红，红墙绿瓦，石狮威武，白玉横砌，绿树成荫，古朴的图书馆掩映其间。走进一号楼向左的一间办公室，门的上方挂着写有“中国少数民族语文典籍组”的绿字牌匾。推门而入，一间不大的方形办公室里摆放着七八张办公桌。室领导王梅堂先生把我们向大家作了一一介绍，当介绍到藏文小组时，只见王梅堂先生的声音小了许多，神态十分恭敬，“这是黄先生”。一位脸色红润，头发灰白，戴着眼镜的老者抬起头，看着我们微微一笑，轻声说道：“好嘛，我们在一起工作了。”这

* 原载《中国藏学》2016年第S2期。

就是我和黄先生的初识，自此结下了一生之缘。

二、熟悉馆藏是业务的基础

报到后，别的同志去享受学生时代的最后一个暑假，陆续离开了北京，我则想尽早熟悉业务就开始正式上班了。王梅堂老师让谢淑婧老师带我从图书馆学的最基础的工作开始，熟悉藏文藏书，逐步了解室外馆藏藏书情况。黄先生曾对我说，熟悉了解馆藏是做好业务的基础。谢淑婧老师是“文化大革命”前中央民族学院藏文专业毕业的大学生，分配到西藏工作近二十年，在语言、文学、历史等方面都有十分深厚的造诣，协助黄先生对馆藏藏文典籍的登录、分类做了大量工作，深得黄先生的赏识。由于业务工作的需要，藏文小组的编目登记业务主要在一号楼下面的书库里。黄先生平时在一层办公室做藏文书函目的分类研究工作，谢淑婧老师和我则在地下书库做函目登录造册等工作。我之前也在一些图书馆见过图书之多，但没见过北图善本特藏部民族组典籍藏书的“奇”和“多”。善本特藏部书库与民语组书库都在地下室。汉文善本典籍装帧各异，磁青色的外套配上乳白色的骨别锁，放在齐整的木质玻璃柜中，显示出典雅与高贵的气质。过一道门后，便是我们民语组的书库了，这里典籍在外观上与汉文善本典藏完全不一样。满文典籍大小厚薄整齐划一，外套青灰，一派皇家的尊严；蒙古文、藏文典籍则大小不一，大者 60—70 厘米长，短的则只有 10 多厘米，但摆放有序，一排排书柜装满了灿烂的文明，书脉就在这不同的文种中传承、流淌。每一个书柜都有一个序号，不同的序号又代表一个文种。藏文古籍传统的按藏文字母排列的办法已不适应图书馆馆藏典籍入藏要求，黄先生根据藏文古籍的版本规模划出序号。如藏文古籍北京版为 0001—1000，塔尔寺版为 2000—4000, 以此类推，德格版、纳塘版、拉萨版以及其他版本都有一个序号（由于时间久了，具体版本所对应的序号已忘记，这只是大意而已），在序号下每一函一个号，有的一函书里有若干个子目，子目同样按下位类标注序号。这样序列区分标注，既符合图书馆现代藏书要求，又能区分不同的版本，同时保留了藏文古籍传统分类的特殊标识。版本、函册序号的设置为今后馆藏图书的入藏预留了广阔的空间和可控的库区配备。这些馆藏就像一架架“书山”，一片片库区紧紧相连，一排排书柜一眼望不到头，一函函古籍静静地排列于书柜中。人在书库里有一种敬畏之感，敬畏文化的力量，也有一种恐惧，恐惧稍有不慎，四周的书籍把自己碾得粉碎。

尽管有如此清楚明了的分门别类，但我还是经常“晕路”，常常找不到某一函书的具体位置。而黄先生则不同，他可以不下书库，在一张卡片中用铅笔写出某一函书在某区某排某柜某层某号。我拿此卡片才能将书取出。黄先生已将各种版本的书籍画成坐标存于胸中，要是没有对书籍的热爱，没有如海的知识是做不到的。远远望去，先生在书库中的沉思、凝望，仿佛在与书对话，在交流着什么、在探讨着什么。他们之间是那么和谐，那么默契，我深信先生就是一部书、一座藏书楼、一座图书馆、一座书山。

三、咱们与我们

先生平时话不多，见同事向他问候打招呼，他总是以微笑作答。北图当时有 1500 多人，称“先生”者只有两人，一是黄先生，一是善本组的冀淑英（女）先生，再有才是后来调到图书馆当馆长的任继愈先生。那时我才知道“先生”二字在图书馆的分量，在我的心中先生的称谓也远远超过字典中所规定的那种意思。先生给我上的第一课是关于“咱们”“我们”的区别。一天，我正与几个年轻人说话，口中总是“我们”“咱们”地混用，其时我也分不清楚它们之间的区别。在四川生活时，极少用“咱们”这个词，以为“我们”等于“咱们”，几年大学也没有把它们搞清楚。黄先生听完我们说话后，抬头微笑着说：“你们说话中把‘我们’与‘咱们’混着用，指代不清，‘咱们’是指自己一方，只有对方意见与自己意见一致后，表示亲近、认可时才可用‘咱们’，而‘我们’是包括与自己意见不一致的对方，它所指大于‘咱们’。”当时整个办公室都静下来听先生讲话，我们几个年轻人都愣在那里，红着脸默默走开去。他们心中怎么想的不得而知，但我却铭记到如今，这是我走向“学问”的第一课、怎样工作的第一课。

1988年，随着善本部搬迁新馆工作的结束，我们民族语文组的办公条件和馆藏条件都有了很大的改善。办公区、阅览区、库藏区的功能都具备了，馆藏各文种的古籍、善本、新书、报刊藏安放在不同的区域，各种业务正常开展。黄先生仍然骑着他那辆破旧的自行车像在旧馆上班一样风雨无阻，准时上下班，照常做着他的学问搞着他的研究。

四、两位先生

《藏历的原理与实践》是黄先生著作中很重要的一部关于藏族历算学研究方面的专著。该著作包括两类内容，一是藏文原著及其汉文译解以及实例的演算；二是汉藏两种文字的研究论文。这部重要的关于藏传时轮历时宪历译解的专论是藏历理论研究和实例演算方面的里程碑。任继愈先生2007年12月在国家图书馆红厅举行的《黄明信藏学文集》图书发布会上讲道：“黄先生在藏历天文历算方面的研究成果，50年内无人能超过他。”任先生和黄先生彼此敬重，相知相敬，他们的友谊源于20世纪30年代的西南联大时期。任先生到北图做馆长后，邀请黄先生为他主编的《中国佛教史》丛书写《吐蕃佛教》，那时常见二位儒雅的老者为书中的某些问题轻声地交流着什么，从未见过他们之间大声说话。如任先生有事找黄先生，一定亲自到黄先生所在的民语组办公室，而不是以馆长的身份把黄先生叫去。谈完事任先生离开时，黄先生一定要送他出了大门望着任先生远去才回。同样的，黄先生若有事也一定到任先生的办公室，谈完事，任先生也一定送黄先生到电梯口，直到电梯门闭合运行才转身回到办公室。他们那一代人的学识、学养自不待言，就是道德风范也令世人敬仰，他们以行立德、以志立功、以书立言，是为当代圣人。

民语组搬到白石桥路新馆时，黄先生已 70 多岁了，身体很好，生活规律，每天按时上下班。中间操时，他会做一套气功吐纳的功课。午饭在单位食堂吃，且饭量极好，不挑食，饭后回家休息一会儿，下午照常上班。先生的长寿与他健康的心态、良好的生活习惯和勤于思考、潜心学问、善于学习有关吧。大概是 1988 年前后的某一天，先生的办公室一上午都无人，这在先生来说是少有的事。下午上班时，先生来了，我问先生是不是有什么事，先生笑答："我在学打字呢。"那时，一般称电脑为计算机，还是个新鲜玩意儿，见过的人很少。听先生说，他买了台"286"计算机。从此后，先生的研究著述全是自己在电脑上完成录入、排版、修改，直到今天仍是与互联网相伴。

五、执手前行

民族语文组隶属善本部下的一个科室，收藏着全国各民族文字的古籍文献和现代期刊报纸，藏品丰富，特色突出，是研究各种民族文字、语言、历史、宗教、地理等不可或缺的史料宝库。民语组设有满、蒙古、藏、维吾尔、哈萨克、朝鲜、彝和其他小语种以及报刊阅览室。藏文小组有黄先生、谢淑婧老师、丹珍卓玛、东主才让和我，是各小组中人数最多的一个。先生在图书业务研究和藏学研究方面做出了突出的贡献。《北京图书馆藏文古旧图书著录暂行条例说明》就是黄先生、谢淑婧老师、丹珍卓玛同志合作完成的。该条例的完成对图书馆藏藏文古籍图书的编目、分类、入藏等具有规范性的作用。该条例分为：甲 总则；乙 大藏经目录；丙 文集部目录；丁 综合部目录；戊 书名的著录；己 著者名称的著录；庚 分类法问题；辛 各部类目录卡片所应著录的项目总表；壬 评介几种西藏文献目录；癸 例片，藏文典籍分类方案。特别是藏文典籍分类方案的施行对指导规范藏品分类入藏的意义十分重大。

中国藏学研究中心图书馆、民族文化宫图书馆、中央民族大学图书馆都来人请黄先生亲自面授。该方案的施行起到了很好的示范作用。

黄先生治学严谨，为人谦和。先生精通史学、佛学、历算、藏学、图书馆学及藏、英、汉语言文字，对后辈好学者不倦地提携与帮助，培养了一批批各学科的人才，无论是室里的各文种还是汉文善本、敦煌、舆图、经石等部门的同志前来请教，或是馆外其他科研单位大专院校的同志来求证相关学术问题，都能得到满意的解决。先生有个习惯，如向他请教问题，一定要写在卡片或其他纸上递给他，他会认真地细读你所提的问题，然后作答。如有个别问题，他不能马上作答，或许是不肯定或不知道，先生就在卡片上用铅笔标出记号，并把卡片留下。几天后，他会在另一卡片上写上你所提问题应该去看什么资料或什么书，甚至标出具体的页码。卡片给你后，你以为此问题就算结束了。不，几天后先生会问你看了这些资料后是否解决了你的问题、你的观点是什么。听了你的回答，先生才提出自己的看法。大家风范尽在平凡小事中。先生就是我的字典、路标，无论先生的学养、道德，还是先生对人生的态度、对事业的贡献，都是我辈后学的楷模。

1997 年我调离北图，离开了我追随共事十二年的先生和诸位同仁。在新的工作环境中，没有了先生的指导和督促，一度变得懒散懈怠，至今追悔莫及。一生欣慰和荣幸的是北图十二年、与先生共事十二年！

值先生九十九华诞，乐期颐之年，祝先生健康幸福。

作揖

昔日老师成追忆*

——忆谢淑婧老师

谢老师走了，走得悄无声息，没有惊动她熟知的任何人。戊戌年冬，正是腊梅待放的日子，谢老师不带尘世浮华，绝然走向天国。海螺梵唱，佛祖足下，又添一位修行度母。

谢老师，名淑婧，北京人，汉族，出身书香，求学中央民院，专攻藏语言文学，师从格桑居冕、胡坦、王尧、罗秉芬等名师，待到学业完成时，只身进藏。昌都小城、八一农场、金沙江畔，油灯简陋，启蒙一代知识，学耕稼于沟壑，牧牛羊于山野，与藏族同胞朝夕相伴，汉藏文化金桥相连。二十年青春付高原，二十载芳华予藏家。

20世纪80年代初，谢老师举家回京。她调入北京图书馆（今国家图书馆，下同）任善本部少数民族语文组馆员，自此，日亲书籍，专攻藏文经籍编目、注释。善本部藏少数民族文献典籍40余种，是国内馆藏品种最多、品级最高，多为孤本、善本，这得益于彭喇嘛、于道泉、马学良、黄明信、王梅堂等先贤，有采访、收藏、编目、注释之功，多有填补馆藏空白之举。斯风代传，至80年代初，满、蒙古、藏典籍藏品已达数万函件，而尤以藏文典籍品种齐备。北京版、德格版、塔尔寺版、纳塘版、拉萨版等数十种，穷尽藏地文献之版本，仅一部藏文《大藏经》类别就多如繁星，何况《大藏经》未收之其他文献?《中国图书分类法》实难涵盖其种类，黄明信先生与谢老师为解决这一难题，另辟蹊径，参照藏文传统分类法和中图法，结合馆藏藏书实际，用几年时间制定出《北京图书馆藏文古旧图书著录暂行条例说明》（以下称《条例》），根据《条例》，藏文典籍分类，各有归属安顿。这在图书馆界藏

---

* 原载《文津流觞》2018年第1期。

文图书分类是一创举。

谢老师埋首编目著录藏文典籍，成绩斐然，摆脱事务，专心治学，成黄明信先生得力助手，随师数年，颇有心得，与黄先生合著《藏族历史人物年代手册》（藏文），该书是查阅了解藏族历史不可或缺的工具书，足见治学之严谨，内容权威、准确。此外，谢老师关于图书馆建设、藏族文献综述、藏族历史文献方面的著述颇多，散见于刊载，传承于书界。

谢老师，人如其名，贤淑诚挚，言行有方，敬重前贤，提携其后。我在北图工作十二年，与谢老师相随十二载，我们藏文小组有黄明信先生、谢淑婧老师、丹珍卓玛同学，后又有了东主才让我们五人。谢老师对我们年轻人亦师、亦友，对其他同仁也关爱如常，日久大长，我们自然视她为大姐。算起来，我和丹珍卓玛与谢老师还是师出同门，前面所提格桑居冕老师等，也是我们的授业恩师，谢老师毕业于20世纪60年代，与我们相隔二十多年，已成师辈。谢老师自行于前，少有言语声扬，性情温文尔雅，待人温润如玉，对事隐忍淡然，不事声张。当我们问及她藏地工作之事时，她总是说西藏有多美、藏族有多好，从不说自己的苦与难。谢老师藏才华于胸，一手漂亮的汉藏文好字，隽秀的钢板蜡刻，至今藏于国图，足见工作之敬业，一口流利的拉萨藏语，以为她就是藏家儿女。谢老师朴素待己，干净得体的旧衣、饭盒里精致的小菜、永远的微笑、轻声细语的言谈，礼敬昔贤，对同仁的爱，对家人的亲，是谢老师留在凡世的印迹。

谢老师谙熟藏族文化，沉潜考索，融会贯通，学问见识，超越群流，人品道德已成称颂。

哭，老师仙逝，若有疑难再问谁？

忆，老师品德，永留凡世，向善众生均可用！

合十

2018年6月9日

蒙学之初*

蒙学，顾名思义就是对儿童的启蒙之学，为我国传统的幼儿启蒙教育的统称，是我国教育体系中的一个重要阶段。学术界将蒙学分为狭义和广义，广义上讲，泛指古代启蒙教育，包括教育体制、教学方法、教材等内容；狭义上讲，专指启蒙教材，即蒙童所使用的读本。

人类的教育可以追溯到原始社会或更早，那时的社会生活和生产大多是靠经验积累而成的“教材”，以口耳相传、言传身教的形式传授知识。随着社会的发展，知识的积累产生知识理性化的渐变与飞跃，并使知识呈现出一定的系统性、综合性，从而要求专业化独立形态的教材体系。这个发展过程是漫长的，从以物记事、符号记事到文字记事，祖先的脚步迈得艰难而坚定。《易经·系辞》：“上古结绳而治，后世圣人易之以书契。”在文字发明之前，以结绳或其他方式记事，不仅起着储存和传递信息的作用，同时还代表着一定的思想内涵和语意符号，具有了早期“文字”的功能。

早期教育的教学内容是先辈积累的经验，教学形式是口耳相传，这些都在社会生产生活中去完成，将教与学两者关系固定在一定场所内，则是在商周的事了。

《孟子·滕文公上》：

> 设为庠、序、学、校以教之。庠者，养也。校者，教也。序者，射也。夏曰校，殷曰序，周曰庠，学则三代共之。

---

* 原载拙著《永远的训蒙——古代蒙童经典读本选译》，民族出版社，2021年。标题有改动。

《礼记·王制》：

有虞氏养国老于上庠，养庶老于下庠。

庠，乃学校，也称米廪，是周代之学校，相传始于虞舜时代。庠，也有养的意思，凡在庠这个地方的老人，必有四季的衣服和每天的膳食，而这些老者衣食无忧之后，又不可能无所事事，于是，招集年少子弟于庠，把自己一生的经验或特长教给他们。耆老养生之所，转而成了学校。有时帝王将相、时代名宿不时莅临，聆听名言至论，获取修身治国的精髓。少年学子常听名流之言，所学颇多。在庠的皓首老者便成了老师，庠，自然就是学校了。

《尚书·尧典》曰："诗言志，歌永言，声依永，律和声""询事考言""敷奏以言，明试以功""鞭作官刑""三载考绩"。

学校教声乐、语言、文学、音乐、人事、法律、官员考核等诸学科，虽不似现代分科细致，也可见学科文化的萌芽已经生成。

文化的形成非朝夕之功，从远古的食物采集、国家政权的禅让、学校的成立，再到文字之兴，经数千年或更久的时间。

《说文序》：

黄帝之史仓颉，见鸟兽蹄远之迹，知分理之可相别异也，初造书契。……仓颉之初作书，盖依类象形，故谓之文；其后形声相益，即谓之字。

仓颉造字，争论不息，但殷商文化的繁荣则是不争的事实。清代大儒阮元在《积古斋钟鼎彝器款识》有载钟鼎文传世的器物就有：商钟三，鼎二十三，尊十七，彝二十七，卣十三，壶六，爵三十三，觚四，觯十四，角七，敦六，甗二，鬲四，盉二，匜二，戈三，句兵二。

《盘庚上》：

先王有服，恪谨天命。兹犹不常宁。不常厥邑，于今五邦。

《盘庚中》：

先王不怀厥攸作，视民利用迁。

《盘庚下》：

古我先王将多于前功，适于山。

《史记·殷本纪》：

武乙猎于河、渭之间，暴雷，武乙震死。

古之钟鼎铭文，为纪事之重要，诸多竹简，翔实记录盘庚东迁的缘故。殷人避灾趋利，居其山野，便于田耕狩猎。当然，一个王朝的迁徙自有多方面的原因，非一家一户搬迁那么简单。而诸多的典籍记录了这件事，则表明了文字的成熟与功能。

文字是文化的基本载体和传承工具，是文化最显著的标志。中华文化几千年来从未中断，正是有了文字的粘连。中华文化的多元性是由许多异质文化融合而成的，春秋战国时的百家争鸣，本来就是不同地域的文化结果，以老子、孔子为代表的不同文化流派的形成，正是中华文化多元形态的开始。

有了文字，也有了学校，教材应该出现了。

我国的蒙学教材是在小学、私塾、书馆、村学、宗学等处中进行启蒙教育的课本。《汉书·艺文志》：“史籀者，周时史官教学童书也。”“史籀”是史书记录最早的蒙学教材，奠定了蒙学字书的基础。唐宋以降，随着蒙学教育的发展和印刷技术的推广，蒙学教材开始分类出现，识字教育、道德教育、历史教育、理学教育等分门别类。如《三字经》《百家姓》《千字文》《小儿语》《弟子规》《朱子家训》《名贤集》《千家诗》等教材，分别为识字读本、韵语读本、文学故事读本等，这些都是蒙学的基本教材。唐之后，蒙学教材更加丰富。宋代方逢辰《名物蒙求》、程若庸《性理字训》，元代陈栎《历代蒙求》、黄继善《史学提要》(上下)，这四部书先后被纳入蒙学教育教材中，并由元末明初大学者朱升辑录成册，称“小四书”，以区别于朱熹所编“四书”。

朱升在《小四书》自序中说：“名物者，小学之先也；《性理字训》，学问，天人之道，治教之原也；《历代蒙求》，使知传古今朝代之略；《史学提要》，使知传统事迹之详。此四书者，四字成言，幼童所识，精熟融会，宇宙在胸中矣。”这四种书所讲授的内容各有侧重，把自然知识、朱子理学、上古迄至宋元的简要通史以浅显通俗的形式向儿童传授，将单一的识字教学提升到历史、礼仪道德、自然学科知识的认知层面，是古代教育日臻成熟的标志。

释译《名物蒙求》《性理字训》《历代蒙求》《史学提要》，一方面是为了介绍古代幼儿教育的状况，纠正时下受一些影视文化影响，片面地认为古代启蒙教育只背《三字经》《百家姓》的错误认识。中华文化源远流长、底蕴深厚的基础，还是在于蒙学教育从形式到内容的丰富。另一方面，笔者在研究藏汉辞书古籍《西番译语》时，把相同词语归类排列比较后发现，《西番译语》具有与蒙学教授字词发音相同的功能，那么，“蒙学”定义就从幼童扩展到了成人，把初学另一种语言或初识另一种知识纳入启蒙教育的范畴内，不再强调年龄的界定。因此，把研究《西番译语》的结果《方音词记——〈西番译语〉校雠》与释译“小四书”的《久远的训蒙——古代蒙童经典读本选译》同时出版，有花开二朵各表一枝之意。“各美其美，美人之美，美美与共，天下大同。”费孝通先生的十六字箴言，是我国各民族的优秀文化互相包容、互相学习，展现出多彩的世界、多元文化的真实写照。

藏族英雄史诗《格萨尔王传》略评*

图 1 《中华经典资源库》(四)之第 14 盘光碟

一、史诗形成的时代背景

解说：“史诗”，是文学发展史上一种古老的文学体裁，一种民间长篇叙事诗体。它用诗的语言，记述民族有关天地形成、人类起源的传说，以及关于民族迁徙、民族战争和民族英雄的光辉业绩等重大事件。如果说《格萨尔王传》产生于青藏高原，伴随着藏民族的历史一起成长，从古走到今是一种传奇，那么，千年的史诗、千年的传唱又经历了怎样的风风雨雨呢？

* 原载拙著《中华经典资源库》(四)第 14 盘光碟之《格萨尔王传》部分，人民教育电子音像出版社，2018 年。

《格萨尔王传》又称为《格萨尔王》《格萨尔》，是著名的藏族英雄史诗，这部长达一百万多诗行的史诗是怎样形成的呢?

史诗产生于藏民族形成时期，反映了藏族的历史进程和特定的社会生活。史诗以广阔的社会现实生活为背景，以历史上重大事件、重要人物或英雄传说为基本素材，表现了藏民族在形成过程中的氏族、部落之间的战争和领袖人物的英雄业绩。它是与一定历史人物、历史事件和地方古迹、自然风物、社会习俗相关的故事。

在公元初年到松赞干布统一青藏高原，建立吐蕃王朝前的六七百年间，青藏高原出现了一个延续时间较长的“小邦”时代。这些“小邦”实际上是一些分散的、互不统属的部落和氏族，这段历史与汉地的春秋战国时代十分相似。各部落和氏族相互征战，彼此兼并后，形成三个势力较大的部落联盟：象雄、吐蕃和苏毗。象雄部落是出现年代最早、实力强大的一支，统治地域从西藏北部到黄河河源一带，包括今天的阿里高原、多康等地。

随着吐蕃、苏毗部落的崛起，三大部落的势力范围互有进退，直到吐蕃部落联盟建都拉萨，建立了强大的吐蕃王朝。这部英雄史诗就是在这样的时代背景下产生的。它把藏族人民的美好愿望与理想全部寄托在自己的领袖——格萨尔身上，用民间说唱文学的形式，表达对他的无限崇敬，颂扬他超人的智慧和力量以及抑强扶弱、除暴安良的丰功伟绩。这段时期是藏族氏族社会开始解体，奴隶制政权逐渐形成的历史时期，也正是《格萨尔王传》形成的初始时期。

吐蕃王朝建立一百多年后就崩溃了，藏族社会又处于分裂割据、互相征战的动荡不安的局面，统治者对广大农奴进行着残酷的剥削和压迫。各部落之间也争权夺利，征战不息，给百姓带来无穷的灾难，社会的动荡和百姓对和平安宁的期盼，丰富了史诗的内容。吐蕃王朝崩溃到元朝建立，这段时期是《格萨尔王传》的成熟期。《格萨尔王传》不是某一个时代或少数几个人去完成的，是经过无数民间艺人一代又一代的创作、加工、整理，不断补充与复合，才逐渐形成的。在流传过程中，每个地区的艺人都可能根据自己的经历和感受添加上新的材料，涂染上新的色彩。

总之，是历史催生了《格萨尔王传》，是期盼和平的百姓塑造了格萨尔王的形象，是他们创作并流传了《格萨尔王传》的故事。

二、史诗的书籍和传播形式

图 2 《中华经典资源库》视频截图

解说：书籍以不同的形式和载体传承着人类的文明，连接着过去与未来，而说唱则早于书籍，同样传递着历史的文脉，说唱，它不再是一株独干的乔木，而是一片葱茏的华林，以鲜活的姿态传诵于广大雪域的乡村牧场。让我们一起去触摸历史的文化，走近《格萨尔》的传唱者。

《格萨尔王传》的故事在青藏高原流传了数百年后，才有了以佛教人士为主的知识人士抄写整理、刻印书籍，以文字为传播载体，包括手抄本和刻本，在收集整理过程中增加了他们对史诗的理解，对故事情节、人物刻画、内容的增减等进行了重新创作。

史诗经历了从口头到书面，又由书面到口头的反复过程，长期以口头、书面并存的形式流传。逐渐形成了独立、完整的《格萨尔》版本，

《格萨尔》木刻本、手抄本约有300多部。在清代以前，以降曲坚赞、萨迦·索南坚赞等为代表的学者，就在《朗氏家族史》《西藏王统记》等著作中，对格萨尔人物、历史背景进行了研究，为后世《格萨尔》学开了先河。

18世纪中后期，一些蒙古、藏、汉专家相继收集出版过《格萨尔王传》的相关著述，在国外，俄、法、英、德等国的学者等都将《格萨尔王传》的一部或多部翻译成他们的文字在国外刊行，开始了史诗从单语种向多语种、从国内到国外的研究和传播。

手抄本、木刻本的传播只是一种文字传播的形式，在民间，《格萨尔王传》的传播仍然以民间艺人的说唱为主。藏族人民亲切地称这些说唱格萨尔故事的民间艺人为“格萨尔钟哇”，即“说格萨尔故事的人”，他们有的会说几部，有的会说十几部甚至几十部，一说便是几天、十几天或数十天，这才是《格萨尔王》流传的主要形式。他们酷爱史诗，自编自演，说唱起来口若悬河，激昂跌宕，神奇莫测。根据说唱艺人不同的发缘、说唱形式、表演风格，又可以把他们分为：梦传神授、神灵附体、兴奋迷狂型艺人以及师徒相传、强闻博记型艺人。《格萨尔王传》说唱者大多不识字，以口耳相传为主要传承形式。神奇的故事总有神奇的创作者，这些说唱艺人凭借超强的大脑记忆，已成为学术界关注的对象，但人们更愿相信他们是“神授之人”。是神灵在他们做梦时把故事告诉他们，或者在梦中将一捆捆、一卷卷书放进他们的胸膛，梦醒时，身上并无任何伤口，虽然他们不认识经卷上的字，但胸中却装下了格萨尔天上地界轰轰烈烈的千军万马。

《格萨尔王传》的传播依靠众多的优秀的格萨尔说唱艺人，他们是史诗的创作者和传播者，是真正的艺术家、诗人。

三、史诗的文学体裁

解说：史诗的时间无起止，仿佛与天地同寿，人物鲜活灵性，凡人神仙、飞禽走兽、山川河流都有思想表达，现实主义和浪漫主义相结合的传唱风格，是否就是史诗长传不衰的法宝呢？

史诗是民间文学的一种体裁。格萨尔英雄史诗采用了藏族人民喜闻乐见的说唱体形式，以部或章为一个完整的故事。故事由散文与韵文两部分组成。散文部分介绍故事的内容和情节，这部分是说出来的。

韵文部分是主体唱词部分，是说唱艺人伴以弹奏的乐曲唱出来的，是人物对话和情感抒发。韵文唱词的比重大于散文叙述部分。唱词有独立的内容，用诗的格律，用比喻的手法，表达出英雄顽强的意志。如：

宁可死得像猛虎一样壮烈，
不愿学狐狸那样怕死逃生。
与其像狐狸夹尾逃深山，
不如像猛虎斗死在人前，
与其厚颜埋坟场，
不如英勇战死赴九泉。

说唱，是史诗主要的表现形式，必然有神话故事和艺术想象、虚构与夸张的成分，以史为诗，以诗叙史，以广阔的社会现实生活为背景，真实地再现了藏民族历史发展阶段的社会风貌，以藏族历史上确实存在过的重大事件、人物，由这些事件和人物演变成的英雄传说为题材或素材，进行艺术概括。史诗中的主人公格萨尔便是一位高度理想化、典型化的君王，具备各种美好的品德和雄才大略，拥有比其他部落君王更高明的战争观和安邦扶民的方略，改变了敌对部落之间的关系，使双方由敌人变成了部落联盟，促进了藏民族共同体的形成。

战争是史诗的主题，除了对战争的描写，还有对农业、牧业、建筑、冶炼、制造、服饰、饮食、医药、气候等领域的描写，反映了那个时代的社会景象。

春三月若不播种，
秋三月难收六谷。
冬三月若不喂牛，
春三月难挤牛奶。
骏马若不常饲养，
临战遇敌难纵横。

——《格萨尔王传·赛马称王》

这段唱词用春种秋收的耕作规律，引出辛勤地劳动、精细地耕作是获得五谷丰登的前提，这是史诗常用的创作手法。史诗的主要内容是描写战争的，用渲染战斗场面的气氛来烘托人物的勇武，表现英雄们在战争中运筹谋划，显示智谋在战争中的巨大作用。对战争之外的风土人情（包括爱情、婚礼、丧葬）、农牧生产等也一样作了精彩的描写，表现了史诗内涵精神的积极性、深刻的历史性、鲜明的民族性和语言的丰富性等方面。

四、史诗的中心思想

解说：当妖魔横行、外敌入侵、家国破碎时，人们期盼着和平安宁的日子，更期盼着英雄的出现。于是，格萨尔来了，领着他的人民东征西战、降妖伏魔。为了人民的幸福抗争着、战斗着……

一是为民除害，护佑众生。

我们了解了格萨尔史诗是以说唱演绎的文学体裁，那么它的中心思想又是什么呢？史诗在《天界篇》就开宗明义提出“降妖伏魔、抑强扶弱、救助生灵，使善良百姓过上太平安宁生活”的宗旨。史诗基本上围绕着这个主题思想而展开。格萨尔明确宣称：“世上妖魔残害人民，抑强扶弱我才来”，“我要铲除不善的国王，我要镇压残暴和强梁”。

在英雄的一生中，他按照自己的诺言进行战争和制止战争。他使用战争的手段，只针对残暴的君王而不殃及普通百姓，镇压和铲除的是罪大恶极的魔王，而对百姓哪怕是敌国的百姓也施以仁政和恩德，并规劝那些执迷不悟的人，希望他们重新做人。

多做善事生吉祥，ལེགས་རྒྱུ་བྱས་ན་དཔལ་དུ་སྐྱེ།
多做坏事遭祸殃，ཉེས་རྒྱུ་བྱས་ན་བྱུར་དུ་གྱུར།
二者何为多思量，འདི་གཉིས་གང་བྱ་ཞིབ་དུ་བརྟོགས།
人皆难逃必死亡。ཤི་བ་ཡང་དག་ཐར་བ་མེད།

这充分反映了英雄格萨尔不仅有超强的武力来消灭敌人的自信，保卫众生百姓，更有仁慈的心去教育感化敌人，让战争远离生活、远离百姓。

二是反对侵略，保卫家园。

史诗的另一条主线就是反对侵略、保卫家园。这是和“为民除害，护佑众生”的思想相互交织、密不可分的。表现在格萨尔出发去北方降魔时，他告诫他的臣民“不要挥兵去犯人，若是敌人来进犯，要奋起抗击莫后退”，成为格萨尔岭国大众与邻近各部落、邦国相处的准则。

姜地兵马犯边疆，
寸土不让不投降，
花岭大战紫姜国，
为卫公利图自强，
为护岭国救百姓，
为保饭食与民安。

这段唱词表现出了岭国人民热爱家园、热爱和平、反对侵略的坚定立场和崇高誓言。

五、章节选讲

解说：在青藏高原，整个辽阔壮丽的江河源头地区，都是格萨尔展示才华的舞台。世界上任何一部伟大的史诗都没有像《格萨尔王传》那样为主人公提供如此壮阔的地域、如此悠长的历史舞台。英雄格萨尔又在这样的舞台上演绎了怎样的感天动地、荡气回肠的伟大诗篇呢？

下面以《格萨尔王传·天界篇》为例，我们来一起欣赏。

其一，散文叙事梗概。

有一个叫作“岭”的地方。

这个地方雪山环绕、草绿羊肥、百鸟欢唱，人们安居乐业、和睦相处，过着幸福安康的日子。

突然间，一股邪恶的妖风刮遍岭国的山山水水，妖魔鬼怪呼风唤雨，毁坏庄稼，摧毁房屋，吃人肉、喝人血、剥人皮。美丽的雪域哀鸿遍野，草原枯黄、河水断流，人们变得邪恶、贪婪，没有仁爱和善良，刀兵四起，血雨腥风。观音菩萨大发慈悲，不忍人间生灵再遭涂炭，请求阿弥陀佛派天神之子推巴噶瓦下凡降妖除魔，做藏地百姓的君王。神子推巴噶瓦发愿到藏地，各路天神、菩萨为了推巴噶瓦具有降妖伏魔、战无不胜的本领，完成造福百姓的神圣使命，将各种神奇的力量都赋予推巴噶瓦神子，使他具备了超凡的才能，成为半人半神的英雄。

格萨尔在天庭名叫推巴噶瓦，降生人间取名“觉如”，在他称王之后才叫格萨尔。

推巴噶瓦降临人间的母亲是龙王之女梅朵娜泽，父亲也是一邦之王。尽管格萨尔有高贵的血统、显赫的家庭，但从他降生开始就历经磨难，由于本身的力量和天神的护佑，每次都能化险为夷，并将加害于他的妖魔伏服。格萨尔诞生时就有 3 岁孩童的身量，并能开口说话。12 岁时，格萨尔在部落的赛马大会上战胜群雄，取得胜利，并获得王位，娶森姜珠牡为妃，完成了由神到人，又由人到王的过程。

其二，韵文选段。

大奏世界安乐曲，འཛམ་གླིང་ཕན་བདེ་སྒྲུབ་པའི་རོལ་མོ་བརྡུང་།
遍照智慧宝珠光，ཡེ་ཤེས་ནོར་བུ་དཔལ་འབར་ཟེར་ཕྲེང་གིས།
降伏妖魔大力士，ནག་ཕྱོགས་བདུད་འདུལ་དགྲ་ལ་མཐུ་བོ་ཆེ།
雄狮大王赐吉祥。སྐྱེས་མཆོག་སེང་ཆེན་རྒྱལ་པོས་ཤིས་པ་སྩོལ།

这是一段颂偈体唱词。颂偈体是佛经的体裁之一，由固定字数组成。这是4句7言的颂词，也有4句9言的颂词，多出现在史诗之首，意在赞颂格萨尔降妖伏魔所取得的辉煌成就和功德无量。

史诗中常用的“鲁体”是藏族韵体文学中最为常见的一种诗歌体裁，在史诗中贯穿始终。它可分为：起兴、祈祷、介绍、正文、结尾等部分。其中，正文部分是唱词的核心，表达人物的主要思想、对话和指令。如：

唵嘛呢叭咪吽，
我唱阿拉塔拉塔拉，
塔拉塔拉是歌曲的唱法。
请无欺的救主三宝，
保佑我这领兵人，
格萨尔大王与战神威尔玛，
请在此地帮助我大臣。

在颂咏“六字真言”后，是“起兴”唱词部分的开始。每一段唱词必有起兴，起兴的部分可长可短，由说唱艺人即兴决定。

史诗中大量使用比喻、夸张、排比、回环等手法，将内容做了最精彩的表现。

兵多青天遮不住，
马多大地载不了，
河水喝得断了流，
山石不够搭火灶。

这种夸张的描写手法，尽情地表达了格萨尔兵多将广、威武强悍的场面。

六、史诗的文学地位及对后世的影响

解说：《格萨尔王》是藏族人民集体创作的一部伟大的英雄史诗，悠久的历史、丰富的内容，千百年来在青藏高原和喜马拉雅山周边地区广袤的土地上流传，深深地影响着藏族文学的发展，并延伸出包括格萨尔艺术在内的其他艺术种类。那么，我们怎样看待史诗有如此强大的影响力呢？

藏族文学十分丰富，无论是民间文学还是作家文学都有很多优秀的作品，而英雄史诗《格萨尔王传》是最具代表性的。这部优秀的长篇史诗，内容包括历史事件、民族、宗教、传说等，其文学地位以及对后世文学发展有着重要的影响。

一是严谨的结构使史诗有了时间和空间的跨越。

《格萨尔王传》史诗是一部伟大的民间文学作品，能够在我国藏、蒙古、土、纳西等民族和国外其他民族间广为流传。特别是在蒙古族民间的传播，形成了具有蒙古草原特色的蒙古族英雄史诗——《格斯尔》，有了格萨尔史诗的“源”与“流”的话题 。在俄罗斯的布里亚特以及印度、尼泊尔、不丹等流传区域，形成了各具地区和民族特色、各自独立的民族民间作品。

史诗结构纵横交织，在纵的方面概括了藏族社会发展中各个重大的历史时期；在横的方面包括近百个部落和邦国。纵横交织，使故事有了广阔的空间和时间，这让英雄史诗活形态载体有了不断发展的空间。史诗以说唱的形式，塑造了数以百计的人物，其中格萨尔贯穿始终，无论正面的英雄还是反面的暴君魔王，无论是男子或是妇女，都刻画得个性鲜明，形象突出。在叙事描写方面，大到恢宏的战争场面，小到场景交代，都能做到繁简有序、轻重有别，为故事情节的需要加以巧妙的构思，让故事充满生命力，各种人物性格栩栩如生，鲜活的人物从古走到今。

二是作者的广泛性延展了史诗的生命力。

史诗《格萨尔王》主人公格萨尔无论天上人间，都有着高贵的血统；天国众神，虽不食人间烟火，却和人们一样有七情六欲；天国由一个个长幼有序的血缘家庭组成。这种神界，不管有多虚幻，都是社会现实的反映，更是人们意愿的向往。格萨尔到凡间后，他仍然有人间的父母妻子兄弟。他超群的智慧，万般幻化的神功，在他取得王位后又具备了优秀领导人的一切潜质和才能，他冲锋陷阵，斩除妖魔。失去亲人、失去家园后，他一样悲愤忧伤，有和常人一样的情感。这使人们对格萨尔有一种质朴的亲近感，格萨尔的喜乐哀愁就是百姓的喜乐哀愁，人们愿意将自己的情感向他倾诉和寄托，这样，格萨尔就有了生命力，他扎根于民众，并代表民众表达意愿。

这，正是史诗的生命力所在。

七、史诗的艺术特色

《格萨尔王传》之所以家喻户晓，经久不衰，除了具有积极的思想内容，代表了百姓的愿望之外，它还具有高度的艺术成就。

史诗以其雄浑磅礴的气势，通过对几十个邦国部落之间战争，有声有色的说唱，表现手法起伏曲折，跌宕有致，表达了藏族百姓厌恶分裂动荡、渴望和平统一的美好理想，这是史诗现实主义的积极方面。同时，史诗又以绮丽的幻想赋予格萨尔以超凡的本领，把他塑造成天神的化身，能够役使鬼神、支配自然的英雄人物，没有不能战胜的敌人，没有办不到的难事。其他如魔国的设想、地狱的描绘、鸟兽的特殊贡献，也都充满神奇色彩，比如，马能忠谏、乌鸦能侦察，等等，给史诗增加了浓郁的浪漫主义色彩。例如，格萨尔的神马和他同时下凡，但它生活在一群野马之间，当它知晓格萨尔成为王之后，它知道它的使命，将由野马变为英雄的坐骑。在格萨尔遇到无数困难险阻的时候，马都会提醒格萨尔王，并提出中肯的建议，使格萨尔克服了若干的困难，取得了一个又一个胜利。

史诗中的百鸟，尤其是乌鸦，也成为敌我双方侦察对方实力的侦察兵。它们能够深入敌后，探清对方的排兵布阵，兵马情况，敌对方的兵器使用，以及后勤保障情况。

史诗刻画人物极其生动形象，具有叩人心扉的艺术魅力。除了把格萨尔塑造得英武神奇、天下无双之外，还塑造了一个个美丽、坚贞、能干、贤淑的藏族妇女形象。尤其是以森姜珠牡为主要代表人物。她勇敢、智慧，是格萨尔王的终身伴侣，有情有义，和格萨尔一起为了岭国百姓的幸福安康做出了突出的贡献。为了格萨尔王的事业不惜牺牲，忠贞不渝，和格萨尔一道升入天国。

珠牡虽然生在富有之家，但富有正义感，不肯嫁给大食王国的王子，宁肯爱恋备受迫害、穷苦潦倒，当时还未称王的格萨尔，即使受到父母的责骂，也毫不动摇，集中显示了藏族女性美好的心灵。当格萨尔前往北方征战、敌人乘机进犯的紧急时刻，她能团结岭国英雄和百姓奋起抵抗；在被围困的三年中，她巧施妙计，稳住敌人，等待格萨尔班师回朝；在被俘之后，她忍辱负重，对格萨尔充满了坚定的信心。这一切，都深刻地表现了藏族妇女的聪明勇敢和顽强坚贞的性格。

史诗对岭国总管的描绘，也十分感人。他深谋远虑、洞察真伪、胸怀广阔、顾全大局、忠心为国的崇高形象，通过一段一段的具体情节，令读者由衷敬佩。其他英雄还有冲锋陷阵、所向披靡、赤胆忠心、公正无私的贾擦，智勇双全、百战百胜、使敌人闻风丧胆的丹玛，敢于冲杀、视死如归的昂琼等，在史诗中都描绘得栩栩如生，给读者留下了难忘的印象。

史诗对反面人物，也刻画得入木三分，使其凶相毕露，令人觉得可恨可恶。如晁同对内傲慢狂妄、对敌卑躬屈膝的叛徒嘴脸，霍尔黄帐王、白帐王等的贪婪、残暴、愚蠢、胆怯的丑恶本性，都写得淋漓尽致，鞭挞了他们肮脏的灵魂。

《格萨尔王传》在其漫长的历史发展过程中，之所以能流传到现在，民间的说唱艺人在流传演变和发展过程中，起着非常重要的作用，他们既是史诗的创造者，又是继承和传播中的重要角色，是他们以说唱形式，让史诗口口相传、代代相传，并且通过这些优秀的说唱艺人得到了不断的充实和完善，流传至今。

根据民间艺人的说唱，整理成手抄本和木刻本，成为文字的载体，为后人传诵。

格萨尔王的形象还与藏族民间文化的诸多形式——风物传说、民歌、叙事诗、谚语、赞词及雕刻、绘画、舞蹈、寺院羌姆、祭祀供奉等形成了独特而亮丽的格萨尔文化现象。

《格萨尔王传》用藏族特有的艺术形式——唐卡，将这世界上最长的活形态的史诗，加以介绍和传播，彰显了藏族的文化特色，使格萨尔的故事情节在唐卡的绘画艺术中得到了充分的演绎。除了唐卡以外，还有格萨尔的人物塑像、服饰、兵器、战马等，都以不同的艺术形式将其予以展现。

缘在盛世辑佛典*

——《密宗甘露精要》面世谈

佛教源于古代印度，是以“佛”为最高教主，以佛崇拜为基本特征的古老宗教。在公元前6世纪至公元前5世纪间由印度迦毗罗卫国王子悉达多·乔答摩即释迦牟尼所创立。其基本教义是：把现实人生定为“无常”“无我”“不净”“苦”。“苦”的原因既不在超现实的梵天，也不在社会环境，而是由每人自身的“惑”“业”所致。“惑”指贪、瞋、痴等烦恼；“业”指身、口、意等活动。“惑”“业”为因，造成生死不息之果；根据善恶行为，轮回报应，故摆脱痛苦之路，唯有依经、律、论三藏，修持戒、定、慧三学，彻底转变自己世俗欲望和认识，超出生死、三世轮回。达到这种转变的最高目标，叫做“涅槃”或“解脱”。这些佛理还包括“四谛”“五蕴”“十二因缘”“八正道”“涅槃”等最基本的教理，成为之后佛教各教派的基本教义。

佛教有自身完整的佛理和教义，在传承过程中形成了众多的经籍，这些佛教经籍的总集称之为“大藏经”。以经、律、论为主，包括印度佛教原典的《三藏》部分，亦含中国德僧、学人对佛典的诠释，对教义、教史的各种著述。

佛教自汉始传入中国，至今已有两千多年的历史，可以说佛教开始传入中国就与中国本土文化——儒家文化很好地结合在一起，两种文化

---

* 笔者主编的《密宗甘露精要》26卷本，于2008年11月由国家图书馆出版社出版，在人民大会堂召开出版座谈会。全国政协副主席郑万通、国家民委副主任丹珠昂奔、北京大学教授白化文、国家图书馆馆长詹福瑞、中国佛教协会会长一诚等专家学者、高僧大德一百余人出席了会议。此文是笔者在座谈会上的发言稿件。新华社、中央电视台“新闻联播”及人民网、光明网、新华网等主流媒体对座谈会进行了报道。

相互包容、相互完善。佛教文化仰赖于儒家文化而传播，儒家文化又仰赖佛教文化而光大。同理，佛教因大藏经而传承，大藏经又因佛教的传承而修缮与丰富。在两千多年的文化传承中，无论是民间或是官方，对大藏经的刊行和修订从未间断，众多的寺院、藏书楼、图书馆、藏经楼专事供奉大藏经，形成佛教典籍源远流长卷帙浩繁，对佛教文化在中国的传播和发展有着重大影响，在丰富中国文化、中华文明方面亦有着重要作用。

佛教自两汉传入中国时，并无太多的经籍，译经事业粗具规模当属南北朝时期，开始形成大藏经雏形。自此以降，中外佛学译经家将近万卷的印度佛教经籍译成汉文。印度佛教经籍能够在中国立足并流传，首先是中华文明有着海纳百川之气概，有包容一切之胸怀；其次是译经家们依据汉文的对仗修辞，将大藏经翻译成人们可以理解的文字，为中国广大信众所接受；第三，佛教传入中国时正值造纸术的发明时期，到了南北朝时，纸的运用已相当普遍，后来又有了雕刻印刷工艺，大藏经便有了各种译文的写本和刻本流市，可以说中国文化为大藏经的传布提供了土壤，而纸和印刷技术又承载了佛学文化的传承。中国的高僧大德、佛学专家的著作也汇入大藏经中了。因此，大藏经不仅仅是印度佛教经籍的翻译作品，更是受中国古代政治、经济、文化思想的影响，逐渐中国化了的文化集大成就的典籍，对中国古代的政治、社会和思想文化产生了巨大而深刻的影响，赵朴老曾说：“佛教传入中国已有两千多年，对中国文化的发展产生了深广的影响，它以独具精神的哲学思想、丰富的精神财富、庞大的文献宝藏、精美的文化遗产而成为东方文化和文明的重要支柱。中国佛教历史上的高僧大德译经著述、创宗立派、传经授业，留下了卷帙浩繁的佛教文学、艺术、历史、哲学的宝贵资料，形成了中国佛教大藏经。大藏经是人类文化史上罕见的巍峨丰碑，凝聚了中国世代人的聪明智慧和辛勤劳动，体现了中华民族的坚韧精神和伟大气魄，这是我们引以自豪的无价的精神宝藏。”赵朴老精辟的论述，是大藏经在中华文化中的崇高地位的总结。研究中国历史文化，不能不研究佛教，研究佛教又不能不涉及密宗，密宗为佛教之一脉，且创教久远。密宗亦称“密教”“秘密教”“瑜伽密教”“真言乘”“金刚乘”等，自称受法身佛大日如来深奥秘密教旨传授。释迦牟尼圆寂八百年后，印度人龙树菩萨为提高佛教道果，持诵大日如来真言，开南天铁塔，亲从金刚萨埵受法，传《金刚顶经》《大日经》，并撰造《发菩提心论》，后世大德便以“两经一论”建立密教，自此后称之为“密教”或“密宗”。其间多有梵僧东来中国传授密典，但多属杂咒密术，史称“杂密”。唐开元年间，西天正统密教由善无畏带来《金刚顶经》为始因，密宗遂成为中国佛教宗派之一。

唐贞元二十一年，日僧空海来长安青龙寺，师从惠果，受胎藏界、金刚界两部秘法，并受传大阿阇梨位，回日本后，以平安（今京都）东寺为中心弘传密教，称真言宗，并建高野山金刚峰寺为另一传发基地。教义与汉传佛教密宗相同，但更重视空海《十住心论》《秘藏宝钥》《辩显密二教论》《即身成佛义》等的修习。镰仓时期的赖瑜（1226—1304年）则认为大日如来的法身不说法，而其化身说法，创“新义真言教”，以和歌山根来寺为中心。现有高野山真言宗、真言宗山阶派、真言宗醍醐派等数十个派仍为唐密一脉。

8世纪初，古印度僧人莲花生、佛密等先后入藏传播密法。前弘期佛教中，西藏流传的密法多为行、事两部，史称旧密。11世纪初，有仁钦桑波等翻译多种瑜伽密教经典，史称新密。此后，瑜伽部和无上瑜伽部密法盛行于西藏各教派中，逐成藏密。

无论是汉传密宗、藏传密宗或是传日密宗，其义有异，但属同源。

密宗认为世界万物、佛、众生皆由地、水、火、风、空、识“六大”所造。前“五大”为“色法”，属“胎藏界”，认为“心法”属“金刚界”，色心不二，金胎为一，二者摄宇宙万有，而又皆具备于众生心中。佛与众生体性相同。众生如果依法修“三密加持”，即手结印契

（特定的手势），口诵真言（咒语），心观佛尊，就能使身口意“三业”清净，与佛的身口意相应，即身成佛。

密宗仪轨繁杂，对设坛、供养、诵咒、灌顶等皆有严格规定，需经阿阇梨秘密传授、上师开许、诵持密咒、坛场作法而修身成佛，并以此区别显密之界。

《密宗甘露精要》首次辑录中国汉文密宗经典而成书。自西汉以降，汉文密宗经典并非自成体系，而是散见于各个朝代中的不同版本的大藏经中，给学者、研修者及供奉者带来极大的不便，鉴此，《密宗甘露精要》编委会以大正藏、乾隆版大藏经秘密部为蓝本，并摄取数种大藏经咒藏传佛教各教派中的密宗部分（汉译）而成密典，以示圆满。

在中国两千多年的佛教发展历史中，经历代高僧大德的传法，功德惠及后世，今尚存大藏经有《崇宁藏》《毗庐藏》《赵城藏》等十数种。其典籍卷帙浩繁，显密杂部并举，所辑内容多在几千种上万卷，信徒穷毕生之时亦难诵研圆满，且所耗资费少则十数万，多则上百万元，为一般信士所莫及。针对佛教信士对密宗的研修诵持需要，《密宗甘露精要》出版面世，得到了国家宗教局、国家新闻出版总署的支持与批准。国家图书馆出版社积极组织选题，对书稿进行了认真的校勘编辑，从质量上保证了佛典的顺利出版。

《密宗甘露精要》辑集出版，具有着重要的历史文化意义：首先，是繁荣中华文化之善业。佛教文化是中华民族传统文化的一部分，辑录出版《密宗甘露精要》，理所当然是弘扬中华文化的盛举。其次，是保存佛教经典。出版《密宗甘露精要》，为海内外佛教界人士、佛学研究人员、广大信士提供精要之典籍保存佛教经典。再次，是维系爱国精神的纽带，亦是构建和谐社会的文化元素。《密宗甘露精要》的出版，将成为海内外华人文化交流的盛事，在构建社会主义和谐社会中，亦有助于荡涤人们的心灵，筑造人们美好的心灵家园。

摘下星星留给谁*

新的一天又开始了。

这清幽住所日日讲佛论道，早已远近闻名。五里八乡之人纷至沓来，均倾慕这三居士之名。就连百里之外，也有人来求教。更有人愿投于三居士门下为弟子。三居士见这些人都是虔诚之人，便收下了，陆陆续续已有十余人。

慈云问大家："佛法修行重在智慧，大家有谁能讲一个关于智慧的故事呢？"于是，有人讲了一个群鸟推举王之事。

在终年银装素裹的大雪山下，有一处富饶美丽的山凹地。在山凹向阳的那一面，有一大群鸟在这里安居乐业，生活又欢快又美满。

"马无头不走，鸟无头不飞。"群鸟们迫切地感到，应当推举一个鸟王了。它们聚在一起，商议起来："咱们今天应该推举出一只鸟为我们的大王。这只鸟王应该能管理群鸟，使大家敬畏，这样，在我们这群鸟中，才不至于出现做违法事情的。"所有的鸟都认为这个主意不错。有的鸟说："咱们早该如此啦！听说山那边的鸟们，在它们的大王带领下，把家园建设得可美了，路不拾遗，夜不闭户。好多鸟都投奔了那里。"

还有的鸟说："是该有个大王了，万一有外敌入侵，也好有个大王带领我们自卫抗敌啊！"

众鸟七嘴八舌，一致赞成推举一个鸟大王。可是，由谁来当这群鸟儿的大王呢？一时谁也不说话了。大家你看看我，我看看你，都想要推

* 节选自拙作《尘世佛缘》，第三册，大众文艺出版社，2004 年。

举出一只最合适的鸟来做大王。但因为每只鸟心目中都有各自不同的选王标准，一时竟难以推出一个公认的鸟王来。

沉默了很久，有一只鸟说："咱们也不能总是这么沉默下去呀。大家可以提出候选人，让众人评议，只要大家认可，这只鸟就做咱们的大王，你们看怎么样？"

众鸟说："好，就这么办吧。"

这一来，一度冷落的气氛，又热烈了起来，鸟们都争相提出自己的意见。

一只鸟说："我先提一个。你们说，推举白顶鹤做咱们的鸟大王，怎么样？"

立即，大家议论起来。

有一只鸟提出反对意见，说："不好，不好，我觉得白顶鹤不适合当鸟大王。为什么呢？你们想一想啊，白顶鹤的腿那么长，身子那么高，脖子也老长老长的，要是让它当了鸟大王，谁也不敢触犯它，倘若谁招惹了它，它还不用长嘴啄我们的脑袋？那谁受得了呀！"

众鸟频频点头，一齐说："是这么回事，不能选白顶鹤，我们的脑袋还要呢！"

又有一只鸟提议，道："我推选鹅做我们的大王。我的理由是：鹅总是那么爱干净、讲卫生，全身羽毛总是那么洁白，赢得了大家的尊敬，它可以当鸟王！"

马上就有几只鸟提出了相反的意见："鹅也不适合当鸟王！当然啦，鹅的羽毛确实洁白光泽，可它也有缺点。你们看，它的脖子又长又弯.想想啊，它连自己的脖子都不能长直了，不能正己，也难以正人呀！怎么保证它为大家办事就一定会公道呢？所以，鹅也不行。"

提出两个都不行，众鸟又议论纷纷了。

"喂，我提一个！"又有只鸟儿发言，"我看孔雀挺适合当鸟王！"

立刻，有一些鸟附议："嗯，提得不错，咱们谁能与孔雀相比呢？

孔雀的羽毛五彩缤纷，美丽极了，人人见了都感到赏心悦目的，理应做我们的大王.。”

“不行，不行！”马上，这些鸟又自己推翻了自己的建议。它们说：“咱们别光看孔雀羽毛美丽的一面，它也有丑陋的一面啊！它美是美，可不懂得羞耻，每当它展屏翩翩起舞时，丑态也显露出来，我们都有些替它害羞呢。所以，孔雀也不可以当大王。”

“哎呀，说了半天，这也不行，那也不行，选个大王可真难呀！”众鸟选了半天，仍未推举出一个合适的人选来，都有些泄气了。

有一只鸟说：“我看选猫头鹰为王挺合适，我的理由是，它总是在白天休息，晚上才出来捕食、活动，守卫家园，这样，当我们晚上睡觉时，它就可以保护我们大家了，我们再也不必在夜间担惊受怕了。让猫头鹰当鸟王，多好啊！”

大家想了想. 也没有什么更合适的了，而猫头鹰的这个优点，又是谁也比不了的，就都一致同意了。

就在大家都点头同意猫头鹰当鸟王之时，有一只聪明的鹦鹉，在一旁沉思：“我们鸟的生活习性是在夜间睡眠，白天出去捕食。而猫头鹰的习性正和我们大多数鸟相反，它是夜里醒着，白天睡觉。要是大家推举它当了鸟王，就得有不少鸟整日簇拥着它，围在它左右，服侍它。想一想啊，白天，猫头鹰在那里呼呼大睡，我们要守候在它周围；夜里，猫头鹰处理政事，我们也得在驾前侍候，这一来，不就白天黑夜连轴转了吗？长期如此，不就苦了大家了吗？现在鸟们只想到了有利于大家的一面，而没有想到不利于大家的一面，我应当提醒它们再考虑考虑才对！”

鹦鹉想到这，就要对大家说出自己的想法。但它刚要说，又止住了，它想：“现在，所有的鸟都同意猫头鹰做大王，唯独我提出不同意见，岂不得罪了猫头鹰？倘若它发怒了，就会来拔掉我的羽毛，我还是不要说的好。”

鹦鹉思想斗争很厉害，想来想去，它拿定了主意："也罢！我不能只考虑自己的安危，要为全体鸟着想，否则，大家都要受苦熬夜，我怎能安心呢？我宁肯冒着被猫头鹰拔掉羽毛的危险，也要坚持真理！"

好个鹦鹉，决心已下，飞到众鸟面前，对那些正在欢欢喜喜庆贺的鸟们恭恭敬敬地鞠了一躬，说："请大家先听我说——"

鸟们不知它要说什么，立即止住了喧闹，一齐听鹦鹉的话。鹦鹉就把自己刚才的分析，向大家细细说了一遍，之后说："你们大家想一想，我的想法是否有道理？"

真是一石激起千层浪。鹦鹉的话音刚落，鸟们顿时又唧唧喳喳地议论开了。

众鸟越想越觉得鹦鹉的话有道理，遂同声念了一偈夸赞道：

聪智明事理，不必在年高。
汝虽年幼小，行事却牢靠。

鹦鹉听了，也用偈语回答道：

若听我主意，不选猫头鹰。
看见它高兴，众鸟也心惊。
何况发怒时，其面更狰狞。

众鸟听了，均说道："此话一点儿也不假。"

当即，大家又重新商议推选鸟王之事。众鸟一致认为："这只鹦鹉，别看它小小年纪，其貌平平，却有智谋、有胆量，论理精辟，思维周全，是个难得的才子，选它当鸟王是再合适不过的了。"

于是，众鸟一致推举鹦鹉做了鸟王。

在鹦鹉的精心治理之下，山凹鸟国很快就变得繁荣富强起来。

在很久很久以前，菩萨转世为一位主管着一片茂密森林的树神。

在大树的旁边，有一个不太宽阔，但却长满莲花的水池，池中正生长着许多鱼。有一年夏季，这个地方遭受了千年不遇的旱灾，长时间没有落下一滴雨，土地都裂开了口子。这个莲花池中的水变得越来越少，渐渐就快要干涸了。生长在池中的鱼，也忍受不了这种又干渴、又炎热、又拥挤的生活，都快要死去了。

这时，从远方飞来一只既阴险又狡诈的青鹭，它在飞过莲花池的时候，因为口渴，便落在池边喝水，一眼就看到了有许多鱼在这个马上就要被熬干了的池水中挣扎，不禁心花怒放，高兴万分。它美滋滋地想："今天我可以饱尝美味佳肴了。这么多鱼呀，真是唾手可得！我可千万不能错过这个千载难逢的机会。"

于是，青鹭就在池边踱来踱去，寻找便于下口的猎物。池中的鱼看到青鹭后，都提高了警惕，一边问："青鹭啊，你低头走来走去，在想什么呢？"一边把身子隐藏在水中的淤泥里。正要对一条小鱼下毒手的青鹭，看到这些聪明的鱼都远远地躲开了自己，就想："如果对这些鱼强行下手，不但达不到饱尝鲜鱼的目的，恶名传出去反而会使自己身败名裂。因此要想一个好办法，把这里的鱼统统吃掉，还要留下好名声。"他便顺着小鱼的问话回答："我正在想你们的事啊！"

"想我们的事？"鱼们感到很惊讶，便问："你是有翅膀的，可以在天空中飞翔，任意寻找舒适、安稳的地方；而我们却只能时时刻刻待在水中，受尽寒冷与炎热的折磨，你与我们又不是同类，能想我们的什么事呢？"

青鹭假情假意地说："这池中的水已经越来越少，既缺少食物，又热得难受，天上又没有下雨的意思，将来你们可怎么生存下来呢？我很为你们担心啊！"

"好心的青鹭，你为我们想个主意，不能眼看着我们去死呀！"

"如果听我的话，保你们平安无事。"青鹭看到鱼们已经听信了自己的话，就进一步欺骗道：“在森林那边有一个十分宽阔、清澈的大水塘，塘中长满了五色莲花，飘浮着厚厚的绿藻，里面还有无数小虾。只要你们愿意，我可以用嘴把你们一个个从这里衔走，放到那个大水塘中，这样你们不就可以脱出险境，重新过快乐幸福的生活了吗？”

听完青鹭的一番话，鱼们不免有些半信半疑。其中一条胆大一点儿的鱼说：“青鹭啊，从古至今，你们都是把鱼当美餐的，从来没有听说过有替鱼着想的青鹭。你不会是把我们一个个地骗走，衔去吃掉吧？”

青鹭扬起长长的脖子，用尖尖的嘴指着天空发誓：“希望你们相信我，我与别的青鹭不同。绝不会吃掉你们。”

鱼们说：“怎么才能让我们相信你的话呢？”

青鹭回答：“你们可以先选派一条鱼，让我衔着他去那边的大水塘看一看，作个见证，然后回来，告诉大家，我青鹭有没有欺骗你们。”

鱼们觉得青鹭的话也道理，于是就选中了一条在水中和陆地上都能够生活的独目大头鱼，让青鹭衔在口中，先去观察。

“你们放心吧，很快我就会把它送回来的。”青鹭说完，就衔着独目大头鱼飞过森林，不一会儿，就来到了事先选中的大水塘旁边。他一松口，独目大头鱼便立刻潜入到池水中，先自由自在、畅畅快快地游了几个来回，然后又敞开肚皮吃了许许多多的小虾，才回到池塘边，对青鹭说：“好心的青鹭，你快把我带回去吧，我的那些身处绝境的兄弟姐妹们正等待着我给他们带去的好消息呢！”

青鹭又重把独目大头鱼衔在口中，送回到小莲花池里。

鱼们见到独目大头鱼平安地回来了，一边感谢青鹭的搭救之恩，一边迫不及待地向独目大头鱼询问：“青鹭说的那个大水塘怎么样啊？”

独目大头鱼便把刚才的情况向同伴做了介绍，赞美那大水塘是如何的宽阔，池水是如何的清凉，五色莲花是如何鲜艳，水藻小虾是如何美味。

鱼们听了独目大头鱼的赞扬，顿时欢呼雀跃起来，恨不得自己也能像青鹭一样，长着双翅，飞到大水塘中。于是，纷纷找到青鹭，乞求说：“好心的青鹭，你快点带我们去大水塘吧。”

青鹭看到鱼们果真上当了，心里十分得意，但脸上却不露声色。他对鱼们说：“我一定把你们救出火海，不过，我的嘴只有一个，只能一条一条衔你们去。刚才是独目大头鱼勇敢地为你们传递了消息，现在我就第一个带他去。”于是青鹭衔起独目大头鱼，飞上了天空。正当独目大头鱼幻想着在大水塘安家立业，娶妻生子的时候，青鹭却把它衔到了离大水塘不远的一棵大婆罗奈树上。

独目大头鱼疑惑地问：“好心的青鹭，你不把我放在水中，却放在大树上做什么？”

这时，青鹭双眼露出凶光，恶狠狠地说：“我青鹭从来都是吃鱼的。把你们放到塘中，哪有这等美事？我是要一条条地吃掉你们。”于是青鹭便把这条可怜的独目大头鱼穿在树枝上，一口一口地美餐起来。顷刻间，一条硕大的肥鱼，就只剩下了白森森的骨头，青鹭吃完鱼肉后，用嘴一甩，便把骨头扔到了树下。

之后，青鹭又飞回到小莲花池旁，对正翘首以待的鱼们说：“我已经把那条鱼放到大水塘中了，他现在很快活，让你们都快些过去。你们谁先去？”

青鹭就用这种奸诈狠毒的办法，每日把上当受骗的鱼衔到树上，美餐一顿。小莲花池里的鱼，一条一条地被吃光了，树底下则堆满了这些可怜的鱼的白骨。当他最后一次来到小莲花池的时候，一条鱼也没有了。青鹭正垂头丧气准备离开的时候，突然看见池中还伏着一只很大很肥的青螃蟹。贪婪的青鹭不由自主地又停住了脚步，心想：“我也要把这只螃蟹当作一顿美餐。”

青鹭就又重新回到小莲花池边，装出和善的语气对螃蟹说：“喂，螃蟹外甥，这里的水都快干了，你怎么还待在这里呢？”

螃蟹不解地说：“咦？我不认识你，为什么管我叫外甥呢？”

青鹭说："这里的鱼都被我衔到森林那边的大水塘中去了，那里有吃的，有玩的，并且永远不会干涸。鱼们为了感谢我的救命之恩，就认我为舅舅啦。你和鱼们是亲戚，所以，我把你当作外甥。你过来，让我也把你带到大水塘找他们去吧！"

螃蟹又问："你怎么带我去呢？"

青鹭说："我也用嘴衔你去。"

螃蟹摇了摇头说："你这样带我去，我怕你会把我从天上摔下来。"

青鹭说："你尽管放心，不必害怕，我已经把那么多鱼都带去了，有的鱼很大很沉，也没有出危险，还会把你摔下来吗？我会把你紧紧地衔住的。"

螃蟹心想："看这家伙皮笑肉不笑的样子，怎么会把鱼带到大水塘里去呢？可能早已变成他的美餐了。我可要提高警惕，千万不能上当。"于是螃蟹便对青鹭说："阿舅，我也很想离开这里，可就是担心你把我衔得不紧，若是到了半空中，我摔下来准得粉身碎骨不可，所以我想紧紧地抱住你。"

其实，螃蟹的真正想法是："这个池子很快就要干涸了，如果待在这里也只能是死路一条，倒不如让他带我出去。他要把我带到大水塘，那当然是再好不过。要是他耍花招，我就让他知道知道螃蟹的厉害，我要夹断他的喉咙，叫他马上完蛋。"想好了对策，螃蟹又催促青鹭道："怎么样，阿舅，你到底带不带我去啊？如果你同意让我用手抱住你的脖子和头，我就愿意让你衔着我去。"

青鹭根本不知道螃蟹的想法，只当是螃蟹真的怕死，就立刻应允了。于是螃蟹就从水里爬到池边，等青鹭的头刚一低下，就用火钳一样的双手夹住青鹭的脖子，又用另一双手紧紧地抱住青鹭的头。然后对青鹭说："阿舅，现在你就带我去找鱼们吧。"

青鹭看到大家常夸奖聪明的螃蟹，也这么轻而易举地上了自己的当，不由得暗自得意起来，便带着螃蟹飞过森林，在广阔的大水塘上空盘旋了一圈，直向那棵大婆罗奈树飞去。

螃蟹发现了这一情况，便问青鹭："阿舅，已经到了大水塘，为什么不把我放入水中，却又飞向别的地方呢？"

青鹭说："亲爱的外甥，我是你敬爱的舅舅，假如没有我，你也许一辈子都只能待在水里，是我把你带到空中，当然要很好地照顾你，让你空中享受一番呀。"

螃蟹知道青鹭在耍花招，便说："阿舅，天空中的确很好玩，但是，我现在口渴得厉害，请你先把我放进水塘里喝点水吧。"

此时，青鹭已经飞到他残害鱼们的那棵婆罗奈树上。他听到螃蟹的请求，"嘿嘿"奸笑了两声，便露出了狰狞的面孔。他对螃蟹恶狠狠地说："现在我带着你，别以为我会做你的奴隶。现在你低头看看这棵婆罗奈树下堆积如山的鱼骨头，你就会明白我带你出来的目的了。"

螃蟹听完怒不可遏，大声叱骂："你这个凶狠残暴、阴险狡诈的家伙，你害死了我们多少同胞，今天我一定要为他们报仇！"

青鹭听完，又是一阵奸笑说："我的好外甥，想不到，死到临头你还敢嘴硬。现在，你已是我口中的一顿美餐了，快点下来受死！"说罢，青鹭就用爪子去剔脖子上的螃蟹。

这时，螃蟹才不慌忙，一针见血地对青鹭说："那些鱼们愚蠢，轻信了你的花言巧语，才成为你口中的美餐，被你一个个吃掉了。我不但不会变成你的美餐，反而还要将你杀掉！"

"你的口气太大了，就你目前的处境已经难以逃命，怎么能够杀死我呢？"青鹭讽刺螃蟹。

"可是，我现在正用两双锋利的大手夹住你的脖子和脑袋。"螃蟹说："过去你太奸诈了，今天你却变得很傻，还不知道我早已对你有了防范。现在我们就要同归于尽了，我将把你的脖子夹断，一起从树上掉下去摔死。"

螃蟹说罢，便用火钳一样的双手，狠狠地夹青鹭的脖子。青鹭疼得嗷嗷大叫，眼中流泪，便立即乞求说：“我的主人啊，以前都是我不对，以后我一定痛改前非，饶我一命吧！”

螃蟹命令说：“那你赶快把我放到大水塘里去！”

青鹭不敢违命，立即张牙两翅，飞到大水塘边，并把螃蟹放在湖畔的泥滩上。青鹭暗想：“这里距水塘还有一段距离，螃蟹想跑是跑不掉的，只要你的双手一离开我的脖子，我就立刻毫不留情地杀了你！”

就在此时，聪明的螃蟹又看穿了青鹭的阴谋。他使足了力气，向青鹭的脖子狠命夹去，只听“咔嚓”一声，就像快刀割莲茎一样，夹断了青鹭的脖子。

居住在婆罗奈树上的树神，从始至终看到了这一切，他十分感叹，便让森林把这件事编成优美动听的歌曲，永远流传下去。

甯伯老八十寿辰祝寿辞

各位来宾，亲爱的同学们：

大家好！今天的新飞龙酒店因伯浦老师的八十华诞而瑞霭缤纷，宾朋欢聚，其乐融融，在慈同庆，殷诚薄天，我们齐聚华堂，共同庆祝伯浦老师八十上寿。请允许我代表来宾、伯浦老师所有的学生，向伯浦老师致祝寿辞。

岁月如梭，春秋轮回。伯浦老师加冠之年，一卷铺陈，只身进小金，胸藏万卷，意气风发，立志山区文明与富强。谁曾想，国家的灾难与老师同命运。去汗牛，油灯陋室启蒙一代知识；在城关，周边区乡乡邻均视甯师为亲人。在医院，初学会计，账目清楚不差分毫；做药剂，药种计量攸关百家性命，不敢懈怠。爱岗敬业，不分职业高低贵贱，平易近人，哪怕是达官与平民。

上善若水，水利万物而不争。伯浦老师在小中执教近三十年，任凭青春流逝，三尺讲台下，多少学子梦想成真，又有多少农家儿女鱼跃龙门。从教师到校长，对同侪真诚相待，对后学无私奖掖，对荣誉和利益避而不争，体现了与人为善，温润如玉的师者品质。他秉持谦和淡泊的为人风范、克己厚人的处事原则、严谨包容的育人风骨，以儒雅的气质、睿智的思想、宽厚的胸怀，如春风化雨，如甘泉泽地，教导学生：为官者，造福百姓；从事农桑者，富家睦邻；教书致学者，启蒙知识，传承文化。

桃李不言，下自成蹊。人间有爱，大爱无声。伯浦老师在他六十岁时离开他奋斗耕耘四十年的小金，退休都江堰，开始了他的夕阳工作，选举他为都江堰小金县离退休管委会主任至今。二十年来，秉承老有所乐、老有所为、老有所依之精神，嘘寒问暖，休戚相连，子孙康宁，瓜瓞绵绵。建一方乐土，成老干部组织之楷模，深得县委、县政府及干部的嘉言，令全州老干部称羡。

伯浦老师，对家人有无限的爱与责任。他与夫人近六十年携手相伴，并肩经受人生风雨，共同为小金的教育、卫生事业献出青春年华，他们相濡以沫，恩爱一生，成后辈楷模。二老持家严谨，以正立身，以俭养德，以书育人，言传身教，在艰难生活中将子女养育成人。

八十年的时间，老师走过春华秋实，收获别样人生。八十华诞，人中之瑞，师中之巅。老师八十春秋写人生，德高望重铸丰碑，他用毕生的精力和付出诠释了一位教师的慈爱，一位校长的崇高，一位长者的无私，一位耕耘者的辛劳，一位奉献者的平凡与伟大。

让我们举起酒杯，共祝伯浦老师八十华诞：福如东海长流水，寿比南山不老松！祝老师生日快乐！幸福安康！

2017.5.20

往事七九

1979年，正是“少年听雨歌楼上”的季节，不晓事。在河的对岸，小金中学初七九届的那些人，则个个年少老成，小河边、树荫下，捧书过市，成为招摇、成为风景。“黑色七月”后，他们都走出了黎明，而我却留在了黑暗中，各类中专录取书，砸得他们咧开的嘴几天都合不上。当然，高兴的不只是那些“范进”们，还有提着猪大肠的“岳父”家长们。是的，当然要高兴，也必须有庆贺的仪式。当年的中专，等值或超值于今天的“211”“985”。从内心到外在地位，无形中画了一道线，即国家干部与落榜生，这条线是无法逾越的，哪怕是恋人还是兄弟。

小中初七九的辉煌，不仅是当年大都过了分数线，在小中立校几十年中仅有，创了历史，也开了先河，在后来工作中亦成为中流砥柱，为四川省的各项建设增添光彩。

他们之中还有一部分是因年龄过小或志存高远的同学上了高中。我与这部分人成了同学，与小中初七九有了关联。从高中的同学口中熟知了他们过往的不凡，杨康才、陈雪莲、杨英、许子慧、官蔷、许大富已被他们传为神话。而夏艳、范国刚、周晓梅、史绪、郭勇、曹原、罗梅、邱陵、罗雨琼们，这些同学更是一路轻骑，成为我等愚钝者的榜样。

也正因为有神话、有榜样，才使我在求学路上不敢停留。那一段时光，青涩而美丽，那一段路程，曲折而泥泞。溪边的野花依旧芬芳，树梢上的小鸟还在鸣唱，路的尽头，仍是那座破旧的房。

“壮年听雨客舟中”。那时节，七九的实体早已不存在，七九已成为每一个七九人的符号和骄傲。七九人走向了各自的远方。江阔云低中，破茧成蝶，科学家、医生、教师、学者、校长、乡长、军人、官员、商人……繁华竞逐，俊采星驰。“当年称意须为乐，不到天明未肯休”，七九人那股劲儿，无论鬓秋与肩塌，仍是气韵芳华。

客舟中哪有听雨的闲暇，肩挑三家，怕老人有个山高水长，小心呵护，孩子天天长大，单位繁杂，那也是给我衣食的东家。诗与远方，偶尔也想想，经历更多是西风断雁的日常。年少梦想依旧，负重前行中的慰藉、酸楚与甘甜，铺排了我们那段最好的年华。

“而今听雨僧庐下”。千舸归来，鬓染秋霜，寻找一处阴凉，歇歇，把重担交给时光。小金川依旧西流，崇德晚霞光破苍穹。掐指算来，七九人早甲子有年，儿孙绕膝。一代人的苦乐年华，腰弯、鬓秋、眼花，岁月的留痕随它，内心的升华在我。睿智、豁达，云舒云卷，花开花落。“二十余年作逐臣，归来还见曲江春。”回到出发的地方，方知从前的美好。正林、正权仕贾人生，留痕无迹，依旧内敛沉稳；杨力、明忠先做教师，应是桃李天下，后做税官，分毫不差，多彩人生，艺术芳华；竹军，温文尔雅中不失豪气干云，世间诸事如老僧禅说；正富校长，教书育人一生，启智于乡村，三尺讲台青春绽放，下自成蹊，迎来桃李芬芳；礼臻从戎有年，至今常“梦回吹角连营”，回不去的过往，成他一生的情结，烫平旧衣，擦净旧鞋，送给乡村需要的人家；发青、棣华，志山水，经掌故，满腹经纶，不负才子之名；胡朗、聂强、永毅、显彬、李娅、海梅、茂莲……少时形影不离，红领巾、少先队、书声琅琅，已成我们共同的回忆。

美兴小学有了中学，我们这届的同学自然成了中学的学生，俗称“戴帽”中学。抚今追昔，美兴小学始于清道光十八年（1838 年），时称绿竹书院，至今一百八十有余。在 2019 年夏，值美小初七九届毕业四十年之际，我有《美兴小学赋》以示祝贺，“岁月峥嵘，偏隅兴学，步履艰辛。杂草横蓬，怪石嶙峋。蛮荒初见薪火，传知识以扫愚弱”。家乡兴文不及山外诸县流长，好在人们慕知识，近文明，以读书为自豪，渐成一种风气，流传开来。

美兴中学初七九届两个班八十余人，毕业时，杨力、龙正权、谢棣华一众欢天喜地读中专去了，成为骄子；刘正富、葛懋、张大捷等，我们一起进了小金中学高中部，由是才与小金中学初七九届的同学成为同窗。

美兴七九，小中七九，犹如两条河流的汇入，奔腾、喧闹，搅得高年级大哥哥大姐姐侧目，搅得老师挠头，“这些娃娃要疯”是各科老师交流后的共同感叹。一段时间后，这些不知疲倦的马驹，个个回厩，倦鸟归巢一般，安静得不真实。朝阳初露时，操场边、路灯下，书声伴鸟鸣，世明、晋蓉、登强、德蓉、培云、立容、周莲、王萍、大春……学子奋发，只争朝夕，七九，是筑梦开始的时候。

小中赋

岁在己亥，时维孟秋，小金中学初七九届同学，于此相会。开盛筵以叙旧，忆同窗之情谊；怀青葱于昔日，叹苍颜于斯时。

峁梁横卧，扼懋功之咽喉；古今名邑，扬人文于九州。小中依山傍水，控三河要津，四山拱卫；展宏壮举，三关寒铁锁蟒龙。观音侧畔，丁酉立碑兴学，凡甲子有年。名师麇至，偏隅初见薪火，传知识以扫愚弱，修学堂以歌写迈步，开教育兴中学始成先河。三沙十二沟学子翘首云集，小金中学一时遐迩。瓜瓞绵绵，代传不绝。登高远而负重任，择云盘立校而成契机。沟谷竞秀，河川茫茫。美沃雪，崇德霞，云台有幸立学府；置美沃溪为砚，立高家山为屏，纳火窑渠之锦绣，迎懋功川之奔腾。挥毫斗业，乘风擎云；喜迎七九四十秋，满目生机，学堂高起，广场拓新，池有金凤戏水，院有苍龙吐珠，树弯而硕果累累，墨翻而书声琅琅。

帆扬四海，乘风破浪，鹰击长空，放飞梦想，青出于蓝，笃学而德泽馨香，饮水思源，感怀而慷慨激扬。

伟哉，小中！三尺讲台传学，为人师表，诲而不倦；朝耕暮耘，抱瓮灌园，播火种传薪，路途漫漫，才高行厚，宁静致远。莘莘学子，精英辈出；工农商学兵，党政公检法，科技兴业，衣食农桑，兴产业，通商务，求国是，沙场军旅。壮哉七九！学校无域，学子有家，十年寒窗，修德敬业，穷年兀兀，茹苦含辛，创业维艰，及锋而试，俊才人杰。

小中立碑，教学开智，沧海横流，茫茫九州，滔滔四海，环顾桃李遍地。契若金兰，负气含灵，凤舞云盘。岁月如歌，执手相问泪花闪，海角天涯，心照神交惜前缘。志常在，山不老，历四十年峥嵘岁月而自强不息。

桃李不言，下自成蹊。巍巍小中，华章篇篇，执手学子，百业竞流。千年不息懋功河，小中七九竞风流。

歌我母校，赞我同窗，关山远隔，俗务缠身，借拙小文，贺小金中学初七九届四十年庆。

已亥孟秋·北京

七十二贤

孔子是否有学生三千已不可考，但有七十二贤是有真名实姓的。两千多年后的1982年，小金中学文科补习班确有七十二人，甯师笑称“七十二贤”。这七十二贤，人人都经历了至少一次以上的高考落榜经历，同是天涯沦落人，可谓是一帮难兄难弟。如果说人生有多个驿站，我相信这是最苦难的一站，看不到明天的太阳是否还会升起，也不知流星陨落在哪个山坡。一群落魄青年挤在一间不大的教室里，幻想着有改变命运的天使亲吻，哪怕是一个笑脸，总能带来希望的召唤。

七十二贤来自小金川的卡卡角角[①]，吃着十多二十岁的饭。同龄者有当妈当老子的了，我们还吃着爹娘背太阳过山挣来的饭食，有些羞人。冷嘲、热讽、白眼都有，就是没有温和的风拂过我们的身旁。天空中没有天使的踪影，心里总有些失落，观音阁里香烟缭绕，成绩单却依旧落寞，想想，还是拜拜自己吧。现实把七十二贤砸醒，顾不了太多的脸面，先把内心的杂陈扫除。一时间，七十二贤自信逐回，散乱的目光变得清晰而单纯。甯师说，掉十斤肉，能走！

小金川的冬天总是那么漫长，焦黄的树枝在寒风中瑟瑟呜咽。世明、培云、周莲、登强、德蓉、江文、文彬、忠华们自习后，还能在有灯光的地方见着他们捧书的身影，住校的同学闻鸡起舞，逐光夜读；晋蓉、葛懋、立容、光玉、德荣、建康、利平、大捷、友芳、崇梅、王萍们，这些住家的同学虽不知他们用功几何，面呈的倦容见证了他们的伴夜苦读。一群落魄的学子，一群不甘的青年，在那个年代，铸就了小中

① 卡卡角角，方言，指各种偏僻的角落。

不凡的七十二贤。

如果说有一种人生“凤阁龙楼连霄汉，玉树琼枝作烟萝”到“卖炭得钱何所营？身上衣裳口中食”，铅华洗尽，历尽世间的奢华与贫穷，仍清澈如水，那种嵌入骨髓的记忆，当属与命运搏击的瞬间。1982 年，本是一段沮丧的时光，七十二贤却在最不如意之时，写出了人生最美的一首歌，那就是我们从血流满面的失败中站了起来，我们团结奋发，形成一种精神，一种记忆。也许，82 年的补习并没有改变或改变了什么，这都不重要，重要的是我们形成并拥有了独特的七十二贤精神。

赶考的路上，有幸遇见你们。“回首向来萧瑟处，归去，也无风雨也无晴。”人生的智理已被前人说透，联想到各自的现状，人生就是谨慎的苦旅，所谓荣光，或者凋零，都是匆忙的过往，如欢歌前行、如悲劫泞泥，丢掉的许多，珍藏的仍是那段共同相拥的瞬间。

还记得那一年的那一天，县上的高音喇叭都响过好一阵了，永志老师的地理课仍无下课迹象，什么子午线、东八区西八区讲得兴致正高，有的同学还问得个没完没了，肚鸣叫，饿难当，中午回家吃饭已成身体记忆。可老师就是不下课。后排全智同学给我耳语，让我把校徽别在永志老师后背衣角，搞得全班哄堂，待老师发觉后，擀面杖粗的教鞭抽在了建弘的身上。事情闹大，全智和我马上站起来承认错误，老师见冤枉了建弘又有人承担责任，说道：“你以为你是班长就可以捣乱课堂？下午把检查交办公室!”其他同学都下课吃饭去了，我哪有心思再回家，赶紧写检查吧。写检查倒也不难，有些基础。不到 1 点，检查写毕，交到永志老师办公室。推门进去，无人，一股鸡肉香味窜入鼻孔。老师居然在办公室炖鸡肉，左顾右看一番，仍无人，揭开锅盖一看，整只鸡在里面翻滚，汤里还放了不少当归，太香了。那不争气的手快速地扯下一块鸡胸肉塞进嘴里，正在此时，脚步声响起，门开处，永志老师见我眼泪汪汪地看着他，大受感动，手一挥，“把检查放在桌上，走吧。”我逃跑似的窜出办公室，张开口，哈了几口气，仍舍不得吐出烫得我流泪的鸡肉，一阵狼吞下肚，至此落下病根，很少吃炖鸡，怕烫！后来，传言说，老师的那一只鸡少了一条腿，是不是全智送检查时顺走了一条腿？是有可能的。四十多年后，在此，向永志老师说“对不起”。再一想，老师为什么当时不留下我吃饭呢，或许那只鸡腿就不会“飞走”了。

七十二贤的存续时间并不长，1981 年 9 月 1 日到 1982 年 5 月预考结束，共 9 个月，不到 300 天的一个集体，永远铭刻在七十二贤每一个人的生命历程里。那时生活都不富裕，有些同学从家中自带一些洋芋之类的杂粮，填补一下，吃不饱的饥肠，依然能背出如《师说》那样的长文。学习很忙，省略了花前月下，却多了一些张望与专注，有时也染红了少男少女羞涩的脸庞。我们有“笔头千字，胸中万卷”，也有“致君尧舜”抱负的痛苦，可眼前把成绩搞上去才是正事。使七十二贤集体愤怒的是数学和英语，怒极而不知这两科科任老师的课程安排。这样做，实在是对老师的不尊重。我们也想多亲近这两科，甚至做到了低三下四，可数、英仍是铁石心肠，不在我们本来就不高的成绩上添彩，反而拖了我们的后腿，好吧，你是拦路虎，我们不触你的虎威，绕道而行。

喜欢一门课程是否从喜欢这门课的老师开始，我不知道。甯师的语文课，诸子百家、唐宋文典、古今流派，胸藏万卷，悉数道来；曹师的政治课，本是枯燥无趣，被他讲得世界纵横、天下谋略、蔚然成趣；文师的历史，更是上下五千年，古今中外事，历史的拉扯与纠缠被他说得头头是道；永志师、邦庆师的地理，有些像堪舆，更有点像风水，宇宙星球的转动，他们知道，地上的山川河流也清楚，我想，孔明肯定是地理课代表，为什么他能借东风呢。这些老师都是七十二贤幸遇的菩萨，他们学富五车，三尺讲台，一生耕耘，任凭岁月染霜华，使多少学子梦想成真，多少学子鱼跃龙门。一路的交集，有许多，忘怀是常事，唯有与这些先生的相遇让人感怀，破碎的心被他们修复，颓废与无望被他们扫除，迷茫的路有他们的明灯指引。幸好，七十二贤遇到了他们。

1982 年 5 月，羊角花含苞待放的时候，高考前的预选开始了，这个政策始于何时，止于何时，已经没有必要去追究了，结果是使绝大部分应届或补习的学生无缘高考，这是不公平的土政策，可以说是缺德。多少学子的前途断送在这所谓追求“升学率”的土政策上。七十二贤就在这无情的棍棒下，如飞溅的珍珠，散落四处。来不及道别，怕自己的软弱被你看见，来不及送行，课桌上只留下你昨天的温暖。

“青丝白发一瞬间，年华老去向谁言。”路途漫漫中，无论衣食农桑、产业兴家、执教耕耘、机关事务，还是上俸高堂尽孝，下抚子女成才，茹苦含辛、修德敬业。七十二贤是一抹阳光，给人温暖，邻里相亲，守望相助，创业艰辛而不忘携手共进。汶川地震，天降大难，山崩地陷房塌，家园毁坏，生灵伤残，兴富支棚安灶，施饭食，救伤员，只为百姓平安；命运多舛，大春辞世，留一对儿女待哺，培云娘舅义无反顾，视甥如己出，抚育成才。诸多善举，已成佳话流传。当时光悄然流走，看镜中沧桑的容颜，才明白，所有前尘往事，都随时光而走，留下的只是曾经的拥有。时光匆匆，眨眼一年又一年，我们都被生活的浪潮推着，然后散在各自的浪花中，所以拥有时珍惜，离开时挥别，不负相遇，不负时光。

是啊，这个世上，没有谁会一直陪着谁，悄无声息地断了联系，也许就是最好的告别，即使这样，也心存感激，别不了的是我们共有过的时光，感谢曾经真心相伴的一程——9 个月的七十二贤。

跋

《雪泥鸿爪》是彭老师出版的学术著作之一，汇集了他有关出版、藏语文、古籍文献三大类别的学术研究成果，多数曾发表于核心期刊，体现了他深厚的学术积累，今辑录成集，实乃佳构。

彭老师毕业于中央民族学院（今中央民族大学）藏语言文学系，曾在北京图书馆（今国家图书馆）善本部工作，并与藏学大家黄明信先生共事多年，后转至民族出版社从事编辑工作。在学科专业基础的支撑、国图海量古籍资源平台的滋养以及在黄先生处的聆训培养等多方善因和合下，形成了彭老师多学科的视野和跨学科的研究能力，他更是一位涉古籍文献学和出版学双重学科领域的学者。

从他的《大藏经目录备考——〈至元法宝勘同总录〉藏文德格版北京版比较研究》到《方音词记——〈西番译语〉校雠》，再到《久远的训蒙——古代蒙童经典读本选译》，我都承担过责任编辑或终审工作。每一本都是他对古籍文献的深入挖掘和研究的著述。《大藏经目录备考》，对元朝廷所主持的《至元法宝勘同总录》这一涉及我国西藏、北庭、蒙古、汉地及印度官员和名僧贤达耗时三年对勘厘定的藏文德格版、北京版《大藏经》目录进行了比较研究。《方音词记》是以当代拉萨语为参照，对国家图书馆馆藏《西番译语》九种方言版本的校勘，作为古籍，《西番译语》的藏存情况至为复杂，除国内故宫馆藏等外，异常珍贵的传本多流落于海外，且重要传本目前尚未系统整理，故而国图藏的版本能得以校勘出版，对明清文献研究、汉藏语言发展研究、地方历史研究等多领域将有很大助益。《久远的训蒙》是对我国明清年间的训蒙读物“小四书”的译注，“小四书”相对冷僻但十分经典，他的注，体现了其文献学、版本学的专业功底和身为资深编辑高超的选本素养。因此，他的著作不仅为我们呈现了我国深邃的多民族的古代文明和交往交流交融的历史，更为后人提供了宝贵的研究资料。他主编的《密宗甘露精要》二十六卷本，由国家图书馆出版社出版，并在人民大会堂召开座谈会，中央电视台“新闻联播”节目及新华网、人民网等主要媒体进行了报道。他还承担了由教育部、国家语委主持的国家重大项目——中华经典资源库《格萨尔王传》的撰写、审定、讲解工作，并出版其专集光盘，入国家永久性资料库。他参与、承担国家“十一五”“十二五”科研项目《西藏通史》和“中华字库”研究，其成果受到广泛好评，正如他不断受邀进行出版或民族文化主题的授课一样，这只是他作为学者，躬身传播民族优秀传统文化的一个侧面。

彭老师不仅是一位学者，更是一位优秀的出版工作者。他从事民族出版社专职终审，他本人及在他带领下的团队审稿及审核疏漏，殊属不易。图书终审是审查稿件的政治导向和思想倾向，审核书稿是否有违反法规政策的内容，判断书稿是否具有学术价值、思想价值的重要审稿环节。在意识形态多元、舆论环境复杂的情况下，民族宗教类的选题尤难把握，出版工作者需要对过往所学、所积累的民族学宗教学知识、民族理论政策法规等相关的庞杂体系进行系统性的更新和学习，对政治和政策的把关尤其要慎之又慎，审稿工作面临着巨大的压力和挑战。在这样的情况下，他始终坚守这一“高危岗位”，未曾有过丝毫懈怠，不能不说是他对图书出版的极大贡献，而这一贡献，既来自他本人对选题内容高度把握力和判断力，也是他和他的同事共同努力的结果。

随着国家对出版工作质量要求的进一步提高，以及新时代民族工作持续地创新和推进，民族出版的选题审读难度也在不断加大，而彭老师在这几年间也以肉眼可见的速度华发丛生，腰椎更是严重受损，常常需要支着板子在办公室站着写字、改稿，一站就是一整天。有时看到他改稿改得脸涨得通红，我总会叮嘱他要注意血压、不能太累，但我也知道这些都是白说，如山的稿子，都等着他过目和签字。他说：“我既要对编辑们负责，也得对签批的领导负责啊，没办法。”即便在这样高强度的工作压力下，他还是在利用一切并不多的业余时间延续他的学术生命，令我深感敬佩。

《雪泥鸿爪》付梓之际，彭老师请我写个序，但碍于学界辈分，不敢逾越。我与彭老师是同事，亦师亦友，虽知不可为，但也勉力为之，以“跋”的形式，略记我知晓的彭老师在工作和学术研究方面的点滴，更是因着一份二十余年愉快共事相处产生的亲切之情。这样的缘分，言表难尽，这样的师长，更是可遇不可求。

德庆央珍

2023 年 8 月 10 日

图书在版编目（CIP）数据

雪泥鸿爪 / 彭学云著 . —北京：民族出版社，2023.8
ISBN 978-7-105-17073-9

Ⅰ. ①雪… Ⅱ. ①彭… Ⅲ. ①藏学—文集 Ⅳ. ① K281.4-53

中国国家版本馆 CIP 数据核字（2023）第 168325 号

责任编辑 冯 敏
封面设计 金 晔
出版发行 民族出版社
地　　址 北京市和平里北街 14 号
邮　　编 100013
网　　址 http://www.mzpub.com
印　　刷 北京盛通印刷股份有限公司
经　　销 各地新华书店
开　　本 787 毫米 ×1092 毫米　1/16
印　　张 20
字　　数 292 千字
版　　次 2023 年 10 月第 1 版
印　　次 2023 年 10 月北京第 1 次印刷
书　　号 ISBN 978-7-105-17073-9/K・2933（汉 1685）
定　　价 98.00 元

该书如有印装质量问题，请与本社发行部联系退换
汉文编辑一室电话：010-64271909　发行部电话：010-64224782